权威·前沿·原创

皮书系列为
"十二五""十三五"国家重点图书出版规划项目

BLUE BOOK

智库成果出版与传播平台

石油蓝皮书

BLUE BOOK OF PETROLEUM

中国石油产业发展报告（2020）

ANNUAL REPORT ON CHINA'S PETROLEUM INDUSTRY DEVELOPMENT(2020)

中国社会科学院数量经济与技术经济研究所 / 研创
中国国际石油化工联合有限责任公司
主　编／蔡　昉　马永生
副主编／李　平　陈　岗

社会科学文献出版社
SOCIAL SCIENCES ACADEMIC PRESS (CHINA)

图书在版编目(CIP)数据

中国石油产业发展报告.2020/蔡昉,马永生主编.--北京:社会科学文献出版社,2020.8
(石油蓝皮书)
ISBN 978 - 7 - 5201 - 6942 - 4

Ⅰ.①中… Ⅱ.①蔡… ②马… Ⅲ.①石油工业 - 经济发展 - 研究报告 - 中国 - 2020 Ⅳ.①F426.22

中国版本图书馆 CIP 数据核字(2020)第 133595 号

石油蓝皮书
中国石油产业发展报告(2020)

主　　编 / 蔡　昉　马永生
副 主 编 / 李　平　陈　岗

出 版 人 / 谢寿光
组稿编辑 / 周　丽
责任编辑 / 王玉山　张丽丽
文稿编辑 / 李惠惠　李　璐　李小琪

出　　版 / 社会科学文献出版社·城市和绿色发展分社 (010) 59367143
　　　　　 地址:北京市北三环中路甲 29 号院华龙大厦　邮编:100029
　　　　　 网址:www.ssap.com.cn
发　　行 / 市场营销中心 (010) 59367081　59367083
印　　装 / 天津千鹤文化传播有限公司

规　　格 / 开　本:787mm × 1092mm　1/16
　　　　　 印　张:17.5　字　数:261 千字
版　　次 / 2020 年 8 月第 1 版　2020 年 8 月第 1 次印刷
书　　号 / ISBN 978 - 7 - 5201 - 6942 - 4
定　　价 / 148.00 元

本书如有印装质量问题,请与读者服务中心 (010 - 59367028) 联系

▲ 版权所有 翻印必究

石油蓝皮书编委会

主　　编　蔡　昉　马永生

副 主 编　李　平　陈　岗

编委会成员　（以姓氏笔画排序）
　　　　　　　王　佩　王　恰　王旭东　王晓涛　石圣洁
　　　　　　　白雪松　任　娜　刘　丹　刘　强　刘兴红
　　　　　　　李　平　李　杨　李　涵　张　沛　张　婧
　　　　　　　张红梅　陆斯达　郑云栋　胡安俊　姜军阳
　　　　　　　夏潇远　徐臻博　董婉璐　蔡　艺

研创单位简介

中国社会科学院数量经济与技术经济研究所　中国社会科学院数量经济与技术经济研究所（以下简称"数技经所"）是中国社会科学院经济学部八个经济类研究所之一，也是国内唯一集数量经济与技术经济理论方法和应用研究于一体的综合性国家级研究机构。数技经所在经济模型、资源与能源、环境与旅游规划、技术进步与生产率研究、信息化等方面有很强的研究力量，是中国社会科学院作为国家思想库、智囊团的重要组成部分，承担了大量来自中央和地方政府、企业、国际组织的研究任务，在国内外有重要的学术影响。

数技经所在能源经济学理论与政策、低碳与循环经济、环境影响评价、区域经济、产业研究等方面有深厚的研究基础，与联合国、世界银行、国际能源署、国际能源宪章等国际组织和国外智库保持多方面的学术合作与交流，参与过国家多项有关政策、规划的起草工作，并承担了多项地方政府与企业发展规划的制定工作。

自 2012 年起，数技经所联合美国全球安全分析研究所、美国能源安全理事会共同发起"全球能源安全智库论坛"，每年举办一次，截至 2019 年已成功举办八届。论坛宗旨为推动全球智库在能源安全方面的研究与学术交流，传播可持续发展的理念，促进全球能源安全合作与政策协调。

自 2017 年起，数技经所每年举办"'一带一路'倡议与能源互联国际研修班"，为来自相关国家的学院提供政策与项目培训，推动"一带一路"框架下的投资与经贸交流。

中国国际石油化工联合有限责任公司　中国国际石油化工联合有限责任

公司成立于1993年4月，注册资本金50亿元。该公司主营业务包括原油贸易、成品油贸易、LNG贸易及仓储物流等。截至2019年，该公司油气贸易总量超4亿吨，原油进口量超2亿吨，占我国原油进口量的40%以上，为保障国家能源安全做出积极贡献。27年来，该公司与全球100多个国家（地区）的1500多家交易对手建立了长期合作关系，已成为全球规模领先、具有市场领导地位的石油贸易公司。

该公司设有11个职能部门、5个直属机构、6个境外机构、3个口岸分公司、1个国内全资子公司及1个国内合资公司。6个境外分支机构分别为亚洲有限公司（香港）、新加坡有限公司（新加坡）、英国有限公司（伦敦）、美洲有限公司（休斯敦）、中石化冠德公司（香港）、印度办事处（孟买）。3个口岸分公司分别位于浙江宁波、山东青岛及内蒙古二连浩特。

摘 要

2019年，我国GDP超过99万亿元，同比增长6.1%，稳居世界第二大经济体的地位。从能源产业发展来看，随着产业转型和技术创新的持续推进，高耗能的能源需求正逐步被清洁能源替代，能源消费增速趋缓。石油产业方面，我国市场化改革步伐加快，多元化竞争格局初步形成，而随着数字经济的快速崛起，石化产业也正改变固有的经营模式、培育新的经济增长点。

2019年，全球石油市场呈现供需双弱、炼油下行、贸易继续东移的特征。石油需求方面，石油需求增幅远低于预期，增长主要动力来自中国，值得关注的是，国际海事组织（IMO）船舶燃油新规实施进入倒计时，推动低硫燃料油需求不断增长。石油供应方面，全球范围内地缘政治局势加剧，全球石油供应出现近十年来的最低增幅，轻重质原油资源呈现结构性不平衡，美国超过沙特阿拉伯和俄罗斯成为全球最大的原油生产国。炼油方面，亚太地区大量新增炼力投产令油品供应过剩压力日渐凸显。贸易方面，石油贸易格局深刻调整，总量继续攀升，重心持续东移。

2020年伊始，新冠肺炎疫情给全球经济及国际石油市场带来颠覆性的影响，石油需求大幅缩减，出现金融危机以来的首次萎缩。与此同时，OPEC+结束减产协议，以沙特阿拉伯为代表的产油国掀起新一轮价格战，由过去三年的限产保价政策转向争夺市场份额，虽然产油国再度达成新的减产协议，但全球石油库存仍急剧攀升，国际油价创2003年以来的新低。炼油方面，2020年全球仍将有大量新增炼力投产，在成品油供应过剩、新冠肺炎疫情严重影响全球经济和石油需求的背景下，炼油毛利将受到较大抑制并步入下行周期。

总体而言，随着产油国再度达成新的减产协议，国际油价下半年有希望重新站上 40 美元/桶乃至 50 美元/桶台阶，预计 2020 年国际油价多数时间维持低位运行，均价将大幅低于 2019 年水平。

从中长期来看，石油化工产业正面临世界政治格局变革、能源结构调整、技术升级创新的多重冲击，人类社会正逐步从工业经济过渡到数字经济时代，以人工智能、区块链、云计算、大数据等为代表的数字技术快速发展，生物柴油、生物燃料乙醇等清洁能源应用广泛，清洁化、数字化、智能化是石油化工企业实现可持续发展的必然选择。

关键词： 能源　国际油价　石油化工产业　石油贸易　区块链

目 录

Ⅰ 总报告

B.1 2019年中国经济回顾与2020年展望
　　……………………………… 李　平　刘　强　董婉璐 / 001
B.2 中国能源前景展望2020 ………………… 刘　强　王　恰 / 012

Ⅱ 分报告

B.3 2019年中国石油化工行业发展现状及趋势 ………… 白雪松 / 047
B.4 我国成品油市场供需现状及展望 ………………… 王旭东 / 063
B.5 中国石油化工产品国际贸易变化分析 ……… 董婉璐　刘　强 / 077

Ⅲ 国际产业形势篇

B.6 2019年国际石油市场回顾与2020年展望 ……… 任　娜　王　佩 / 095
B.7 2019年全球石油供应回顾与2020年展望 …………… 王　佩 / 107
B.8 2019年全球石油需求回顾与2020年展望 …………… 张　婧 / 119
B.9 世界炼油业发展现状与展望 ………………………… 李　涵 / 133

B.10 全球原油贸易现状与展望 ………………………… 夏潇远 / 147
B.11 美国成品油出口现状浅析 ………………………… 石圣洁 / 161
B.12 2019年拉丁美洲成品油市场概述 ………………… 徐臻博 / 171

Ⅳ 油气与新能源

B.13 全球生物柴油发展现状研究 ……… 刘兴红 蔡 艺 张 婧 / 184
B.14 可持续的清洁能源研究
　　——生物燃料乙醇 ………………………… 陆斯达 姜军阳 / 196

Ⅴ 专题报告

B.15 "一带一路"能源合作研究 ………………………… 张红梅 / 210
B.16 区块链助力石油企业数字化转型
　　………………………………………… 王晓涛 李 杨 张 沛 / 218
B.17 人工智能在油气工业中的探索与应用 …… 胡安俊 郑云栋 / 230

Abstract ……………………………………………………………… / 248
Contents ……………………………………………………………… / 250

总 报 告
Cenneral Reports

B.1
2019年中国经济回顾与2020年展望

李平 刘强 董婉璐*

摘　要： 本文首先对中国2019年经济走势进行回顾，运用经济增长理论及相关的实证分析对改革开放以来的经济增长来源进行要素分解，并以此为基础分析中国经济未来的增长潜力与发展趋势。综合各要素发展情况，未来15~20年中国经济仍将保持较快增长速度，到2035年基本实现社会主义现代化。

关键词： 中国经济　经济增长要素　全要素生产率

---

* 李平，中国社会科学院数量经济与技术经济研究所所长、研究员；刘强，中国社会科学院数量经济与技术经济研究所能源安全与新能源研究室主任、研究员，全球能源安全智库论坛秘书长；董婉璐，中国社会科学院数量经济与技术经济研究所助理研究员。

2019年，面对复杂多变的国内外环境，我国经济继续平稳发展，结构调整持续推进，转型升级效果显现。新冠肺炎疫情将对2020年的经济增长造成冲击，具体影响要看疫情持续时间。然而从长期来看，中国经济仍具备稳定的增长前景，巨大的市场容量、完备的工业体系、发展中的产业技术创新体系保证了长期增长的活力。

一 2019年经济回顾

（一）经济发展仍保持较高增速

根据国家统计局发布的《中华人民共和国2019年国民经济和社会发展统计公报》，2019年我国国内生产总值（GDP）为990865亿元，比上年增长6.1%。其中，第一产业增加值增长3.1%；第二产业增加值增长5.7%；第三产业增加值增长6.9%（见图1）。分季度看，2019年第1~4季度GDP增速分别为6.4%、6.2%、6.0%和6.0%[①]，继续保持平稳增长，显示出超大市场的优势与韧性。

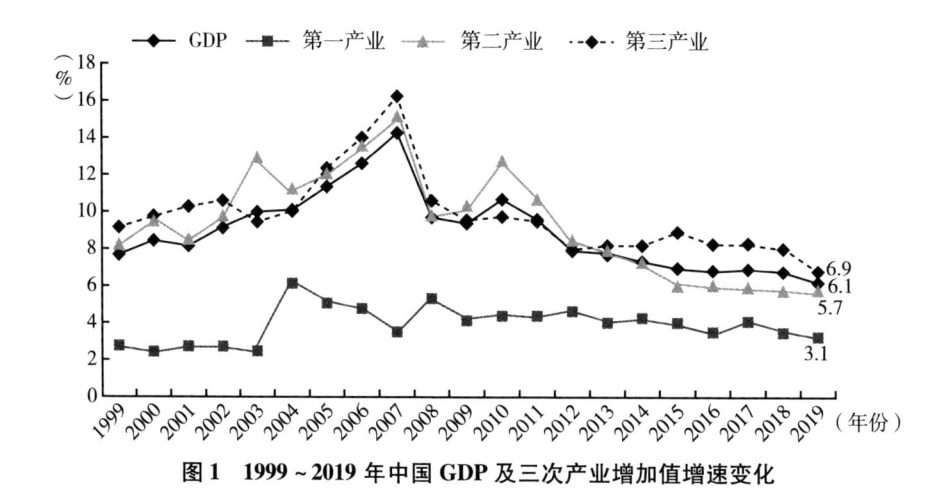

图1　1999~2019年中国GDP及三次产业增加值增速变化

---

① 本文所有统计数据均来自国家统计局网站。

按照年平均汇率折算，2019年我国GDP达到14.4万亿美元，稳居世界第2位。GDP增速明显高于全球经济增速，对2019年世界经济增长贡献率超过30%。人均GDP超过1万美元，高于中等偏上收入国家平均水平。

（二）产业结构持续优化，服务业份额不断提高

2019年，三次产业增加值占GDP的比重分别为7.1%、39.0%和53.9%。与2018年相比，第一产业比重提高0.1个百分点，第二产业比重下降0.7个百分点，第三产业比重提高0.6个百分点。从对经济增长的贡献率来看，2019年三次产业的贡献率分别为3.8%、36.8%和59.4%，三次产业拉动经济增长分别为0.2个、2.2个和3.6个百分点。第三产业对经济增长的贡献率比第二产业高22.6个百分点，对经济社会发展的推动作用日益增大。

（三）消费对增长拉动力增强，服务消费发展良好

2019年，居民消费支出中服务消费占比为50.2%，比上年提高了0.7个百分点。最终消费支出对GDP增长的贡献率为57.8%，拉动增长3.5个百分点，连续六年成为经济增长的第一拉动力。

2019年全国固定资产投资（不含农户）比上年名义增长5.4%。资本形成总额对GDP增长的贡献率为31.2%，拉动增长1.9个百分点。

根据海关统计，2019年我国货物贸易顺差2.9万亿元，比上年扩大25.4%，服务贸易逆差较上年有所减少。货物和服务净出口对GDP增长的贡献率为11.0%，拉动经济增长0.7个百分点（见图2）。

（四）产业转型升级成效显著

从2019年的行业增长数据看，新动能新产业成为推动经济增长的强劲动力。其中，金融业，信息传输、软件和信息技术服务业，租赁和商务服务业增加值比上年分别增长7.2%、18.7%和8.7%，增加值占GDP的比重分别为7.8%、3.3%和3.3%，均比上年有所提高。三个行业合计拉动GDP

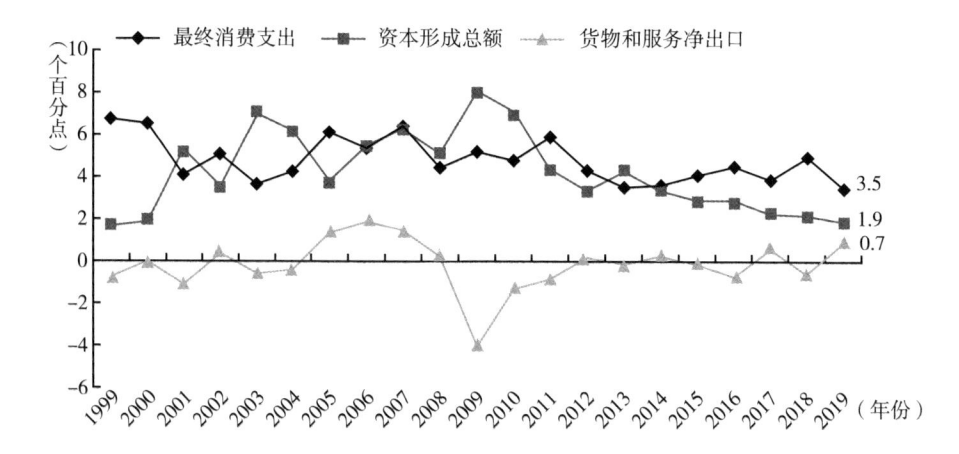

图 2　1999~2019 年三大需求对经济增长拉动

增长 1.6 个百分点。

随着创新驱动发展战略的深入实施，传统产业转型升级步伐加快，新的经济增长点不断出现。2019 年，规模以上工业高技术制造业增加值增长 8.8%，规模以上工业战略性新兴产业增加值增长 8.4%，相比全部规模以上工业增加值增速分别高 3.1 个和 2.7 个百分点。2019 年网上零售额增长 16.5%，其中实物商品网上零售额增长 19.5%，占社会消费品零售总额比重为 20.7%，比上年提高了 2.3 个百分点。新业态新模式发展动能持续增强。

（五）超大规模市场与消费转型

2019 年，最终消费支出对经济增长贡献率为 57.8%，比资本形成总额的贡献率高 26.6 个百分点。中国中等收入群体规模为世界最大，是全球最具成长性的消费市场。消费发展进入新阶段，居民消费能力提升，消费升级态势持续。

2019 年城镇新增就业 1352 万人，全国居民人均可支配收入为 30733 元，比上年实际增长 5.8%，首次突破 3 万元。就业形势保持稳定，居民收入与经济增长基本同步，贫困人口进一步减少。社会事业稳步发展，民生福祉持续增进，多层次社会保障体系加快完善。

二 中国经济趋势分析

经济发展短期取决于供给侧与需求侧的相互影响，而中长期的增长前景则取决于要素贡献与长期要素供给。

（一）供给侧与需求侧

1999年以来，中国经济保持了较高的增长速度，并在2012年之后步入新常态。2012年之前，中国经济增长的动力，从供给角度看主要来自第二产业和第三产业的贡献基本持平；从需求角度看主要来自固定资本形成（投资）和消费的贡献比较接近，且很多年份投资的贡献大于消费。2012年之后，第三产业的增速持续高于第二产业，三大需求中消费需求的贡献整体上显著高于投资的贡献。而且在2009年之后，净出口对经济增长的贡献基本消失。这一转折表明，中国经济增长的机制发生了变化，新常态表明中国经济从高速增长转向了高质量发展。

我们基本上可以得出结论，中国今后长期经济增长的动力将主要来自超大规模市场的消费需求和相应的服务业增长。在这一转型过程中，中国经济也存在挑战。投资的增速下降，但是消费的增速并没有相应提高，现实经济增长的动力不如之前强劲。中国还是应该加快改革步伐，切实降低税负，大幅提高居民收入水平，有效拉动国内消费。

但是支撑经济长期增长的毫无疑问仍然是实体经济的发展，而不是脱离了实体生产尤其是制造业的消费。未来要发展的服务产业，毫无疑问应是基于制造业的现代服务业。因此，支撑未来经济发展持续性的因素，在于中国能够建立支撑制造业发展的产业技术创新体系。

（二）要素贡献

根据经济增长理论，劳动力供给、资本增加、自然资源利用是经济增长的三个要素。此外，技术进步在经济增长中有重要贡献。在现实中，技术进

步有两种表现形式：或内化于人力资源，通过劳动技能的提升提高人力资源的质量，也就是提高人力资源的要素产出率；或内化于资本，通过资本设备的技术水平提高提升资本的要素产出率。

通过计量模型对中国经济发展的要素贡献进行的分析，内化了技术进步的人力资源的边际贡献率达到 0.98，而资本的边际贡献率为 0.34，由发电量代表的资源边际贡献率为 0.31。可以看出，人力资源的投入与人力资源质量的提高，是中国改革开放以来经济奇迹的主要贡献因素。资本的作用虽然也很大，但它是通过中国的人口红利和教育红利发挥作用的。没有巨大人口带来的人口红利，中国也不可能成为世界工厂。从这一点看，计划生育政策造成的劳动力减少将在一定程度上影响未来的经济增长，但教育带来的人力资源质量提升可以弥补这一因素带来的负面影响。

根据上述实证分析结果，我们可以对 1983~2018 年的经济增长进行贡献分解（见图3）。从图中可以看出，2000 年之前，中国经济增长主要来自技术进步与人力资本提升。从表 1 可以看出，2000 年之后，资本对增长的贡献迅速增加，这源于亚洲金融危机之后的凯恩斯主义宏观经济政策，试图用投资来拉动经济增长。资本对经济增长的贡献率在 2015 年达到 66.5% 的最高值，之后开始有明显的下降。尽管这一政策在短期内是有效的，创造了短期内的高增长，但是对房地产经济的依赖削弱了实体经济的增长潜力。

教育或者说劳动力质量提升的贡献，在 1999 年之前发挥了重要作用。这一阶段也是中国教育快速发展和中高等教育在校学生数量激增的时期，为工业化的发展提供了充足的人力资源。2010 年之后，劳动力供给趋于减少，2014 年开始劳动力的贡献率出现负值。得益于人力资源素质的提升，劳动力对经济增长的总贡献仍然为正，但是贡献率有明显的下降。

资源投入对中国经济增长的贡献，虽然不同年份之间有波动，但是总体水平相对稳定。资源对经济增长的贡献率，代表利用资源型产品的需求

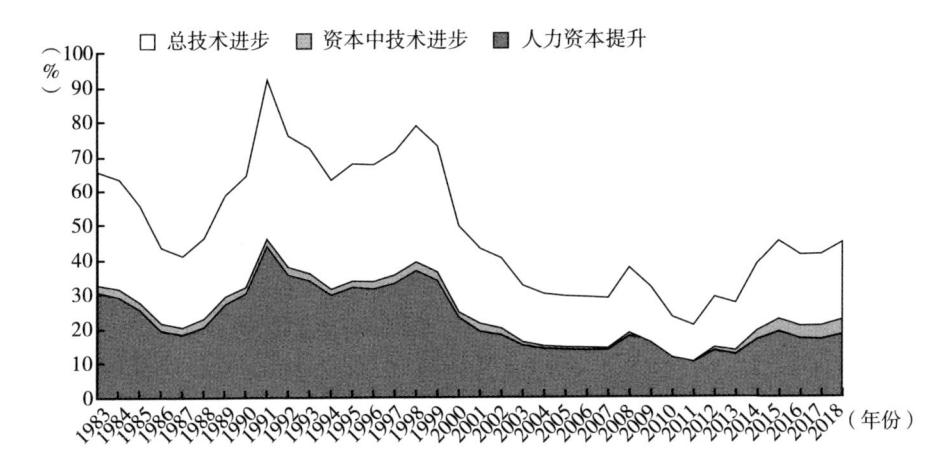

图 3　1983~2018 年 GDP 增长贡献分解

的增长，实际上也可以说是固定资产投资增长与资源型产品出口需求的增长，具体是黑色金属（钢铁）、有色金属、稀土、非金属如水泥等行业对经济增长的贡献。2015 年之后，资源的贡献率又有所上升。由于中国在能源资源、矿产资源等方面主要依赖国内供给，资源可持续性和环境污染对未来长期经济增长构成了压力。

表 1　要素对经济增长的贡献率

单位：%

年份	劳动力	劳动力质量提升	劳动力总贡献	资本	资本中技术进步	总技术进步	资源
1983	29.1	30.5	59.6	16.1	2.3	32.8	24.3
1986	28.2	19.3	47.5	23.5	2.6	21.9	29.0
1990	28.2	30.3	58.4	11.9	2.1	32.4	29.6
1995	15.9	32.0	47.9	29.3	2.0	34	22.8
2000	31.6	23.1	54.8	23.7	1.8	24.9	21.5
2005	17.0	13.9	30.9	35.6	0.9	14.8	33.6
2010	18.3	11.9	30.2	39.0	-0.2	11.7	30.8
2011	3.4	10.1	13.5	49.1	0.4	10.5	37.4
2012	1.5	13.4	15.0	61.1	1.2	14.6	24.0

续表

年份	劳动力	劳动力质量提升	劳动力总贡献	资本	资本中技术进步	总技术进步	资源
2013	2.1	12.3	14.3	52.6	1.5	13.8	33.0
2014	-1.8	16.5	14.7	65.0	2.9	19.4	20.3
2015	-1.9	18.8	16.9	66.5	3.9	22.7	16.6
2016	-1.6	16.8	15.2	56.4	3.9	20.7	28.4
2017	-7.0	16.6	9.6	50.6	4.2	20.8	39.8
2018	-8.1	17.9	9.9	48.2	4.6	22.5	41.9

在资本对经济增长的贡献中，包含了资本中技术进步的贡献。本文使用机械及运输出口占总出口比重增长率经过与资本增长率拟合平滑后的增长率代表中国经济的技术进步速度。需要注意的是总技术进步在中国经济增长中的贡献是劳动力质量提升与资本中技术进步贡献率的总和（见图4），总技术进步在2000年之前对经济增长起到了非常重要的作用。2001年之后，中国经济增长中资本的贡献率整体增长，而总技术进步的贡献率有所下降（相对比例）。但是在2012年之后，随着中国更加重视科技的作用，产业技术升级步伐加快，总技术进步的贡献率又开始上升。2018年，总技术进步贡献率达到了22.5%（见图5）。

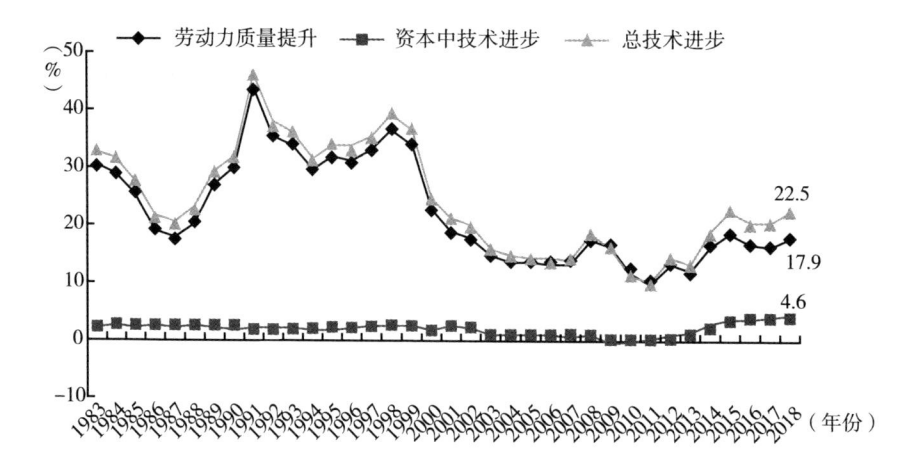

图4 1983~2018年技术进步贡献率变化

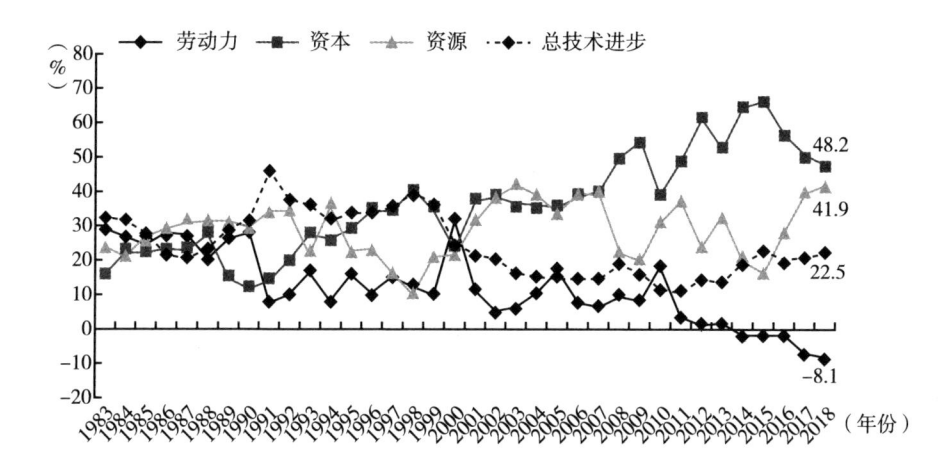

图5 1983~2018年要素贡献率变化

三 从要素变化趋势看中国经济发展的前景

判断中国经济增长的中长期前景,需要从要素供给角度进行分析。本节对中国的劳动力供给、投资、资源投入与技术进步的角度对未来经济增长前景的来源进行分析。

(一)中长期要素供给分析

1. 劳动力供给

实行计划生育以来,尽管中国人口总量还在增长,但是劳动力的供给已经出现负增长。即使中国已经出台开放二胎政策,预计这一负增长趋势仍将持续至少20年。从这一点看,大幅度提高中国的劳动力素质和加快技术进步步伐,能够保证中国经济增长的持续性。

2. 投资

中国高度重视基础设施建设。2019年末全国铁路营业里程超过13.9万公里,其中高速铁路营业里程突破3.5万公里,居世界第一位。大数据、云计算、人工智能等现代信息技术快速发展,5G商用稳步推进,信息通信体

系日益完善，现代科技应用不断拓展。

未来投资方向将主要集中在城市功能完善、旧有工业产能升级改造、新兴产业产能建设、生态修复等方面。中国要转变对房地产开发的投资依赖，通过各种政策推动上述领域的投资，提高投资的边际产出率。这四大领域的投资将继续为中国经济发展提供动力。

3. 资源投入

资源投入取决于需求结构，包括最终产品需求、投资需求与出口需求。2015年以来，中国为了拉动经济增长，再次启用了刺激性的宏观经济政策，并拉动了房地产开发与大规模建设的增长，由此也提升了资源投入对经济增长的贡献率。目前，由于基础设施网络和房地产建设已经趋于稳定，所以来自最终产品需求和投资需求的资源投入需求将不会出现快速增长，资源加工产品如钢铁、有色金属、稀土金属、水泥、玻璃等的出口需求也将随着贸易条件的变化难以实现快速增长，甚至会出现下降。因此，未来不能指望资源投入拉动中国经济增长。

4. 技术进步

技术进步一直是中国经济增长的潜在推动力量。尽管2000年之后从表面上的数字看它低于投资与资源的贡献，实际上正是技术进步的存在才推动了投资的快速增长和投资效率的快速提升。2012年之后，中国加大了对技术进步的支持力度，并且逐步建立起有效的技术进步促进与扩散机制。中国的受教育人口比例、研发支出比例、专利申请数量都出现了超常规的增长。随着信息技术的普及，即使没有受过高等教育的劳动力，也能熟练掌握现代技术产品，并了解世界与国内市场资讯。因此，我们可以预期未来20~30年将是中国技术进步贡献率快速提升的时期。从要素贡献率变化趋势中已经可以看出，2018年技术进步在经济增长中的贡献比2012年提高了近10个百分点。这一趋势还将持续，并保障中国经济在未来20年左右的时间里继续保持较快增长。

（二）中国经济增长前景预测

综合各要素发展情况，未来15~20年中国经济仍将保持较快增长速度，顺利实现到2035年基本实现社会主义现代化的目标。在各要素中，投资与技术进步将发挥主要作用。（根据数技经所经济分析预测模型的模拟结果，2020年中国经济增长速度为5.8%~6.0%，这一结果是综合考虑了中美贸易谈判签署阶段性协议和新冠肺炎疫情的负面影响等因素做出的判断。）2021~2025年GDP增长率将维持5.5%~6.0%。2026~2035年，中国经济增长率将趋向4%~4.5%的中速增长。

四 总结

经过40年的改革开放，中国经济取得了举世瞩目的发展成就。2019年在各种复杂挑战之下，实现了6%以上的增长，保持了经济的持续稳定与适当增速。

在改革开放以来的经济发展中，劳动力供给、人力资本素质提高、资本积累、资源投入都发挥了重要的作用。进入新常态以来，消费对经济增长的贡献更为突出。在劳动力供给出现负增长的情况下，提高人力资本素质是保持经济长期稳定增长的关键。

展望未来，中国仍将继续保持较快增长，这是改革开放40年来积累的人力资本、完备的基础设施网络、完整的工业体系、不断完善的产业技术创新体系潜力的进一步释放和自我发展。同时，要注意继续完善产业技术创新体系和人力资本提升体系，并进一步增强社会服务功能。

B.2
中国能源前景展望2020

刘强 王恰*

摘 要： 本报告从中国经济新常态和能源转型出发，根据发展趋势的分析，利用数技经所开发的中国能源模型系统（CEMS）对中国2020~2050年的能源需求与供给、贸易走势进行了预测和政策效果模拟，认为中国经济正处于产业转型升级与能源转型过程之中，需要对目前的能源体系进行系统化的改善，在实现向清洁能源转型的同时做到维持能源成本稳定，并确保能源安全。主要建议包括：加快建立全国性天然气储运调峰网络；发挥电力市场功能，推动电力产能结构调整；加快煤炭资源省份产业升级，发展能化共轨产业技术经济体系；加强工业节能与建筑节能。

关键词： 能源转型 能源模型 能源预测

中国是世界第二大经济体，对未来能源需求、供给和贸易趋势进行预测，对于保障国内经济可持续健康发展有重要的意义，也有助于世界能源市场的平稳运行。

---

* 刘强，中国社会科学院数量经济与技术经济研究所能源安全与新能源研究室主任、研究员，全球能源安全论坛秘书长；王恰，中国社会科学院数量经济与技术经济研究所助理研究员。

一 中国能源转型：需求侧

（一）经济增长

中国经济维持了多年的中高速增长，带动了能源需求的快速增长。2000~2018年，能源消费弹性系数与电力消费弹性系数都为正，也就是说，二者都随着经济增长而增加。电力消费弹性系数在一半以上的年份中大于1，也就是说电力消费的增速快于经济增速。这实际上显示出，2000年以来的中国经济增长过于依赖高耗能的大规模建设投资（见图1）。

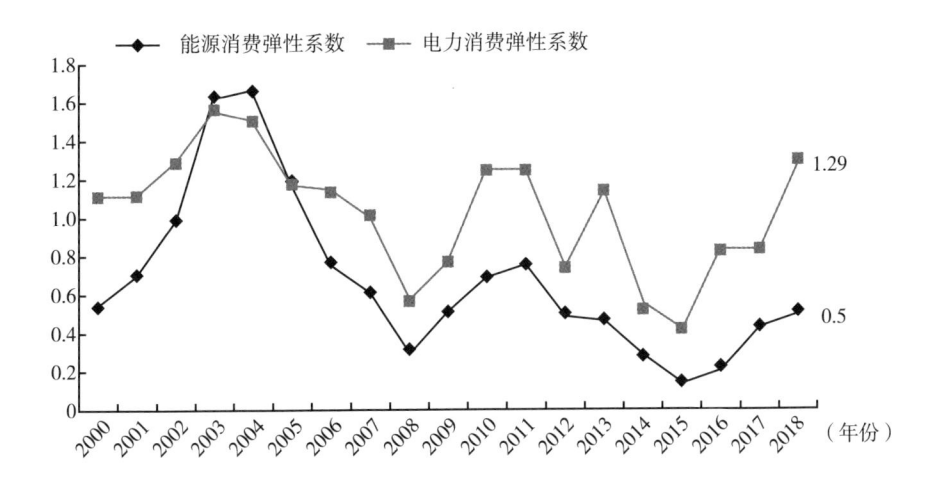

图1 2000~2018年中国能源与电力消费弹性系数

数据来源：国家统计局网站。

未来中国经济增长对于能源需求的弹性将取决于需求结构的走势。2012年以来的统计数据显示，消费与第三产业的增长速度和对经济增长的贡献已经超过了投资与第二产业（见图2）。相应的，未来经济增长对于能源与电力的消费弹性会有所下降。尽管2018年的电力消费弹性系数和能源消费弹性系数较高，但这也是短期刺激措施的作用，不能代表长期趋势。

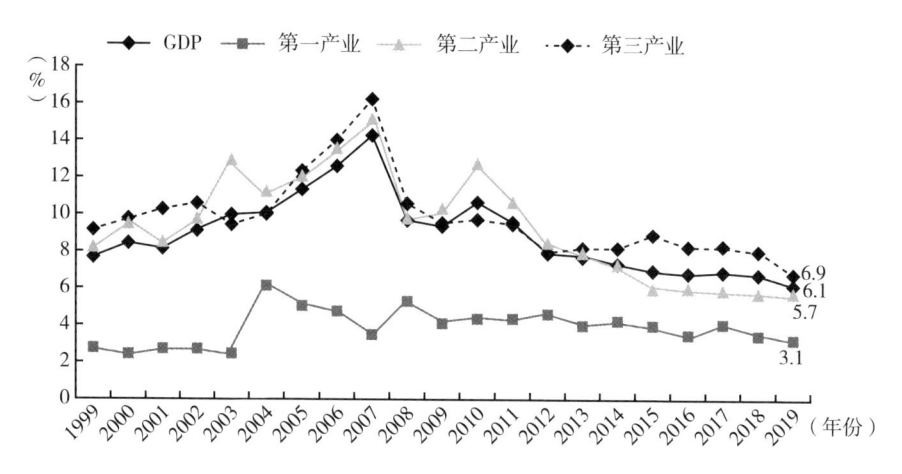

图2 1999~2019年中国GDP及三次产业增加值增速变化

数据来源：国家统计局网站。

（二）能源需求的产业结构

中国能源消费结构中，工业一直是最大的消费者。2017年，交通运输、仓储和邮政业能源消费占能源总消费的9.4%，生活消费占12.8%；工业总计占65.7%，工业中制造业占54.7%，电力、煤气及水生产和供应业占7.1%（见图3）。

对未来能源需求进行预测需要综合考虑三个主要领域：产业、交通运输、居民消费。建筑耗能虽然也是中国能源消费的一个重点领域，但是由于数据的缺失，本报告把建筑用能合并在其他领域内。

产业用能主要集中在工业，因为农业耗能比例很低（2017年为2.0%）。工业用能来自对工业产品的需求，主要有两种类型：一类是大规模建设投资，包括房地产建设、基础设施建设、城市公共建筑等；另一类是消费类商品，包括汽车、家电等耐用消费品和衣物、鞋帽、食品等易耗商品。通过分析产业产品的需求走势，再结合这些产业的能源需求与节能技术走势，我们就可以分析出未来的能源需求走势。

在制造业中，黑色金属（13.6%）、化工（10.9%）、非金属（7.3%）、

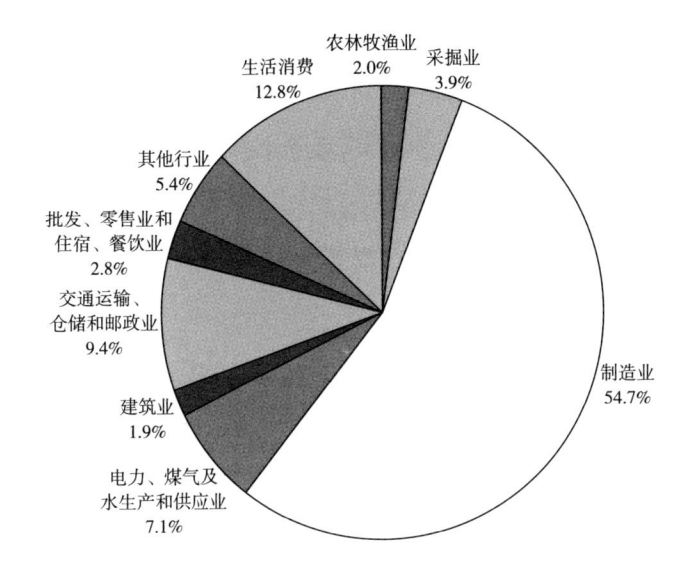

图3　2017年中国能源消费结构

数据来源：国家统计局网站。

电力煤气水供应（7.1%）、石油炼焦（5.4%）、有色金属（4.9%）是主要的能源消费者。其中，黑色金属（钢铁）、非金属（水泥、玻璃等）、有色金属与大规模建设和房地产开发有直接关系，炼焦需求是钢铁需求的伴生需求，黑金属、非金属、有色金属产品的生产需要大量的电力消耗，而电力煤气水供应主要耗能仍然是发电过程产生的，因此电力部门耗能中有相当一部分是黑金属、非金属、有色金属的需求引起的间接需求。

（三）高耗能工业产品需求

大规模建设和房地产开发需求的走势，对未来能源需求有重要的影响。本报告用国内钢铁产品消费累积量代表基础设施的发展趋势，具体处理办法是：把每年的粗钢产量减去钢材出口作为钢国内净消费量，把1998年的钢国内净消费量乘以10作为历史累积量，之后每年的钢国内净消费量累积到历史累积量之中。这个累积量可以代表大规模基础建设和房地产投资的总体

完成程度。从图4可以看出，由于2016年之后采取了短期调控措施，钢铁产品消费累积量增速没有继续下降。长期来看，钢铁产品消费累积量增速仍会下降。因此，未来对钢铁等高耗能产品需求的增速也将是下降的。

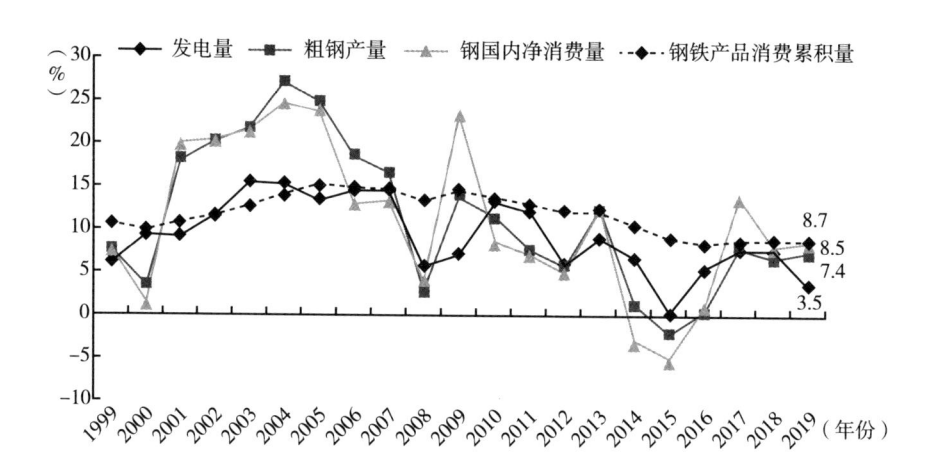

图4 1999~2019年中国钢铁需求与电力需求增速变化

数据来源：国家统计局网站。

（四）交通运输能源需求

2017年，中国交通运输能源消费占总能源消费的9.4%，远低于美国的37%。

从2017年中国交通能源消费的结构看，汽油、柴油、煤油、燃料油、天然气是重要的交通能源，近年来也有部分公共交通车辆使用电动汽车从而使用电力作为交通能源。其中，煤油主要是飞机使用的航空煤油，占煤油总消费的比例最高；柴油主要用于载货汽车和船舶，约占总消费的2/3，2000年以来的数据表明，柴油消费量与钢铁等大宗货物的国内运输关系密切；燃料油主要用于船舶，超过总消费的1/3；天然气消费在2017年达到总消费的11.89%，也较为客观，未来天然气用于交通的前景取决于价格与供给能力（见表1和图5）。

表1　2017年中国交通能源消费结构

分项	能源(万吨标准煤)	煤炭(万吨)	焦炭(万吨)	原油(万吨)	汽油(万吨)	煤油(万吨)	柴油(万吨)	燃料油(万吨)	天然气(亿立方米)	电力(亿千瓦时)
用量	42191	352.7	6.0	8.7	5699	3173	11254	1771	284.7	1418
占比(%)	9.4	0.09	0.01	0.01	45.90	95.40	66.21	36.24	11.89	2.19

数据来源：国家统计局网站。

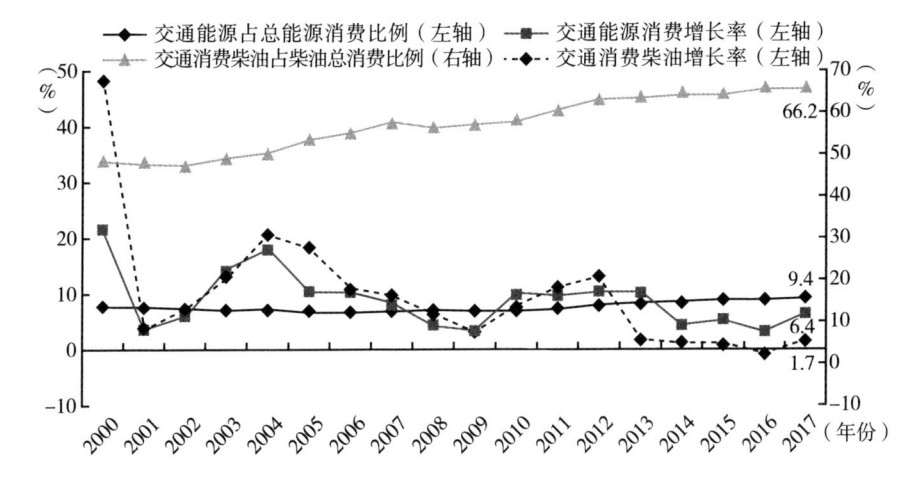

图5　2000~2017年中国交通能源消费变化

数据来源：国家统计局网站。

此外，交通能源消费中并没有包含家庭汽车的能源消费，包括普通汽油燃料汽车和电动汽车的汽油和电力消费。因此，在这两个产品的消费需求预测上，还要综合考虑交通能源消费与家庭消费两方面的趋势。

总体上，本报告判断，粗钢、水泥等大规模建设所需的大宗产品产量下降，连带相应的原煤需求下降，加上高铁大规模建设之后的铁路货运能力提升，通过公路运输大宗商品的需求下降，进而导致柴油需求下降。2000~2018年中国主要能源产品产量增长率变化见图6。

航空煤油汽油的需求量将更多与人口增长、经济发展带来的收入增长有关。因此，在中短期内我们预测它们是增加的，在人口高峰之后将有所下降。

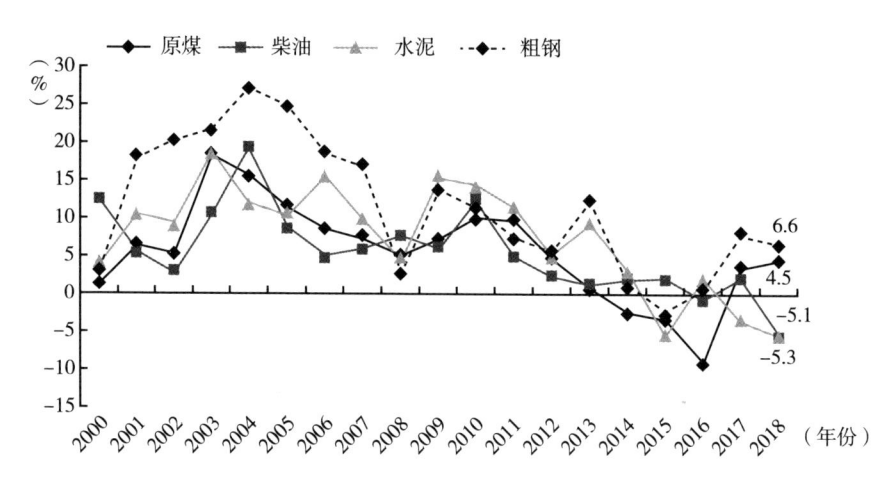

图 6　2000～2018 年中国主要能源产品产量增长率变化

数据来源：国家统计局网站。

（五）家庭生活能源需求

从能源消费总量看，生活能源消费所占比例整体在提高。未来随着中国迈向现代化，生活能源消费的比例将继续提高。生活能源消费中，汽油与电力的比例提高最快，这与居民生活水平提高有直接的关系。天然气消费比例提高较慢，这是因为发电与工业利用天然气的比例也在提高。生活消费煤炭在煤炭总消费中的比例下降，这是中国政府治理散烧煤炭工作的表现。此外，2011 年以来柴油消费的比例整体在下降，消费增长率也在下降（见表 2）。

表 2　2005～2017 年中国生活能源消费情况

单位：%

年份	占比					增长率					
	能源消费总量	煤炭	汽油	柴油	天然气	电力	能源消费总量	煤炭	汽油	柴油	天然气	电力
2005	10.5	4.3	10.8	3.7	17.0	11.6						
2006	9.7	3.9	11.7	4.0	18.3	11.7	0.7	0.0	17.5	15.5	29.2	16.2
2007	9.9	3.6	14.1	4.4	20.3	12.4	11.0	-2.7	26.4	16.1	39.7	21.2
2008	9.9	3.3	13.9	4.4	20.9	12.7	3.5	-6.3	9.9	8.6	18.6	8.2

续表

年份	占比						增长率					
	能源消费总量	煤炭	汽油	柴油	天然气	电力	能源消费总量	煤炭	汽油	柴油	天然气	电力
2009	10.1	3.1	16.2	4.7	19.9	13.2	6.1	-0.3	16.8	10.3	4.5	10.8
2010	10.1	2.9	17.6	5.3	21.2	12.2	7.8	0.4	21.5	18.0	27.7	5.2
2011	10.2	2.7	19.7	5.7	20.3	12.0	8.5	0.6	20.2	16.1	16.5	9.7
2012	10.5	2.6	20.5	5.7	19.7	12.5	6.9	0.4	14.3	7.8	9.0	10.7
2013	10.9	2.2	20.2	5.7	18.9	12.9	7.8	0.4	13.8	1.9	12.0	12.4
2014	11.1	2.2	21.7	5.7	18.3	12.7	3.7	-0.4	11.7	0.2	6.1	2.7
2015	11.7	2.4	22.8	5.7	18.6	13.0	6.1	1.0	22.4	0.6	5.0	5.4
2016	12.4	2.5	25.0	4.5	18.3	13.7	8.2	1.5	14.5	-23.2	5.5	11.3
2017	12.8	2.4	26.5	4.0	17.6	14.0	6.3	-2.2	10.9	-11.6	10.7	7.7

数据来源：国家统计局网站。

生活能源消费的重点，在于以下几点：汽油消费，与家庭汽车的拥有率有密切的关系；天然气消费，与人口趋势和天然气基础设施网络的发展有密切关系；电力消费，与人口趋势和人居形态有关，同时因为电力的来源多样，也与电力综合系统的结构变化有关，比如可再生能源与微网技术等。

综合以上分析，由于中国能源消费的主体是工业，占总消费的65.7%，而随着大规模建设需求的缓解，高耗能产品需求将出现峰值然后下降，因此即使交通需求和生活需求有一定的增长，总需求的高峰也会较快到来，之后保持稳定或略有下降。

（六）能源需求结构

1. 电力

电力可以说是最重要的能源形式，每一个行业与家庭生活都需要电力。目前耗电最多的部门仍然是工业（69.4%），其次是生活消费（14.0%）。在工业电力消费中，制造业（51.8%），电力、煤气及水生产和供应业（13.8%）居前。制造业电力消费中，有色金属冶炼及压延加工业（9.3%）、

黑色金属冶炼及压延加工业（8.1%）、化学原料及化学制品制造业（7.9%）及非金属矿物制品业（5.1%）消费量较大，这四大产业占电力消费总量的30.4%（见表3）。其中，有色金属生产普遍采用电解法，所以电耗一直很高，主要集中于电价较低的地区。

表3 2017年主要部门电力消费情况

单位：亿千瓦时，%

	消费量	占比
电力消费总量	64820.97	100
生活消费	9071.57	14.0
批发、零售业和住宿、餐饮业	2526.65	3.9
交通运输、仓储和邮政业	1417.98	2.2
农、林、牧、渔、水利业	1175.12	1.8
工业	44959.84	69.4
制造业	33594.63	51.8
有色金属冶炼及压延加工业	6003.3	9.3
黑色金属冶炼及压延加工业	5261.49	8.1
化学原料及化学制品制造业	5122.26	7.9
非金属矿物制品业	3305.08	5.1
纺织业	1684.9	2.6
金属制品业	1447.58	2.2
橡胶和塑料制品业	1349.35	2.1
电力、煤气及水生产和供应业	8961.59	13.8
采掘业	2403.62	3.7

数据来源：国家统计局网站。

在有色金属冶炼及压延加工业，每年有大量未锻造产品用于出口。最高年份（2004年）有22.4%的产品用于出口（见图7）。因此，随着国内生产成本包括电力成本的上升，未来有色金属冶炼及压延加工业可能没有较高的增长率。

黑色金属冶炼及压延加工业与非金属矿物制品业，主要对应大规模基础

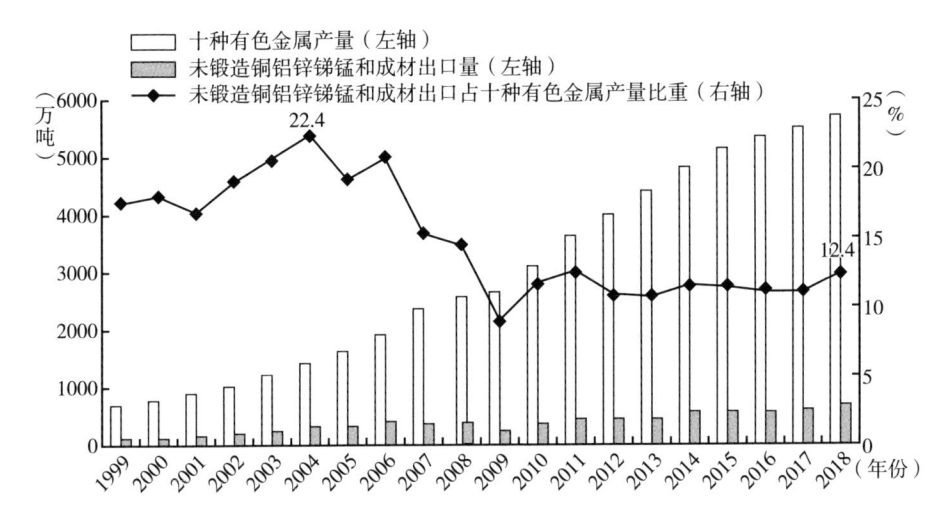

图7 1999~2018年有色金属生产与出口变化

数据来源：国家统计局网站。

设施与房地产建设对钢铁、水泥等高耗能产品的需求，由于前述原因，未来这两个行业可能没有较高的增长率。它们都应该伴随大规模建设的结束在到达峰值后出现一定程度的下降。

在终端能源消费中，电能与其他固体、液体、气体能源形成可以相互替代的关系，因此对电力消费的中长期预测需要确定电能替代的前景。

国家发展和改革委员会、国家能源局制定了《能源生产和消费革命战略（2016~2030）》，提出要大幅提高城镇终端电气化水平，实施终端用能清洁电能替代，大力推进城镇以电代煤、以电代油；加快制造设备电气化改造，提高城镇产业电气化水平；提高铁路电气化率，超前建设汽车充电设施，完善电动汽车及充电设施技术标准，加快全社会普及应用，大幅提高电动汽车市场销量占比；淘汰煤炭在建筑终端的直接燃烧，鼓励利用可再生电力实现建筑供热（冷）、炊事、热水，逐步普及太阳能发电与建筑一体化。

电能替代存在从燃料到电力和电力利用两个能量转化过程，而目前发电的能量效率最高在40%左右，用电过程的能量效率也不超过40%，因此电能替代从总体上并不代表能量效率提高。因此，能否实现温室气体减排和其

他污染排放减排，取决于电力的生产结构是不是有效提高了非化石能源电力（水电、核电、非水可再生能源电力）或者低碳化石能源电力（天然气发电）的比例。

2.液体燃料

液体燃料主要是石油炼制产品、液化石油气、用作燃料的醇醚燃料、生物柴油等。液体燃料主要应用于运输工具，也有部分工业使用液体燃料，极少量用于发电。

中国液体燃料需求已经出现峰值。与此同时，中国的成品油产能持续处于高位（见图8），中国已经成为重要的成品油出口国。2019年全年成品油净出口3629万吨，同比增长44.5%（见图9）。2020年预计国内成品油需求增速继续放缓，然而成品油产能继续增加，预计成品油净出口将继续增加。①

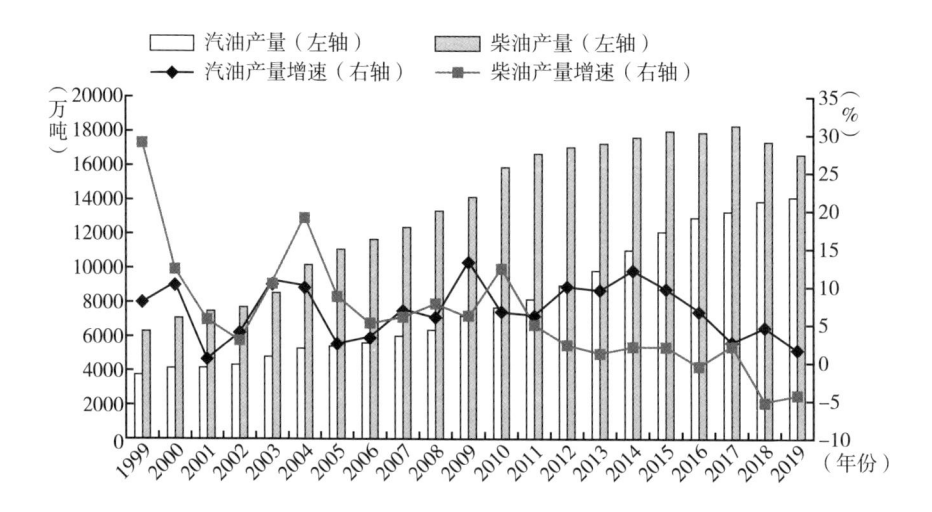

图8 1999~2019年中国成品油产量及增速

---

① 《〈2019年国内外油气行业发展报告〉：国内石油产量止跌回升，油气对外依存度快速提升势头得到遏制》，国际能源网，2020年1月14日，https://www.in-en.com/finance/html/energy-2241952.shtml。

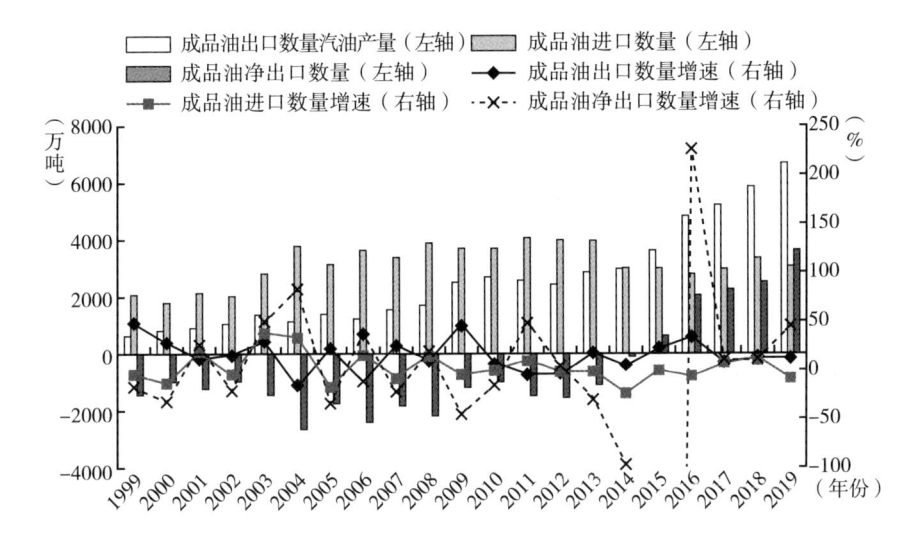

图9　1999~2019年中国成品油进出口及增速

注：2015年成品油净出口数量增速为-2003%，未能在图中显示。

此外，中国非常规液体燃料尤其是醇醚燃料发展很快，未来将抑制成品油需求的增长。

3. 气体燃料

气体燃料近年来发展很快。尤其是在蓝天保卫战的激励下，各地普遍推广天然气作为替代煤炭的能源。由于天然气需求增长较快，2017年冬季出现了"气荒"，在市场做出调整、供给保障能力提高之后，天然气需求增速仍然较高。

除作为直接燃料使用之外，天然气发电增长迅速，成为天然气需求的新增因素。

近年来的变化趋势是电力、热力用气比例上升最快，交通运输用气的比例有所上升，生活消费用气的比例变化不大，而制造业用气比例有所下降。考虑到总消费的快速增长，实际上各部门的消费量都在快速增加（见表4）。

表4　2005～2017年天然气消费结构变化

单位：%

年份	总消费增速	制造业用气占比	电力、热力用气占比	生活消费用气占比	交通运输用气占比
2005	17.9	46.9	4.0	17.0	8.1
2006	20.1	46.9	5.3	18.3	8.4
2007	25.6	43.8	10.0	20.3	6.6
2008	15.3	41.6	9.1	20.9	8.8
2009	10.1	35.9	14.3	19.9	10.2
2010	19.5	33.4	16.9	21.2	10.0
2011	22.1	37.0	16.5	20.3	10.6
2012	12.1	39.1	15.4	19.7	10.6
2013	16.6	42.0	14.3	18.9	10.3
2014	9.6	41.8	14.1	18.3	11.5
2015	3.4	37.2	17.8	18.6	12.3
2016	7.6	37.1	19.6	18.3	12.3
2017	15.2	40.1	18.6	17.6	11.9

数据来源：国家统计局网站。

在制造业中，天然气消费量最多的是化学原料及化学制品制造业，其次是石油加工、炼焦及核燃料加工业，石油和天然气开采业，非金属矿物制品业，黑色金属冶炼及压延加工业，有色金属冶炼及压延加工业。其中，化学原料及化学制品制造业中天然气较多作为化工原料，而非燃料（见表5）。

表5　2017年制造业天然气消费结构

单位：亿立方米，%

行业	消费量	占比
制造业	959.04	40.1
化学原料及化学制品制造业	266.18	11.1
石油加工、炼焦及核燃料加工业	191.46	8.0
石油和天然气开采业	141.42	5.9
非金属矿物制品业	105.3	4.4
黑色金属冶炼及压延加工业	59.39	2.5
有色金属冶炼及压延加工业	50.75	2.1

数据来源：国家统计局网站。

未来天然气消费的主要增长点仍然是发电，因为天然气发电不仅比煤电清洁，而且它是风电等可再生能源电力并网所必需的基荷电力形式。根据中国的蓝天保卫战和生态文明建设相关规划，天然气发电是必不可少的。相比天然气发电，水电、核电、其他可再生能源电力都有更多的限制条件。

当然，天然气消费增长的速度和趋势取决于国际市场的供给能力与价格。根据国际能源署（IEA）公布的数据，液化天然气出口在2018～2023年有望增加约140亿立方米，使全球产能增长近30%。其中，超过一半的扩张（超过80亿立方米）来自美国，澳大利亚和俄罗斯也分别贡献30亿立方米和15亿立方米。相比之下，管道输送能力的扩张有限，俄罗斯和中亚地区输送至中国的管道天然气将有所增长。[1]

在需求减少、中美贸易摩擦以及库存高企的背景下，2019年欧洲和亚洲的天然气价格已跌至至少十年内的低点（见图10）。价格下跌的最大因素是美国的天然气正涌入全球市场。2019年天然气平均价格只相当于2010年的61%。随着全球液化天然气（LNG）产能的扩张，液化天然气价格下降得比石油和天然气更快。

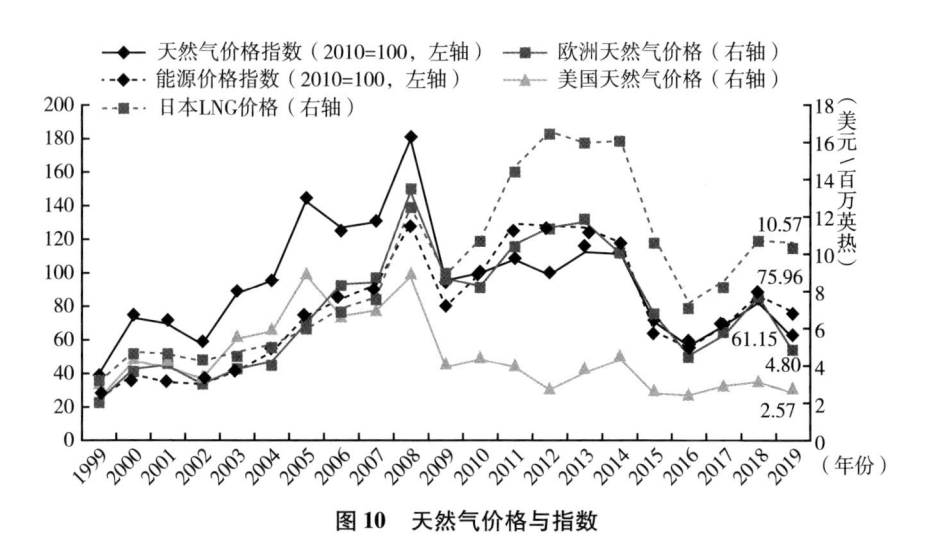

图10 天然气价格与指数

数据来源：World Bank Commodity Price Data（The Pink Sheet）。

---

[1] Gas 2018: Analysis and forecasts to 2023, June 2018, https://www.iea.org/reports/gas-2018.

因此，我们可以预计未来中国的天然气需求将有较快的增长。从全球供给能力看，中国的需求是可以得到保障的。

二 中国能源转型：供给侧

中国能源战略一直强调依托国内资源保障国内能源供应，因此针对中国煤炭资源丰富、油气资源不足的特点形成了以煤炭为主体、石油天然气国内国外资源相结合、适度发展水电核电、以可再生能源为补充的能源供给组合。

（一）能源供给政策

2007年，国务院新闻办公室发表《中国的能源状况与政策》白皮书，指出"中国能源发展坚持立足国内的基本方针和对外开放的基本国策，以国内能源的稳定增长，保证能源的稳定供应，促进世界能源的共同发展"。中国能源战略的基本内容是："坚持节约优先、立足国内、多元发展、依靠科技、保护环境、加强国际互利合作，努力构筑稳定、经济、清洁、安全的能源供应体系，以能源的可持续发展支持经济社会的可持续发展"。因此，国内形成了以煤炭为主，以水电、核电、风电为辅，以油气保障交通与生活需求为特点的能源结构（见图11）。

2014年6月，习近平同志就我国能源发展战略做出重要部署，能源供给革命成为一个重要的组成部分。2014年11月，《能源发展战略行动计划（2014~2020年）》正式发布，要求2020年一次性能源消费总量控制在48亿吨标准煤，煤炭比重由2013年的65%降至62%，天然气比重由2013年的6%提高到10%。能源消费总量控制目标基本实现（2018年为46.4亿吨标准煤），煤炭比重的下降已经实现（2018年为59%），然而天然气的目标实现起来有一定难度（2018年比例为7.8%）。

《能源生产和消费革命战略（2016~2030）》提出的能源供给革命，要求立足资源国情，实施能源供给侧结构性改革，推进煤炭转型发展，提高非

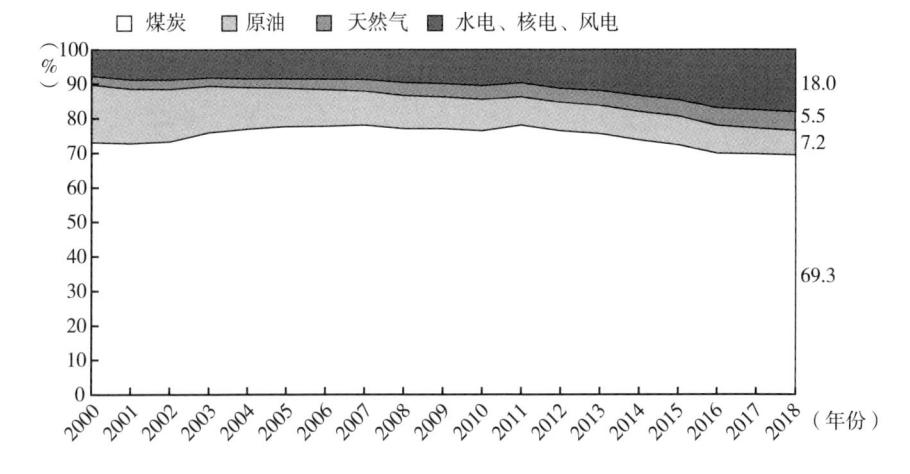

图 11 2000~2018 年中国能源结构

数据来源：国家统计局网站。

常规油气规模化开发水平，大力发展非化石能源，完善输配网络和储备系统，优化能源供应结构，形成多轮驱动、安全可持续的能源供应体系。具体措施包括：①推动煤炭清洁高效开发利用；②实现增量需求主要依靠清洁能源；③推进能源供给侧管理；④优化能源生产布局；⑤全面建设"互联网+"智慧能源。

（二）能源生产

2012 年以来，原煤与原油生产在多数年份为负增长或者接近零增长，天然气与核电保持了较快的增长速度，风电和光伏发电在政策鼓励下发展迅速，水电在 2018 年之前维持正增长，但是 2019 年出现了负增长（见图12）。这种趋势一方面显示出中国的能源需求增速在趋缓，另一方面显示出中国生态文明建设的发展。

根据有关能源政策与近年来发展趋势，未来中国能源供给的结构将有以下变化趋势。

一是国内生产与进口相结合保障能源供给。

二是随着优质煤炭资源的消耗和国内电力需求增长趋于平稳，以及核电

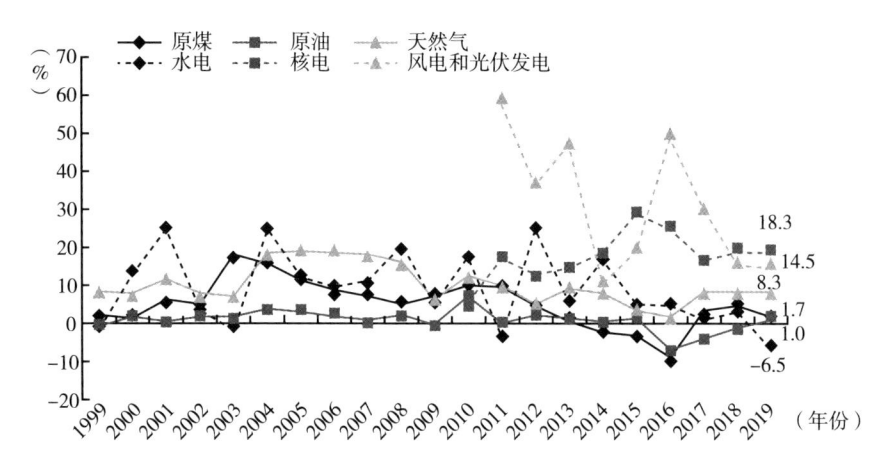

图 12　1999～2019 年中国能源生产增长率变化

数据来源：国家统计局网站。

与风电的发展，煤炭生产已经达到峰值，虽然有些年份出现波动，但是下降的趋势应该是确定的。

三是中国国内原油生产已经出现峰值，在扩大国内生产的政策引导下，短期内国内原油生产有可能上升，但是受资源禀赋所限，国内原油生产总体来讲稳中有降。同时，国内成品油生产中有相当一部分是出口需求。

四是中国国内天然气生产在页岩气和非常规气的带动下，将有一定幅度的增长。但是国内页岩气受地理因素限制，难以复制美国的页岩气革命。

五是水电生产，尽管还有潜力，但由于受生态环境的约束和目前国内电力需求不旺的影响，未来水电产能不会有大的增长，水电生产将受天气与需求的双重影响。

六是核电生产，尽管中国在规划一批核电产能，但是出于安全考虑，核电生产在未来可能不会出现大幅度上升。

七是可再生能源，主要是风电，目前陆上产能已经基本饱和，但是弃风现象仍然存在，未来随着智能电网技术的发展，风电生产仍可提高。海上风电临近电力负荷中心，未来可能有较大的发展。

（三）能源进口

在经济全球化背景下，充分利用国内国际两种资源，在以国内资源为主体的情况下，通过优化进口渠道，降低总体能源成本，减轻国内环境保护压力，是保持中国经济稳定发展与竞争力的必然要求。

随着中国能源转型的发展，化石能源不同程度地需要进口，即使煤炭资源丰富，中国也已成为世界上最大的煤炭进口国。原油的进口依存度达到了70.9%（2018年，4.62亿吨），天然气的进口依存度达到了45.3%。[①]

鉴于国际市场供给充裕，能够满足中国对进口能源的需求，所以本报告的预测方法是以总需求减去国内生产得出各能源品种的进口量。主要进口品种为煤炭、原油和天然气。

（四）电力生产

目前的电力生产结构仍然是以火电为主，其中燃煤发电占绝大部分。但是近年来核电、风电、太阳能发电、天然气发电的发展都明显提速（见表6和图13）。

表6　2016~2018年中国电力生产结构

单位：亿千瓦时

年份	总发电量	火电	火电中气电	水电	核电	风电	太阳能发电	其他
2016	61331.6	44370.7	1883.0	11840.5	2132.9	2370.7	393.6	223.2
2017	66044.5	47546.0	2032.0	11978.7	2480.7	2950.2	647.5	441.5
2018	71117.7	50738.6	2155.0	12342.4	2943.6	3253.2	894.5	945.6

数据来源：国家统计局网站。

---

① 参见中国石油集团经济技术研究院于2019年1月16日发布的《2018年国内外油气行业发展报告》。

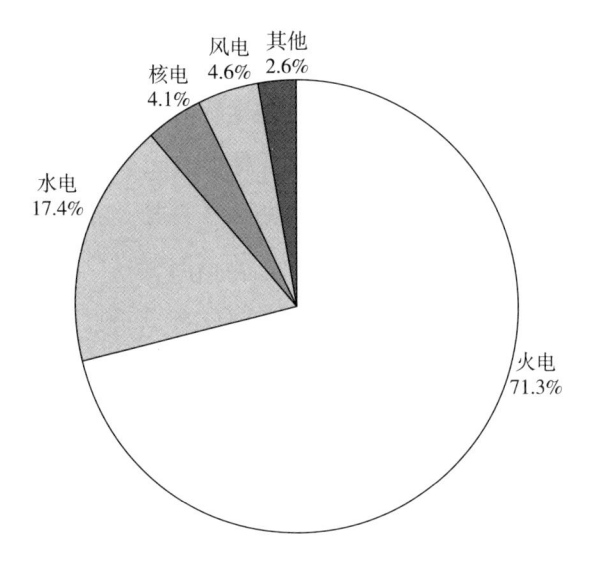

图 13　2018 年中国电力生产结构

数据来源：国家统计局网站。

电能替代是中国能源消费革命的一个重要方面，然而它需要与电力生产结构的清洁化相互配合才能达到清洁能源的目标。电力清洁化的进程取决于非煤电力的综合成本。因此，即使天然气发电优于燃煤发电，而且国际市场天然气供应充足，也要看天然气价格的长期走势和国内环境保护的政策力度。图 14 显示了 2014～2018 年天然气发电量增长情况，2018 年增长率已经趋于 6% 的正常水平。

由于电力负荷中心位于中国的沿海省份，利用进口 LNG 发展天然气发电可以减少远距离输送煤电和水电（煤电多位于中部地区，水电多位于西部地区）的成本和损耗，而且这些省份有较强的成本承受能力，因此中国的天然气发电还有较大的增长空间。近年来的天然气发电产能建设，主要集中在沿海省份。

综合各种因素，尤其是中国生态文明建设的要求，要实现中国环境质量明显改善和生态恢复的目标，提高天然气发电在电力中的比重是非常重要的选项。原因很明显，核电、风电以及氢能等都有显著的限制因素，不可能无限提高。

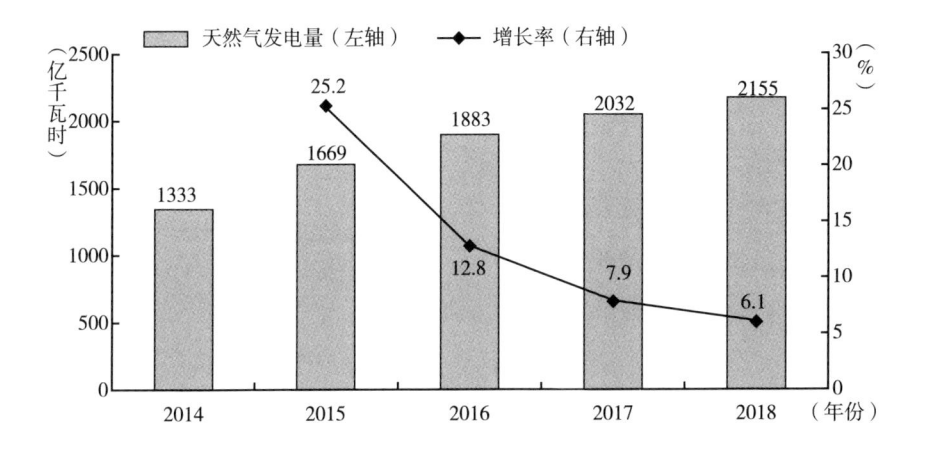

图 14　2014～2018 年中国天然气发电量增长情况

数据来源：《十张图解读我国天然气发电行业发展现状　机遇与挑战并存》，中国燃气网，2020 年 1 月 13 日，http://www.chinagas.org.cn/mobile/index.php/m/c/10/11/48296。

同样，海上风电也临近负荷中心，随着海上风电技术日趋成熟，成本下降可以预期，因此未来风电的发展还有空间。海上风电与沿海 LNG 电厂相结合，可以推动中国电力生产的清洁化。

三　基于能源转型的能源前景

以前述分析为基础，考虑能源转型与技术发展前景，中国能源模型系统（CEMS，由数技经所开发与维护）对中国 2020～2050 年的能源需求与供给、贸易走势进行了预测和政策效果模拟，具体结果如下。

（一）能源需求

1. 能源总量

中国能源需求将于 2025 年达峰，之后将略有下降。到 2025 年，能源需求总量峰值为 50.5 亿吨标准煤（2014 年为 45 亿吨标准煤），到 2030 年下降到 50.1 亿吨标准煤，2050 年下降到 48.2 亿吨标准煤，之后基本保持稳定（见图 15）。

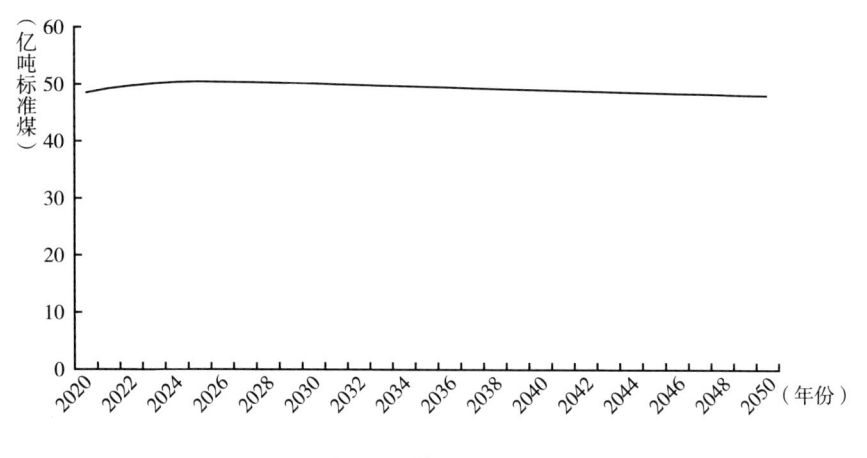

图 15　总能源需求预测

2. 煤炭

煤炭将是能源需求中下降最快的领域。2024 年之前，中国煤炭需求基本稳定在 37 亿吨，到 2030 年为 33.6 亿吨，到 2050 年将下降到 26.8 亿吨（见图 16）。

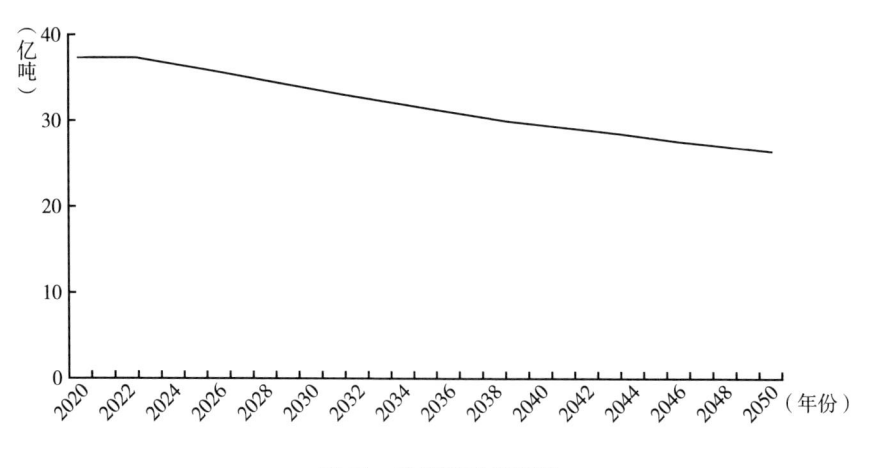

图 16　总煤炭需求预测

3. 石油

从预测结果看，中国原油需求基本稳定（不考虑出口需求的进一步增长)。到 2028 年,中国原油需求将达到峰值,约为 6.38 亿吨;到 2050 年,约为 5.98 亿吨。总体来看,原油需求保持稳定(见图 17)。

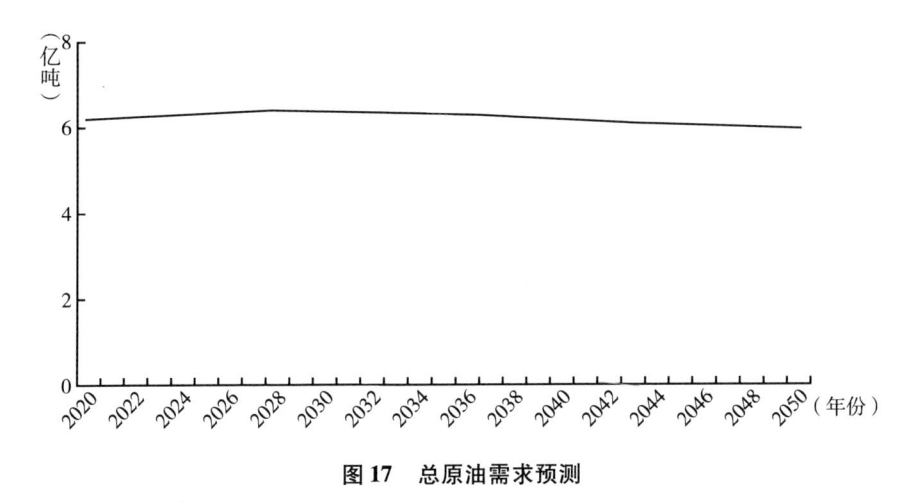

图 17 总原油需求预测

在石油消费中,预计汽油、煤油、燃料油需求仍然会增长,而柴油会有所下降(见图 18)。

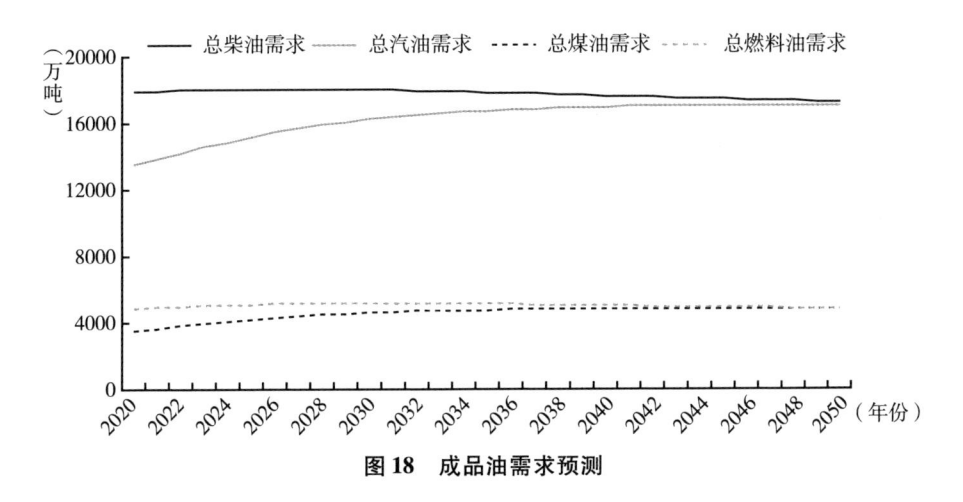

图 18 成品油需求预测

4. 天然气

天然气将是中国近年来需求增长最快的能源产品。预计 2025 年为 3445 亿立方米,2030 年达到 3899 亿立方米,2050 年达到 5344 亿立方米(见图 19)。

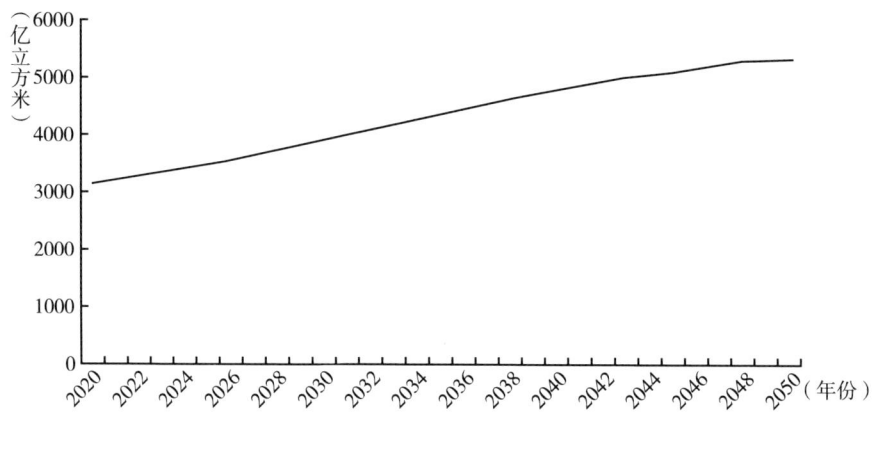

图19 总天然气需求预测

5. 电力

随着工业化、城市化进程的逐步结束，对高耗能商品的需求下降，电力需求趋于稳定。到2025年，电力需求约为7.4万亿千瓦时，到2035年，电力需求约为7.5万亿千瓦时，之后基本维持稳定（见图20）。

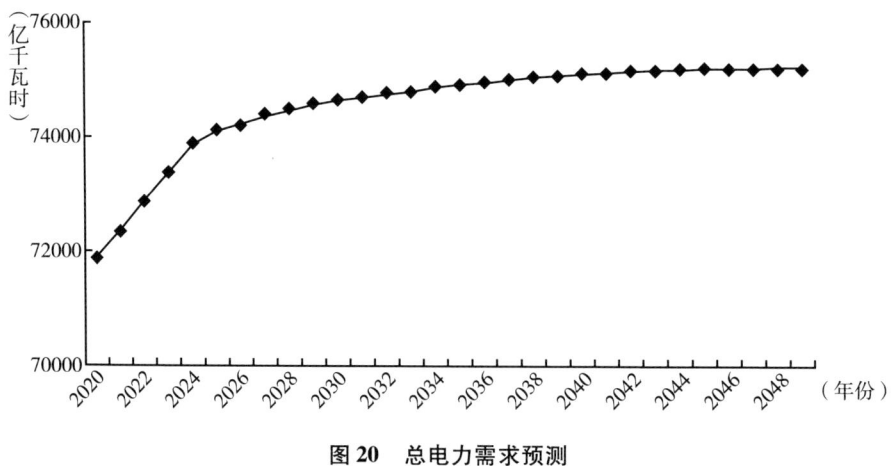

图20 总电力需求预测

6. 能源消费结构

在供给侧改革与经济增长动力变化的共同作用下，未来30年我国能源需求结构将逐步优化。煤炭所占比例将于2025年下降到51.3%，2030年下降到47.8%，2050年下降到39.7%。同时，石油需求所占比例将基本稳定，预测2050年为17.7%，变化不大。天然气份额将有较大提高，将从2020年的7.8%提高到2030年的9.5%，2050年会提高到13.5%。一次电力（核电、水电及其他非化石能源）和其他能源（沼气燃料和液态生物燃料）份额也将有所上升（见图21和表7）。

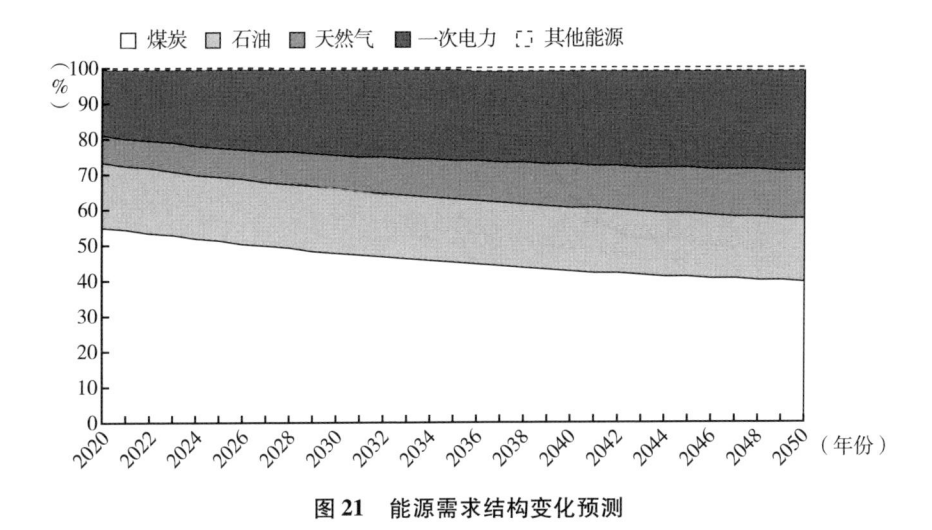

图21 能源需求结构变化预测

表7 能源需求结构预测

单位：%

年份	煤炭	石油	天然气	一次电力	其他能源
2020	54.8	18.3	7.8	18.7	0.2
2025	51.3	18.0	8.4	22.0	0.3
2030	47.8	18.1	9.5	24.0	0.4
2035	45.0	18.1	10.8	25.3	0.6
2040	42.7	18.0	11.9	26.5	0.7
2050	39.7	17.7	13.5	27.9	1.0

（二）能源供给

中国煤炭生产目前已经基本达峰。未来煤炭生产必然逐渐有所减少

（见图22）。在没有新的重大储量发现的情况下，石油的产量也难以增加（见图23）。在政策和市场的激励下，如果开放上游领域，天然气产量在未来将有一定幅度的增长（见图24）。

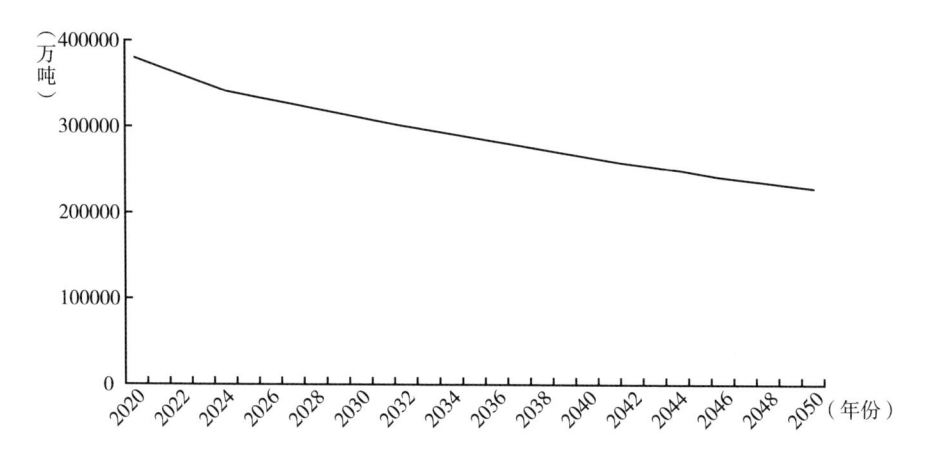

图22　煤炭产量预测

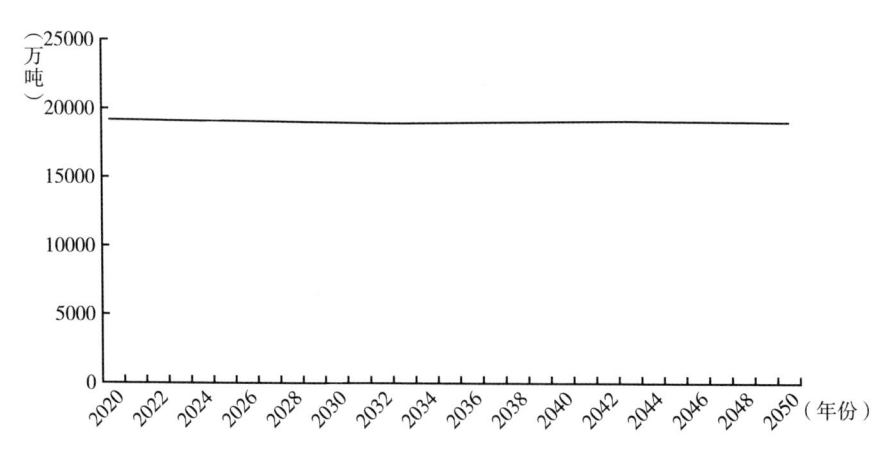

图23　石油产量预测

从能源生产结构看，即使有所下降，煤炭的基础地位仍然不可动摇。到2025年，煤炭占能源生产的比例预计为59.3%，2050年会下降到45.7%。天然气和一次电力的份额增长较多，不过这更多的是由于煤炭比例的下降（见图25和表8）。

图 24　天然气产量预测

图 25　能源生产结构预测

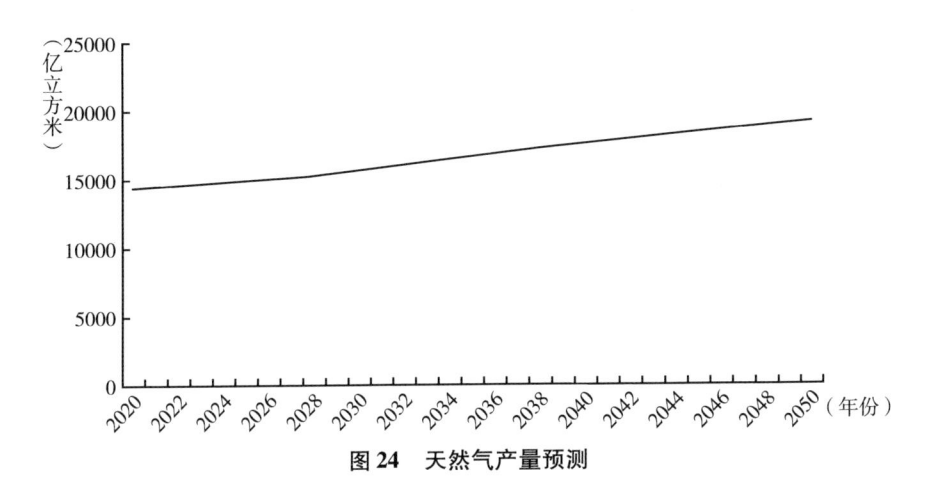

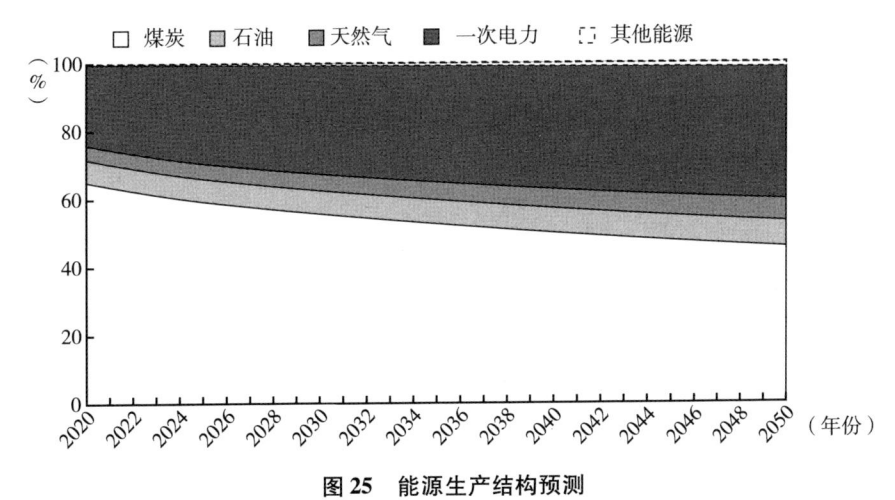

表 8　能源生产结构预测

单位：%

年份	煤炭	石油	天然气	一次电力	其他能源
2020	65.0	6.6	4.2	23.7	0.4
2025	59.3	6.7	4.5	29.0	0.5
2030	55.6	6.9	4.8	32.0	0.7
2035	52.6	7.1	5.2	34.2	0.9
2040	49.9	7.2	5.6	36.1	1.2
2045	47.6	7.4	6.0	37.6	1.4
2050	45.7	7.5	6.4	38.8	1.6

在电力生产中，预计燃煤发电目前已经接近峰值（4.9 万亿千瓦时），之后会逐步下降，2025 年下降到 4.4 万亿千瓦时，2050 年下降到 3 万亿千瓦时（见图 26）。水电生产基本保持稳定（见图 27），核电不建议增加新电站（见图 28），一次电力增长稳定（见图 29）。较多增量来自天然气发电（见图 30），并将摆脱目前作为调峰电源的地位，成为主要发电形式之一（见图 31 和图 32）。由于电力产能过剩，未来发电量中将出现一部分出口。因此电力产量将高于国内需求量。

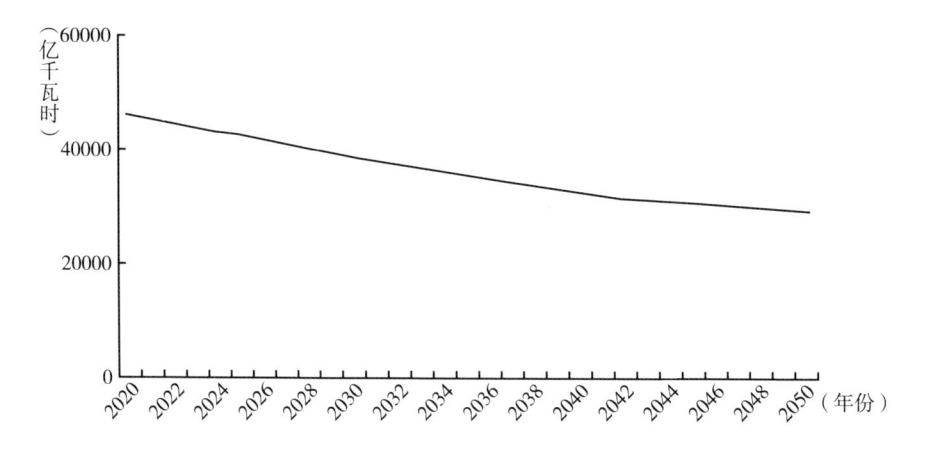

图 26　燃煤发电预测

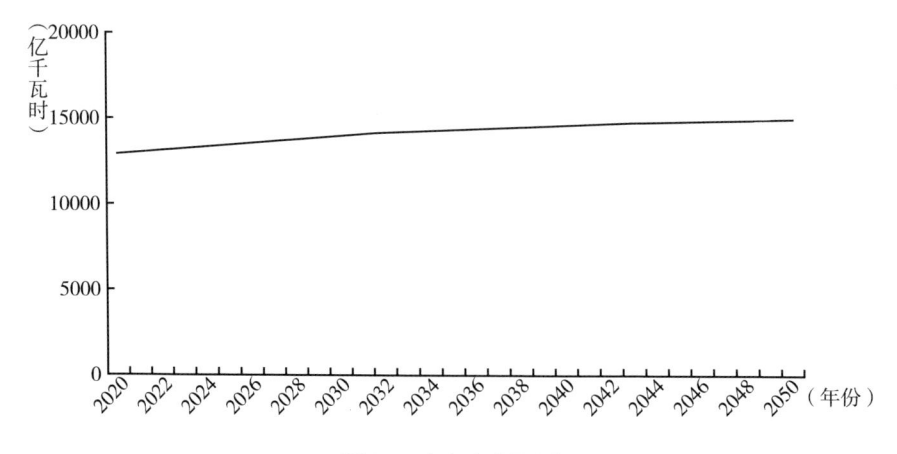

图 27　水电生产预测

图 28 核电产量预测

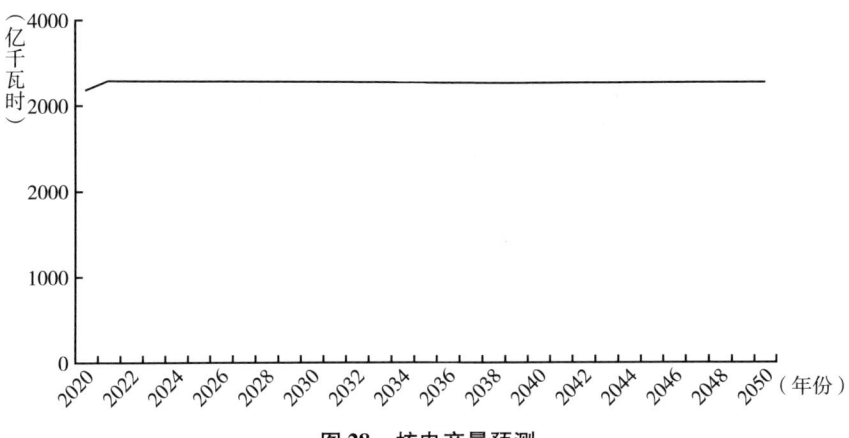

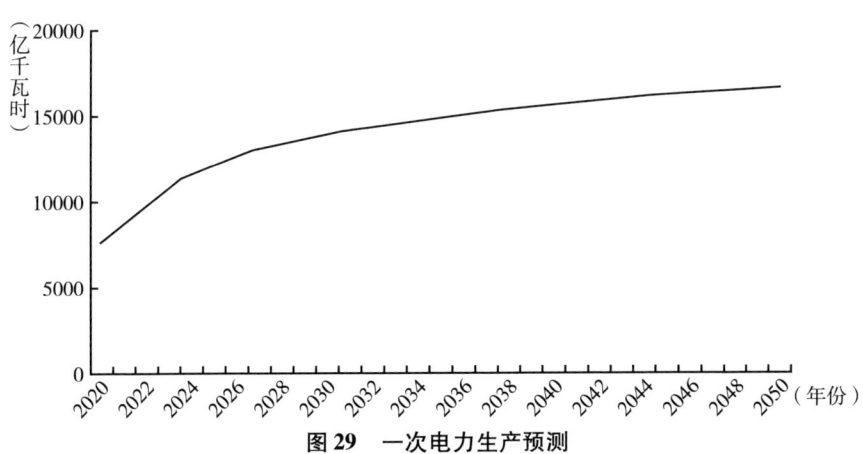

图 29 一次电力生产预测

图 30 天然气发电生产预测

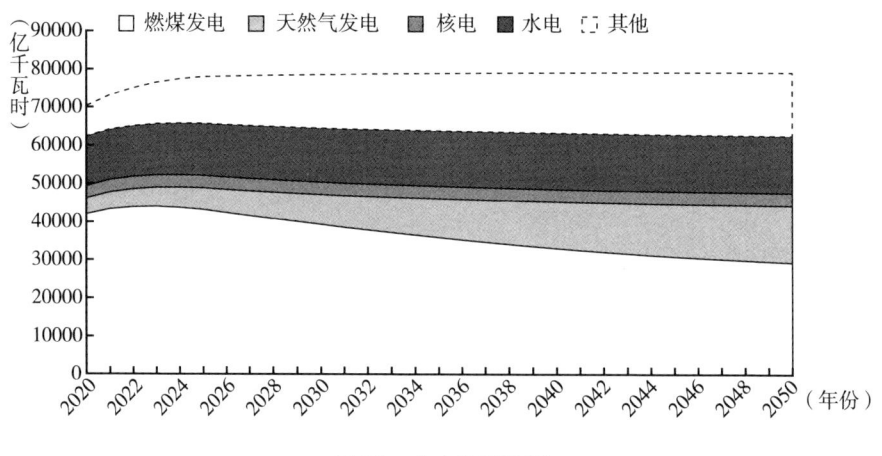

图 31　电力生产预测

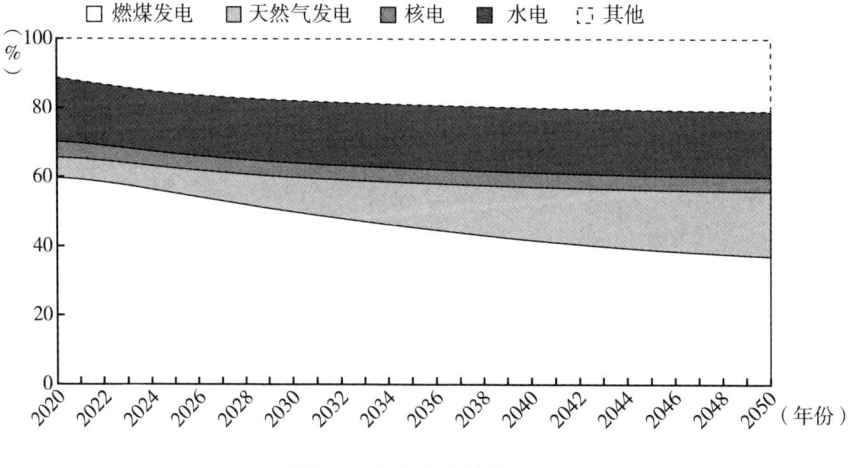

图 32　电力生产结构预测

(三) 能源贸易与安全保障

随着中国能源需求接近峰值（见图33），未来中国能源对外依存度将有所改善。但是随着国内资源和产量的减少，能源进口需求仍然较多（见图34）。煤炭进口需求先减少后增加，最终停留在30%左右（见图35），但是实际进口总量并没有增加，依存度上升是因为国内煤炭产量的下降；

石油对外依存度较高,并且随着国内石油产量的略有增加,依存度会比2020年有所下降,但是基本稳定在70%左右(见图36);天然气的对外依存度会有较多上升,2050年可能达到55%以上(见图37)。当然,如果中国的页岩气等常规天然气生产取得突破,天然气的对外依存度就会明显下降。

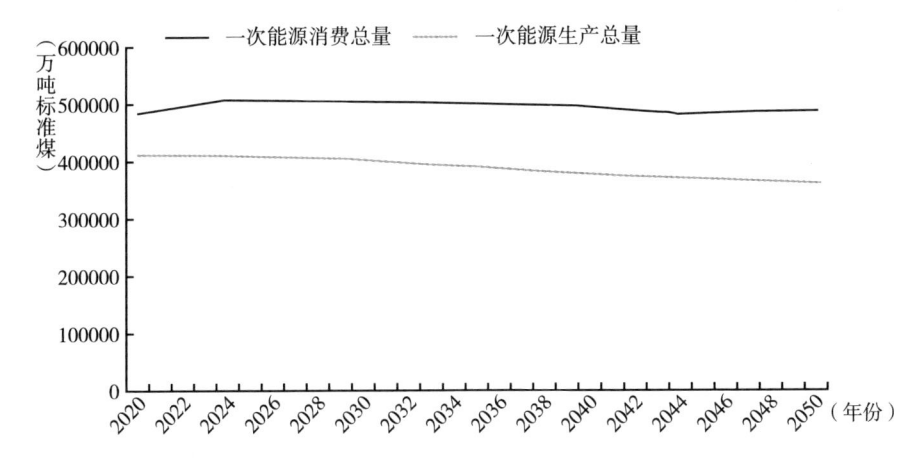

图33 中国能源需求与供给预测

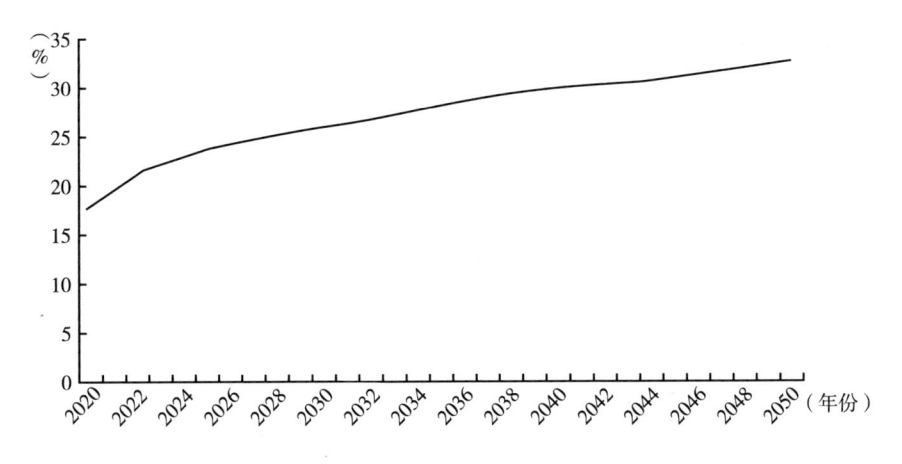

图34 能源供给对外依存度预测

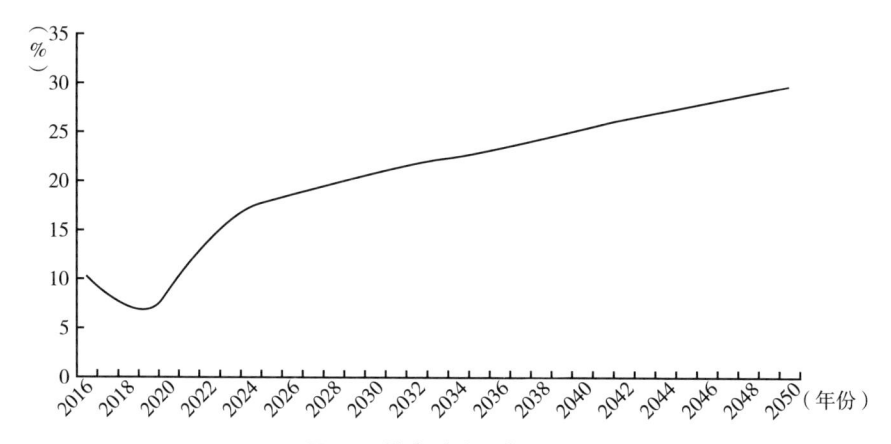

图 35　煤炭对外依存度预测

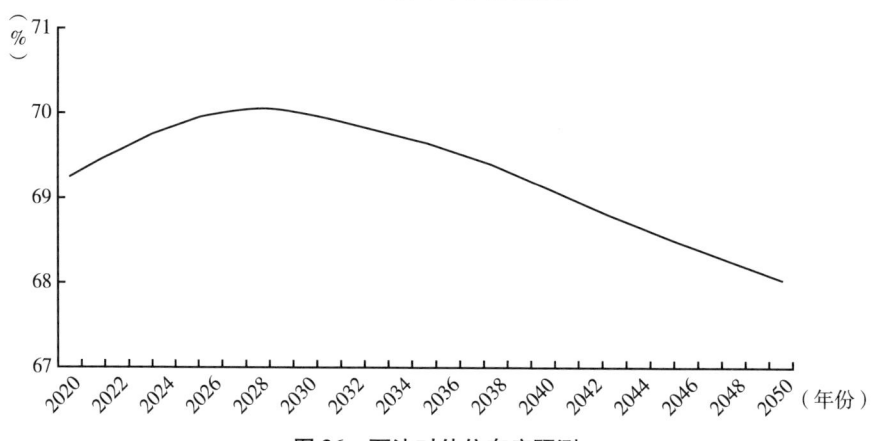

图 36　石油对外依存度预测

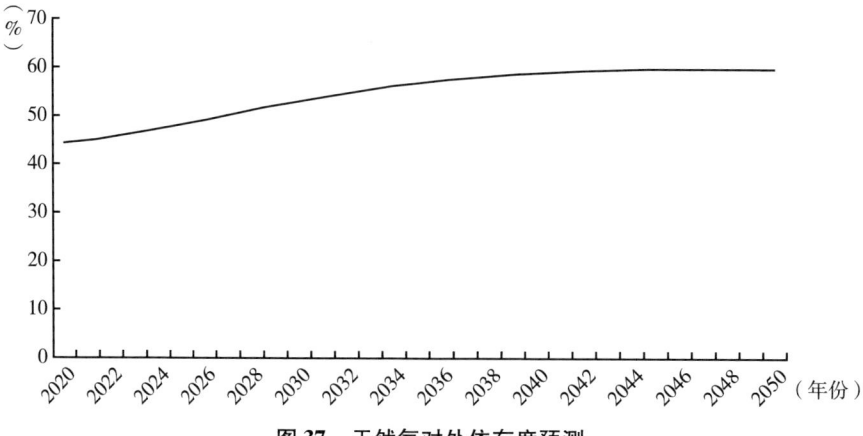

图 37　天然气对外依存度预测

四　政策建议

中国经济正处于产业转型升级与能源转型过程之中，需要对目前的能源体系进行系统化的改善，在实现向清洁能源转型的同时做到维持能源成本稳定，并确保能源安全。本报告提出以下建议。

（一）加快建立全国性天然气储运调峰网络

天然气能源的发展是中国未来能源转型的重要一环。因此，在这一大趋势下，中国有必要加大上游生产投资力度，加快基础设施建设，放宽投资机构和批发机构的市场准入，提高终端消费者对天然气和LNG的可及性，加强国内天然气市场的建设，尽快形成市场化价格机制。

1. 加强国内输配、储气库与调峰能力建设

天然气市场的关键是输配能力建设，目前国内天然气的输配基础设施存在多重瓶颈，从气田到运输终端，从国际供货地到中国港口，从港口LNG终端到分销市场等，都存在瓶颈与管制的问题。未来随着能源体制改革的推进，应加强国内市场输配能力建设，从入境门站、港口LNG终端、储气设施、气化站、城市门站、主干网、区域网、加气站等各个环节逐步放宽市场准入，力争在短时间内形成覆盖全国城乡工商业和家庭用户的输配网络。

除在各大消费中心建设储气库之外，也可探索利用枯竭油气田作为储气库，以及建设海上浮动LNG储存装置。此外，南、北方存在天然气消费的季节差，应建立南、北方沿海各省份的季节调峰能力。

2. 探索利用公路、铁路、内河航道进行LNG集装箱和储罐运输

大规模建设天然气管网周期长、投资大，但是目前我国已经形成的铁路网、高速公路网和内河航道的交通基础设施网络，已经能够覆盖绝大部分居民和企事业单位。在LNG储运设施安全性问题已经解决的情况下，应该已经具备了使用专用集装箱/储罐进行输配的可行性。这样做的

好处是十分明显的，既节省了大量投资，也能在短期内做到覆盖大部分终端消费者。在高铁快速发展的背景下，原有的低速铁路运力已经释放出了很大一部分，用低速铁路输送 LNG 集装箱/储罐可以大幅提高铁路的综合效率。

3. 推动国际尤其是亚太地区天然气互联互通网络建设

亚太作为全球增长最快的天然气市场，又拥有充足的供应能力，而各国包括出口国和消费国之间的峰谷时间不同，具有很强的互补性，有巨大的潜力实现市场的一体化和亚太地区天然气输配设施的互联互通，形成各方共赢的有利局面。建议在 LNG 离岸和到岸终端、海上浮动存储、陆上输配网络之间，推动信息和技术标准的共享，逐渐形成亚太 LNG 价格的金融化定价机制。同时，建议在陆路国际运输方面，探索火车集装箱/储罐运输模式，在中俄铁路、中国哈萨克斯坦铁路使用火车集装箱/储罐运输 LNG 和 LPG 等，这样可以有效形成灵活的运输方式，降低供应中断的风险。在国际上，里海两岸也可使用这种方式实现欧亚之间天然气的互联互通；还可以建设从中亚经巴基斯坦到印度的铁路，进行 LNG 和其他人员、货物的运输。未来可以展望一个陆海联运的亚太天然气/LNG 互联互通网络。

（二）发挥电力市场功能，推动电力产能结构调整

2014 年以来，部分地区出现了"弃水"现象，西南地区的水电无法顺利输送到东部负荷中心，而东部地区省份优先选用本地区的煤电。这显示出各省份之间在电力调度上无法实现整体优化，使得成本和排放都更低的水电无法得到充分利用。因此，在电力产能普遍过剩的情况下，建设系统化的全国性电力市场越来越有必要。

在多年的电网建设之后，跨地区的电力输配问题已经得到解决，出现"弃水"问题的原因主要是各区域电网之间的利益不够协调，使得各地优先消化本地所发电力。因此，在实现厂网分离的基本市场格局之下，建设市场化的购电机制，确保电网优先购买低成本、低排放的绿色电力，是较为可行的办法，也是经济学上最优效率的做法。应在保障企业正常市场与生产秩序

的条件下，实行电力的竞价上网。对于波动性较大的可再生能源电力，可以通过财政补贴或者绿色电力配额等方法实现可再生能源电力对其他形式电力的经济性，推动电网采购绿色电力。

（三）加快煤炭资源省份产业升级，发展能化共轨产业技术经济体系

煤炭作为能源与化学工业的基础，为中国的能源安全和经济发展做出了巨大的贡献。然而，将煤炭单纯作为发电燃料是一种物质利用效率并不高的模式。在新的技术条件下，实现煤基能源与化工融合的技术经济体系，可以更有效地提高煤炭能量效率与物质利用效率。

中国在有机化工领域积累了70年的技术经验，对于火力发电、煤化工、石油化工、天然气化工都掌握了成套的工业技术体系。通过能量与物质循环技术的集成，可以走出一条能化共轨融合发展的高效清洁工业化路径，建设一个引领世界的能化产业体系与产业技术体系。这既能解决煤化工产业和相关地区的产业升级与环境保护难题，也能够为全球能源安全提供中国的新方案。为此，本报告提出以下建议。

建议1：化电热联产模式，即煤化工与发电、供热相结合，实现化工余热发电、电热厂废气再进入化工的循环经济模式。其他使用煤炭作为燃料的工业也可以进行相似的工艺优化与升级，实现物质与能量的更高效利用。

建议2：甲醇既是没有（除水蒸气与二氧化碳之外）其他废渣、废气排放的清洁燃料，也是煤化工、天然气化工甚至石油化工的重要产品，它可以成为新型的液体燃料并作为交通和工业能源，从而减少废气的排放和雾霾的产生。

建议3：化电（化工过程所发电力）与正常火电、水电、核电、可再生能源电力一起，共同构成新的电力供给体系，实现物质最高效率利用和污染物最低排放。

建议4：利用部分国家甲醇成本低的有利条件，实现进口便利化，作为中国能源结构的有效补充，总体上也有利于保障能源安全。

建议5：设立能化融合产业发展机制，从金融、财政、贸易、行业标准、环保、土地政策等方面综合推进能化融合模式的产业化。

（四）加强工业节能与建筑节能

以能化共轨方式实现产业融合发展，从工业化的源头提高能效，这是工业节能的最佳路径。能源与化学工业二者共轨生产将大幅度提高煤炭、石油、天然气的物质利用效率和能源效率。

建筑节能是发展电能替代的基础。近两年来，中国在大力推动电能替代。电能替代是减少散烧煤炭的有效办法，但是从热效率来讲，它并不经济。其原因就在于中国的大部分建筑节能效率很低，建筑保温和散热很快。因此，简单地进行电能替代并不能减少煤炭的消费量，反而会增加煤炭消费量。同时，它可能加重部分居民尤其是收入并不高的农村居民的负担。

分 报 告

Topical Reports

B.3
2019年中国石油化工行业发展现状及趋势

白雪松*

摘　要： 2019年中国石油化工行业保持了较快的发展速度，生产和消费均呈大幅增长，但受宏观经济影响，销售收入增幅下降，利润空间被压缩，行业发展面临较大的压力。2020年乃至"十四五"期间我国将进一步推进石化产业布局优化，重大石化建设仍是行业结构调整的重点，将进一步带动大型化、基地化发展，同时专用化工品和新材料是今后产业投资热点，增加技术研发投入和保护创新是全行业进一步向高质量发展的关键路径，"十四五"时期将是我国由石化"大国"走向"强国"的关键时期。

---

* 白雪松，石油和化学工业规划院石化处处长，主要研究方向为石油化工、能源等。

关键词： 石油化工　炼油　乙烯　芳烃　新材料

一 我国石油化工行业面临较大的下行压力

2019年我国石油和化学工业总体上保持了良好的发展态势，但石油化工行业"通用产品过剩、高端产品不足"的结构性矛盾仍然突出，石化产品进口压力继续增大，外部环境不确定性、不稳定性因素仍较多，行业收入增速趋缓，利润水平下降。

据国家统计局统计[①]，2019年全国共有石油和化工行业规模以上企业26271家，全年增加值同比增长4.8%，低于全国规模工业增加值增幅0.9个百分点。其中，化学工业增加值同比增长4.8%，较上年提高1.2个百分点；石油和天然气开采业增长6.0%，同比提高1.0个百分点；炼油业增长4.3%，同比增幅下降2.1个百分点。

2019年全国石油和化工行业营业收入12.27万亿元，同比增长1.3%，增速趋缓，利润总额6683.7亿元，同比下降14.9%；石油和化工行业增加值同比增长4.8%，进出口总额7222.1亿美元，同比下降2.8%；原油天然气总产量3.47亿吨（油当量），同比增长4.7%；主要化学品总产量同比增长约4.6%。2019年，化学工业营业收入6.89万亿元，同比下降0.9%；炼油业营业收入4.02万亿元，同比增长4.6%；石油和天然气开采业营业收入1.10万亿元，同比增长2.4%；石油和化工行业营业收入占全国规模工业营业收入的11.6%。

2019年全行业营业收入利润率为5.45%，同比下降1.04个百分点。全行业实现利润同比下降14.9%，下降幅度较1~11月收窄2.7个百分点

[①] 2019年统计数据为2020年中国石油和化工行业经济运行新闻发布会上中国石油和化学工业联合会副会长傅向升报告。

（见图1），较第一季度收窄7个百分点，行业利润占全国规模工业利润总额的10.8%。每100元营业收入成本82.67元，同比上升1.39元；资产总计13.40万亿元，同比增长7.7%；资产负债率55.92%，同比上升1.16个百分点；亏损企业亏损额1320.8亿元，同比扩大9.7%；行业亏损面达17.6%。从化学工业的主要板块来看，更为靠近消费领域的专用化学品、涂（颜）料制造和橡胶制品等利润保持增长，而基础原料、合成材料、肥料行业利润出现大幅下滑。专用化学品、涂（颜）料制造和橡胶制品等利润同比增速分别为1.4%、8.1%和9.7%，农药制造利润基本持平；基础化学原料制造利润同比下降30.5%，合成材料制造利润同比下降7.0%，肥料制造和化学矿采选利润同比分别下降38.0%和22.5%，煤化工产品制造利润同比降幅最大，达136.5%。

2019年，石油和化工行业进出口总额7222.1亿美元，同比下降2.8%，占全国进出口总额的15.8%。其中，出口总额2269.5亿美元，同比下降1.8%；进口总额4952.6亿美元，同比下降3.3%；贸易逆差2683.1亿美元，同比缩小4.6%。我国石化产品进口量仍持续较快增长，进口有机化学原料7236.9万吨，增长3.6%，特别是下半年以来，增速不断加快。合成材料进口增长更甚，进口4103.7万吨，增长10%，其中合成树脂进口3366.8万吨，增幅达12.4%。

由于进口量巨大，国内化工市场竞争十分激烈，价格不振。2019年以来，一些主要基础化学原料和合成材料市场价格持续大幅下挫，部分基础化学原料和材料产品价格跌幅逾30%，导致全行业营业收入增幅有限，利润水平则出现了较大下降。但是我国基础原料及化工材料产品需求强劲，进口量增长幅度仍然较大。总体来看，石油和化学工业在市场不利、价格疲软的环境下，全行业营业收入仍然保持了小幅增加，体现了我国石油化工市场仍具有较大潜力。

国际货币组织2020年初将2020年全球经济增长速度下调到3.2%，而将中国上调至6%，可见其对于我国经济发展的预期仍是积极和正面的，而我国2019年底以来经济增速企稳回升也印证了这一趋势，随着中美贸易摩

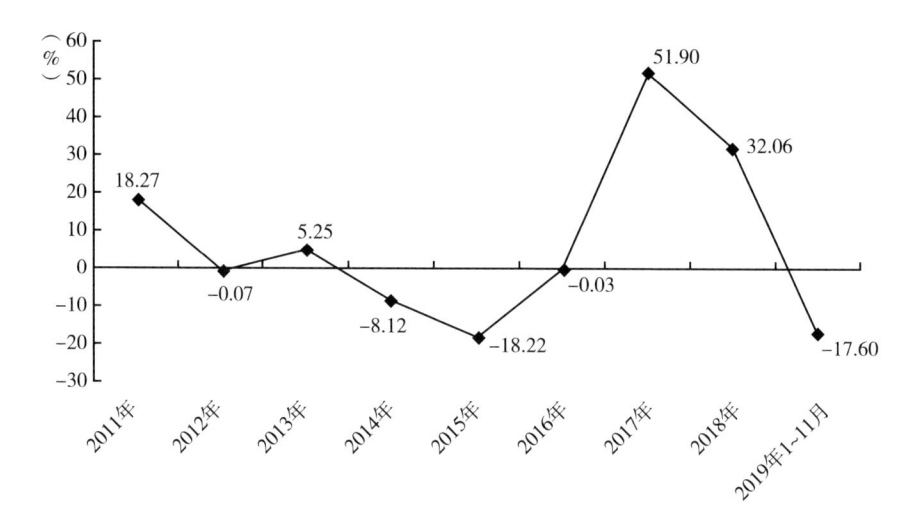

图1　2012~2019年石油和化工行业利润增长率

数据来源：国家统计局2019年11月中国石油和化工经济分析月度报告。

擦第一阶段协议达成，外部环境缓和，市场预期总体向好，预测2020年我国石油化工行业产品需求将保持4%左右的增长速度，销售收入预期将稳定增长，利润水平应有所回升。

多年来，我国石油和化学工业利润率基本维持在5%~7%区间，多数年份化工行业的利润率保持在6%左右的水平，而炼油业利润率受国际油价的影响较大，经常落至2%~3%乃至更低，利润率水平通常低于化工行业。经历了2017年、2018年行业利润最好的年份之后，2019年全行业利润呈现前高后低的走势。2019年1~11月，炼油业营业收入利润率为2.42%，同比下降约2个百分点，化工行业营业收入利润率为5.92%，同比下降约1个百分点；全行业营业收入利润率为5.85%，同比下降约1个百分点。全行业收益水平下降主要是受大宗商品价格波动较大、运营成本增加、终端产品市场价格下降等因素的影响，国内化工产品市场竞争更为激烈（见图2）。

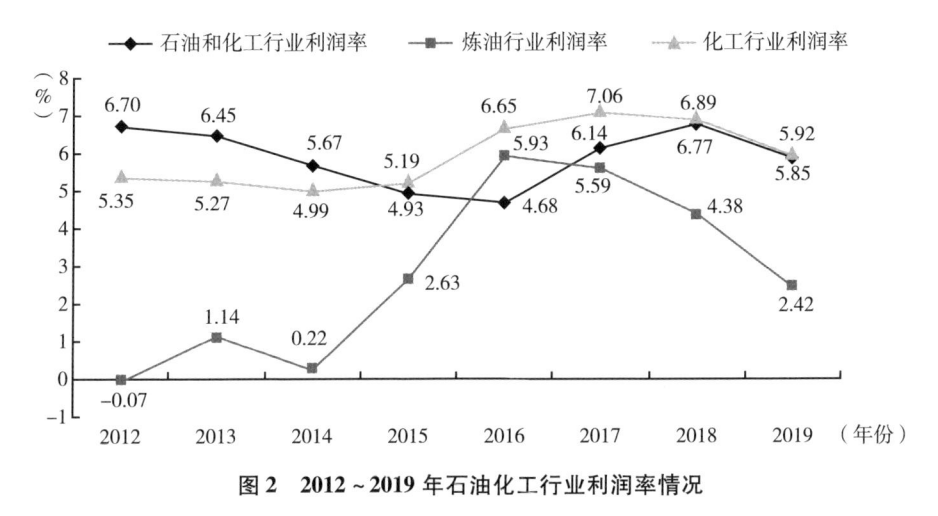

图 2　2012～2019 年石油化工行业利润率情况

数据来源：2019 年 11 月中国石油和化工经济分析月度报告。

二　我国石油和化工产品需求保持较快增长

（一）成品油需求增长趋缓

中国原油需求快速增长，2019 年原油表观消费量达 6.96 亿吨，同比增长 7.3%，原油净进口量 5.05 亿吨，同比增长 9.6%，原油对外依存度超过 70%，达到 72.6%，增加 1.7 个百分点。中国原油产量扭转连续几年下降势头，达到 1.91 亿吨，增幅 1.1%。2019 年中国原油加工量超 6.5 亿吨，增长 5.8%；汽、柴、煤油产量分别为 14070 万吨、16510 万吨和 5260 万吨，分别增长 1.3%、-6.7% 和 10.3%，合计为 35840 万吨，同比增长 7.2%。2019 年汽、柴、煤油出口量分别为 1749 万吨、2331 万吨、1387 万吨，合计 5467 万吨，同比增长 34%。出口成品油约占国内产量的 15%，呈扩大趋势。

近两年来，我国经济增速趋缓，成品油消费增长空间有限，国内炼化产能过剩压力增大，扩大成品油出口成为调节国内市场的重要手段。随着我国大型炼化项目投产，我国原油加工量仍会明显提升，但大炼化项目成品油收率基本下降至 40% 左右，因此，不会造成成品油产量的激增。预计 2020 年，我国成品

油产量将达 37700 万吨，同比增长 5%；国内成品油表观需求量 3.2 亿吨，其中汽油表观消费 1.3 亿吨，煤油表观消费 4000 万吨，柴油表观消费 1.48 亿吨。出口水平仍会进一步提升，预测净出口量超过 6000 万吨，同比增幅估计达 10%。

2019 年我国炼油能力达到 8.5 亿吨/年，按照目前国内建设项目情况，预计 2020 年国内炼油能力达到 8.8 亿吨/年。装置开工率由 2019 年的 76.7% 上升到 78.5%。

2019 年，布伦特原油期货均价为 64.2 美元/桶，同比降幅为 10.5%，中国原油实际进口价同比降幅为 4.6%。在全球原油供应充足、经济下行压力较大且炼油行业利润收窄的大环境下，油价上涨动力不足，预计 2020 年布伦特原油均价范围为 50~65 美元/桶；受到需求因素支撑，国际油价年均水平降至 50 美元/桶以下恐难再现，虽受到地缘政治及各种不确定性因素影响，均价向上突破 70 美元/桶的情况较难出现。近期由于受新冠肺炎疫情影响，各国原油需求存在较大的不确定性，而石油输出国组织（OPEC）未能就进一步减产达成一致，油价近期跌破 50 美元/桶并可能进一步创下近年低点，由于受突发政治经济事件影响，也不完全排除极端情况下油价仍有大幅下跌或飙涨的可能，油价波动幅度可能加大。

（二）化工行业需求维持较快增长

2019 年我国主要化学品总产量增长约 4.4%，表观消费总量增幅约 5%。其中，乙烯表观消费量约 2900 万吨，同比增长 10%；纯苯表观消费量 1052 万吨；甲醇表观消费量 6010 万吨，同比增长 6.8%；硫酸表观消费量 8771 万吨，同比微降 0.2%；烧碱表观消费量 3557 万吨，同比增长 1.6%；纯碱表观消费量 2763 万吨，同比增幅 7.3%。2019 年，合成材料表观消费总量同比增幅约为 9.6%，较上年提高 4.4 个百分点，其中合成树脂表观消费量 1.23 亿吨，同比增长 10.3%。可见，我国基本有机原料和合成材料需求仍然保持较快增长。

2019 年国内乙烯新增能力规模约为 300 万吨/年，其中浙江石化、新浦化学、南京诚志能源、宝丰能源等属于民营或外资企业，代表着大型国有企业之外的一股新生力量进入乙烯行业。2020~2021年将是我国乙烯产能快速释放年，中国中化泉州石化、中国石油广东石化、中国石化中科炼化、烟台万华、中国石油塔里木、中国石油长庆等的乙烯项目将投产，同时中国石化武汉石化脱瓶颈改造、中国石油独山子石化脱瓶颈改造也将完成。另外，辽宁盘锦宝来轻烃综合利用项目预期建成投产，延长中煤榆林能化填平补齐工程、青海大美甲醇制烯烃、天津渤海化工集团两化搬迁一期项目等甲醇制烯烃（MTO）项目也将投产，预期2020~2021年新增乙烯装置产能可能达到800万~1000万吨/年，2020年新投产乙烯产能增幅将是近年最高值。

从宏观上看，国内固定资产投资和消费增长较快，是支撑乙烯等基本有机原料消费增长的基础动力。从乙烯下游行业发展来看，2019年聚乙烯、乙二醇、环氧乙烷、苯乙烯、PVC等产品的消费量均保持了5%~10%或更高一些的增幅，分析国内乙烯当量消费增速或将延续上年高增长态势，增速达10%以上，此外再生料替代、材料间替代、库存及贸易因素也发挥着重要推动作用。

随着国内乙烯产能的加速释放，国内基本有机原料和合成材料产品供应量将大幅增长，可有效提高国内产品供应的自给率水平，但是，我国合成树脂行业"低端通用产品竞争激烈、高端专用料供应不足"的矛盾仍然突出，如何有效解决产业结构性矛盾将是今后新建产能的主要考量因素。预计2020年我国乙烯当量需求量将达到5800万~6000万吨/年，国内自给率提升约10个百分点。

（三）产业政策促进民企、外资大举布局炼化行业

2014年《石化产业规划布局方案》明确提出，鼓励有实力的民营企业特别是下游产业的民营企业建设炼化一体化项目，并允许拥有先进技术或原料供应能力的外商独资或控股建设炼油、乙烯及一体化项目。2018年《石化产业规划布局方案（修订版）》对外商投资进一步调整为"鼓励拥有先进技术或原料供应能力的外商独资或控股建设芳烃、乙烯、炼油项目"，产业开放力度进一步加强。与此同时，我国石油领域市场化改革速度加快。2019年6月国家发改委和商务部发布了《鼓励外商投资

产业目录（2019年版）》，提出鼓励外资进入中国石油产业的勘探开发领域。同年8月国务院办公厅发布了《关于加快发展流通促进商业消费的意见》，提出取消成品油批发仓储资格审批，零售资质下放地市，乡镇以下加油站使用集体用地，未来成品油零售终端建设将加快。成品油市场改革将使民营炼化打通零售市场后路更加快捷，竞争战场由城市核心区域逐渐向小城镇下沉，以零售网络为核心竞争力的国营石油公司竞争力将逐渐减弱。

在政策和市场双重驱动下，"十三五"以来民营、外商资本向产业链上游发展的趋势十分明显，中国的炼化产业正在迎来新一轮的大变局时代。特别是民营大炼化项目的建设对石化市场将产生重大影响，以浙江石化、恒力石化、盛虹炼化等为代表的民营企业借助政策东风，加快推进一批大炼化项目，其显著特点有：选择布局于国家级石化基地，炼油项目规模达到2000万吨级，加工方案突出企业特色，实现少油多化、最大量生产PX，与企业自身已有的化纤产业链条实现一体化发展，项目建设周期短、推进速度快。同时，跨国石化企业嗅觉更为敏感，"十四五"时期应该是投资中国的最佳机会窗口，外资项目积极性高涨，埃克森美孚惠州乙烯、巴斯夫湛江一体化项目均被列入《石化产业规划布局方案》，沙特阿拉伯国家石油公司和SABIC也在积极开展国内产业合作。从特点上看，欧美技术领先型企业抓住政策机遇，积极布局独资大型石化项目，中东资源型企业则多通过合资模式参与国内大型石化项目发展。中国石化、中国石油、中国中化等主营炼厂也在加速炼化转型升级布局。以山东地炼为代表的传统民营炼化企业也在加快布局产业整合、转型升级，推进大型炼化一体化项目规划建设。中国炼化工业正处在市场放开政策红利催生的产能过剩"阵痛期"，历史上最大规模的大洗牌即将到来，未来必将加快转型升级，向高质量发展迈进。

三 大型炼化项目建设加速了行业结构调整步伐

近年来，国内新建炼油装置大型化发展趋势显著，2018~2019年，恒力石化2000万吨/年炼油-450万吨/年PX-150万吨/年乙烯一体化项目、浙江石化一期2000万吨/年炼油-400万吨/年PX-140万吨/年乙烯项目相继建成投产，大量的成品油和化工品进入国内市场，形成了很大的市场竞争压力，尤其是两家企业同为国内聚酯、对苯二甲酸（PTA）龙头，以前每年大量外购PX，其生产装置一投产就引发了PX市场价格的崩塌，而下游产业链的利润空间则大幅扩大。两家企业形成了对成品油、芳烃及PTA-PET全产业链的冲击，在全产业链方面具备比较优势，相继对国内成品油、芳烃等方面的市场格局带来冲击，促使其调整。对于一些不具备市场优势、规模优势和产业链条优势的地方炼油企业来说，已经在经营和利润方面受到了明显影响，部分竞争力偏弱的地方炼油企业生存更为艰难。

同期，中石化湛江炼油乙烯一体化项目将于2020年建成，中国石油揭阳2000万吨/年炼化一体化项目计划于2020年4月重新恢复建设，江苏连云港盛虹石化炼化项目、镇江炼化炼油乙烯一体化项目、浙江石化二期2000万吨/年炼化项目已启动建设，这些大型炼化项目将于"十四五"期间建成投产。未雨绸缪，山东地方炼油企业也按照省政府统一部署和要求，进行了提前谋划，加快产业整合、转型升级，山东民营炼厂裕龙岛炼化一体化项目获实质性推进，拟采用减量置换的原则，淘汰压减地方炼油产能，实现"控炼少油多化"的目标。国内近期在建及准备启动建设的重点项目如表1所示。

表1 国内近期在建及准备启动建设的重点项目

单位：万吨/年

序号	项目	炼油	乙烯	PX	备注
1	大连恒力石化	2000	150	450	民营,炼油投产,乙烯在建,有两期建设计划
2	浙江石化一期	2000	140	400	民营,一期2019年投产
	浙江石化二期	2000	140	400	二期在建
3	中科湛江炼化一体化项目	1000	80		中石化,在建
4	中石化镇海炼化二期	1600	120	100	中石化,在建
5	漳州古雷炼化一体化项目	1600	120		中石化,在建

续表

序号	项目	炼油	乙烯	PX	备注
6	烟台万华乙烯项目		100		万华,在建
7	中化泉州乙烯项目		100	80	中化,在建
8	中石油广东石化炼化一体化项目	2000	120	260	中石油,在建
9	中石化扬子石化三轮改造		80		中石化,前期工作
10	中石化上海炼化项目		100		中石化,前期工作
11	中石化海南炼化项目		80	100	中石化,在建
12	华锦阿美石化	1500	150	140	中外合资,启动
13	江苏连云港盛虹石化	1600	240	280	民营,在建
14	盘锦宝来轻烃制乙烯项目		100		民营,在建
15	埃克森美孚化工投资公司		160		外资,启动
16	BASF广东一体化项目		100		外资,前期工作
17	唐山旭阳炼化项目	1500	120	200	民营,前期工作
18	山东南山炼化一体化项目	2000	300	200	民营,启动

数据来源:石油和化学工业规划院(据公开报道信息整理)。

在市场环境变化及技术进步的共同推动下,国内新建项目原则上基本不采用燃料型炼厂方案,而是建设炼化一体化企业,且炼化一体化由传统"成品油+乙烯原料"的生产模式向多模式、纵深化发展转变,由单纯的"宜油则油、宜烯则烯"向"油化一体、少油多化"方向转变。在国内成品油需求增长缓慢,化工品市场仍有较大空间的背景下,炼化项目大型化、一体化、基地化发展趋势更为明确,产品结构不断向"减油增化"方向调整。

相比于近期建设的大型炼化一体化项目,我国炼油行业发展经历了前期的粗放式发展过程,尤其是中小型炼厂,多相互效仿,导致多数炼油装置结构雷同,通常是按照常减压—催化裂化—延迟焦化—汽/柴油加氢加工流程进行配置,加工路径相仿,装置规模接近,产品结构雷同,缺乏特色化,多数受到资源量、技术水平和资金能力的限制,转型升级难度较大。中小型民营炼厂多数缺少油品销售终端,在油品消费增长放缓的趋势下,转型升级压力更大。我国为数众多的中小型炼厂的发展质量差异较大,为满足炼化产业新时期高质量发展的总体要求，针对具有不同产业规模、发展水平和发展潜力的中小型炼厂，需要因企施策，通过"四个一批"的选择性发展，实现产业发展质量的总体提升。即淘汰一批、整合一批、转型一批、优化一批，实现落后产能的淘汰和优势产能的提升发展，通过整合中小型炼厂、拓展资源化利用，推进地方炼油企业的一体化、特色化发展。

四　高端化、差异化仍是我国化工行业发展的短板

化工新材料是化学工业中最具活力和发展潜力的新领域，在我国现阶段的发展重点是具备优异性能和功能的先进关键材料，具有高技术含量、高价值的知识密集和技术密集的新型材料。在我国化工新材料市场驱动和国家"补短板"产业政策的支持下，"十三五"期间我国化工新材料需求总量居世界前列，年均增长速度也远超行业平均水平。2019年我国化工新材料主要类别产量接近1820万吨，消费量约为3000万吨，自给率约为61%。按照消费量领域来划分，高端聚烯烃是占比最大的类别，约占化工新材料消费量的40%。从细分领域生产技术水平看，高端聚烯烃产品、特种工程塑料、高性能特种纤维的自给率仍处于较低水平，高端化功能化产品严重不足；聚氨酯材料及其关键原材料已基本国内自给；氟硅树脂、热塑性弹性体、功能性膜材料的自给率已经大幅提高，但存在高端产品结构性短缺矛盾。综上所述，总体上我国化工新材料产品尚处于产业价值链的中低端水平，中高端产品比例相对较低，现有产品技术含量、附加值偏低，与发达国家相比差距较大，受到技术创新与产品开发水平的制约，国内产品质量和价格与国外相比存在较大差异，部分产品如聚甲醛、溴化丁基橡胶、碳纤维、芳纶、聚酰胺、聚苯硫醚、高纯电子气体和试剂、太阳能电池背板等高端产品仍需进口。

为了促进我国新材料产业提升质量和发展水平，国家发改委、商务部等主管部门近年发布了一系列政策文件。

2019年国家发展改革委、商务部联合发布了《鼓励外商投资产业目录

(2019年版)》，提及化学原料和化学制品制造业的重点产品包括：差别化、功能性聚酯（PET），聚甲醛，聚苯硫醚，聚醚醚酮，聚酰亚胺，聚砜，聚醚砜，聚芳酯（PAR），聚苯醚，聚对苯二甲酸丁二醇酯（PBT），聚酰胺（PA）及其改性材料，液晶聚合物等。

国家发改委《增强制造业核心竞争力三年行动计划（2018—2020年）》提出重点发展的化工新材料关键技术产业化项目包括：聚苯硫醚、聚苯醚、芳族酮聚合物（聚醚醚酮、聚醚酮、聚醚酮酮）、聚芳醚醚腈、聚芳酰胺、聚芳醚、热致液晶聚合物、新型可降解塑料等。

此外，我国新材料产业相关政策规划还包括《新材料产业发展指南》《重点新材料首批次应用示范指导目录（2018年版）》等，为"十四五"期间新材料产业发展指明方向。我国新材料发展也将由原材料、基础化工材料逐步过渡至新兴材料、半导体材料、新能源材料、节能（轻量化）材料。

从政策层面来看，新材料产业是我国多年以来重点扶持的产业，新材料是以提高自主创新能力为核心，以树脂专用料、工程塑料、新型功能材料、高性能结构材料和先进复合材料为发展重点，开发工程塑料、改性树脂、高端热固性树脂及树脂基复合材料，以及可降解塑料等新材料制备技术。同时，我国在积极推进行业领军企业的建设，培养科研技术能力和力量，提升我们"补短板"基础能力和产业升级动力，新材料及高端化学品领域的研发投入加快，部分产品的进口替代有望加速，中国的化学工业即将迈入创新驱动的新时代。

按照习近平总书记在视察万华化学时的重要指示精神，铭记"核心技术靠买是买不来的"这一事实，要坚持走自主创新之路，不断在关键核心技术研发上取得新突破，面向国家和行业重大需求，结合我国新能源汽车、轨道交通、航空航天、国防军工等重大领域的建设，聚焦产业发展瓶颈，集中力量补长行业"短板"，攻克一批高端化技术。[①] 重点开发 α-烯烃及聚烯烃弹性体（POE）、茂金属聚乙烯（mPE）、耐刺薄膜专用树脂等高端聚

---

① 张丽、李岩、赵文明等：《化工新材料补短板路径研究》，《化学工业》2019年第5期。

烯烃材料生产技术，加强石墨烯材料和3D打印材料的研发和应用研究；开发己二腈、聚苯醚、热塑性聚酯（PBT）等通用及特种工程塑料关键中间体技术，大力发展聚砜、聚苯砜、聚醚醚酮、液晶聚合物等高性能工程塑料；研制纤维用大丝束腈纶长丝等新型（特种）合成纤维；开发子午胎用高极性与高气密性溴化丁基橡胶等新型（特种）合成橡胶；开发5G通信基站用核心覆铜板用树脂材料等高端电子化学品，努力为我国石化行业高质量发展打下坚实基础。

五 "十四五"时期是我国进行石油化工行业转型升级的关键期

近期我国石油化工产业正处在由"做大"向"做强"转化的关键阶段，要进一步向高质量发展迈进。在大力推进我国石化产业新旧动能转换的过程中，将呈现大型炼化一体化装置集中建设、集中投产的景象，重大项目带动大型化、一体化、基地化的建设发展模式，这在中国石化产业发展历史上是没有过的，适应当前世界石化产业发展要求。

"十四五"期间，我国重点石化基地的建设和布局将进一步加强，仍将有一批大炼化产能集中释放，在建及规划重点项目包括舟山浙江石化二期、连云港盛虹石化、揭阳中石油广东石化、埃克森美孚、巴斯夫湛江、烟台裕龙岛、曹妃甸石化、辽宁华锦沙特合资项目、福建古雷石化、中石化中科湛江、中石化镇海炼化、中国中化泉州石化等，预期大部分项目将于"十四五"期间建成投产，将进一步带动以"环渤海、长三角、珠三角"为核心的产业集群发展；预计"十四五"末，原油一次加工能力将超过9亿吨/年，乙烯总产能将超过5000万吨/年，丙烯总产能将达到5500万吨/年，聚乙烯产能将达到3400万吨/年，聚丙烯产能将超过3500万吨/年，PX产能将达到4200万吨/年，乙二醇产能将达到2200万吨/年，聚碳产能将超过520万吨/年。由此可见，我国石油化工产业区域化布局正在加强，石油化工产品的市场供需关系也将发生较大转变，成品油及其大宗基础化学品的市

场竞争将进一步加剧。

从产能规模来看，我国烧碱、合成氨、尿素、合成树脂、合成纤维、合成橡胶产能居世界首位，炼油、乙烯、丙烯产能居世界第二位，总体产业规模居世界前列，我国崛起为基础化工大国。但从行业发展来看，我国与世界化工强国还有很大差距，"十四五"时期是我国石油化工产业转型升级、实现高质量发展的关键期。我国需要进一步优化石油化工产业总体布局，打造若干个高端石油化工产业基地和产业集聚区；进一步培植壮大高端石化产业集群，通过创新引领，打造一批具备千亿级规模的特色化产业链。积极推进重大项目建设，培养核心龙头企业，结合区域石化产业基础条件和区域经济特点，最大化利用现有产业优势，通过整合提升和规划建设，培育若干各具特色的现代化石化园区，形成具有国际影响力的高端石化基地、特色化产业链；通过合理优化存量布局，整合打造一批具有综合竞争力和特色产业优势的高端产业聚集区。

炼化产业正在步入高质量发展的新时期，相应的行业发展面临日趋严格的安全、环保要求，从产业布局来看，规范化园区或基地是炼化项目落地建设的首要条件，且重点考虑重大石化基地内及相关规划内的重点项目，以及实现存量调整、减量置换的重点项目；从产业结构调整来看，需进一步集约化发展，通过"少油多化、发展高端"的合理方案，推动炼化产业高质量、可持续、绿色发展。

乙烯工业是化工产业的基础，在国内化工产业中占有重要的战略地位，综合考量我国成品油供应过剩、烯芳烃供应不足及原油对外依存度高等现实条件，提升乙烯综合竞争力仍是保障产业安全、实现高质量可持续发展的要求。因此，需充分利用我国炼油富余产能，深度挖掘炼化一体化发展模式下乙烯、芳烃的原料结构优势，重点优化蒸汽裂解路线乙烯原料结构，实现低价轻质原料和优质重质原料的双向提升，实现最优级的原料成本，同时积极推进我国乙烯原料多元化发展的合理路径。

目前石油化工仍是现代化工的主导产业，但以煤、生物质资源为原料的替代路线随着关键技术的不断突破，在成本上对石油原料逐渐形成竞争力，同时美国页岩气（油）冲击着全球石化生产体系，对国际化工产业格局也产生重要影响。化工产业的原料多元化也将成为化工产业发展的新趋势。我国已经在煤/甲醇制烯烃、煤制乙二醇等新型煤化工技术路线等方面居国际领先地位，结合资源和市场因素，推动新型煤化工技术创新升级示范，有效补充市场供应，构筑乙烯等基础化工产业的多元化基础原料结构，高度重视资源、环境风险，做到量源而行、量水而行；充分认识煤化工路线与传统石化路线在产品结构和竞争优势上的特色差异，合理确定发展定位和规模，合理有序推进现代煤化工发展。同时，立足国内外油气煤多种能源资源发展趋势和石化产品原料多元化技术进展情况，稳妥推进原料多元化发展，提高应对单一来源原料波动风险的能力。在发展模式上，充分考虑与传统炼化产业的协同布局，在产品链互补、氢资源优化利用等方面实现耦合增效，推进重化工的轻质化、绿色化转型发展。

目前国内已经建成的化工园区有800个左右，其中符合化工产业建设规范的化工园区所占比例较低，按照石油化工高质量发展要求，建设规范的化工园区将是引领石化产业发展的重要载体。一方面，我国需要大力培育高端石油化工基地：最大化利用现有产业优势，通过整合提升和规划建设，培育若干各具特色的现代化石化园区，形成具有国际影响力的高端石化、炼化、新材料、精细化工产业基地。另一方面，依托于高端石油化工产业基地，培育高端化工产业集聚：合理优化存量布局，整合打造一批具有综合竞争力和特色产业优势的化工产业、高端产业聚集区。围绕我国重点的经济区，如环渤海、长三角、珠三角等经济发达地区形成产业集中区；或依托资源、能源、水等优势条件，形成中部、西部、北部的产业集中区，在西部、北部的经济欠发达地区，其资源条件应转化为经济基础优势，推进高端石油化工产业基地的建设，带动当地经济的发展。当然，市场需求是一切项目产业发展的基础，西部、北部地区也需通过分析经济现状及发展趋势、市场条件、资源条件，来确定值得关注的产业和发展的方向，集中精力做大做优相关领域化工产业。如兰州，地处西部地区，具备较好的炼油化工产业基础、人才基础，又是"一带一路"西部重要节点城市，属于西部老工业基地，曾在中

国经济版图中具有举足轻重的地位,在当前改革开放的大形势下,应该发挥其作为重要节点城市的作用,形成西部地区化工产业集群化发展的核心区。

党的十九大以来,国家出台了一系列鼓励创新的法律和政策文件,创新的法律政策环境正在不断改善,国内化工行业的龙头企业作为创新主体,仍需不断提高自主创新能力,充分利用国际、国内技术条件,积极培育和组建一批国家级和行业级创新中心和平台,进一步加快科研技术产业化速度和成果转化,形成对行业转型升级发展的有力支撑。国家发改委、工信部、科技部等有关部门也在进一步制定更加细化、更可操作的实施细则。特别是要进一步强化知识产权保护,切实保障知识产权所有者的合法权益,促进自主创新成果的产权化、商品化、产业化,从体制机制上充分释放广大企业和科技工作者的创新活力和创新动力。

中国正进入高质量发展的崭新阶段,既面临百年未有之大变局,也面临世界能源结构调整、世界石化产业结构调整的难得战略机遇期,2020年乃至"十四五"期间,我国石油化工行业需积极把握经济转型的历史机遇,深入推进石油化工行业的转型升级,抓住高端化发展的新领域、新方向,开创创新发展的新局面,推动我国实现由石油化工大国向强国的跃升。

B.4
我国成品油市场供需现状及展望

王旭东*

摘　要： 2019年，受宏观经济增速放缓、安全环保升级、油气行业市场化改革以及国际政治形势变化等多种因素影响，我国成品油消费结构正在发生变化。总体来看，相比于"十二五"期间的高速增长，国内成品油消费回归至中低速增长区间。受汽车产销量下降、出行方式多元化及替代能源发展日趋成熟影响，汽油消费保持低速增长；受宏观经济复苏缓慢、产业结构升级、环保政策高压等影响，柴油消费难有实质性好转；居民收入水平和生活质量提升，以及快递物流行业快速发展，拉动航空客货运需求增长，航煤消费保持较快增长潜力；IMO 2020限硫令为低硫燃料油市场带来了新的增长机遇。但2020年初新冠肺炎疫情在全球暴发，对全球经济及国际国内成品油需求短期内产生颠覆性影响。后续随着国内市场供过于求成为常态，油气行业市场化改革步伐加快，行业整体利润将被进一步压缩；而数字经济的快速崛起，与传统行业融合日趋成熟，油气行业改变固有的经营模式、培育新的增长动力成为可能。

关键词： 成品油市场　航空煤油　燃料油

---

* 王旭东，中国石化销售股份有限公司业务部处长（挂职），主要从事成品油经营管理工作。

一 国内成品油行业供需及竞争格局发生较大变化

（一）实体经济增长放缓，油品消费增速继续回落

2019年中国经济在国内外不确定性明显上升的复杂局面下稳中求进，基建投资规模继续扩大，但制造业及进出口数据表现不甚理想，特别是国际政治经济形势复杂多变，相关产业前景黯淡，宏观经济下行压力加大，全年GDP增速为6.1%，为近年来最低；同时，国家不断加快产业升级，大量淘汰"三高"落后产能，第二产业比重跌至39%。受此影响，国内成品油消费整体增速继续回落。按照国家统计局口径（下同），2019年国内成品油表观消费量3.09万吨，同比下降3.8%。

1. 多重因素冲击车轮消费，汽油消费增速持续回落

受汽车保有量增长放缓、居民出行方式转变、新能源应用日趋成熟等多种因素影响，汽油消费增速逐年下降。2018年国内汽车产销量出现20年来首度负增长，2019年狭义乘用车销量约为2069.76万辆，同比下降7.4%，降幅较2018年继续扩大，且1.6L以下乘用车销量占比达64%，较2018年提升1个百分点，汽车对汽油消费拉动作用减弱，直接导致汽油消费增速换挡。2019年汽油消费量12808万吨，同比增长0.7%，较"十二五"年均增速回落8.8个百分点。

2. 柴油消费弱中有强，整体延续负增长态势

一方面，宏观经济基本面未有明显改善，贸易摩擦对出口制造业影响较大，加之限产持续高压，对大宗商品产量及公路货运量带来较大抑制。另一方面，在基建投资回升、国三车淘汰、治超加严等利好因素促进下，2019年商用车产量同比增长1.9%，其中货车产量同比增长2.6%（销量持平），在一定程度上缓解了柴油消费下滑态势；同时，2019年政府打非治违力度加大，沿海走私油、非标油等隐性资源有所减少，使得消费向正品市场回流。2019年柴油消费15474万吨，同比下降8.3%。

3. 航煤消费仍处于较快上升通道

国内航空产业发展迅速，大量新机场、新航线投营，民航客、货运周转量保持较快增长，2019年民航客货运周转量达1300亿吨公里，同比增长7.7%。但受高铁分流影响，国内航线周转量增速有所放缓；同时国内保税航煤价格平均高于新加坡20%左右，对国外航班加注量造成一定影响。2019年航煤消费量为3674万吨，同比增长6.3%，较"十二五"年均增速下降3.1个百分点。

（二）炼油能力快速提升，供大于求形势加剧

近年来民营资本与地方政府加速融合，民营企业启动了新一轮炼化产能扩张，随着大连恒力、浙石化一期相继投营，2019年国内炼油能力净增4230万吨，一次加工能力达8.8亿吨，中国已成为全球第二炼油大国。民营炼厂产能占国内总产能的30%，2019年获得原油非国营贸易进口允许量2.02亿吨，同比大涨42%，形成了东北、山东、华东沿海、西北等四大地炼核心区域。2019年国内炼厂原油加工量突破6.0亿吨，同比增长2.6%，资源过剩局面不断加剧，过剩量达5178万吨。此外，混芳、石脑油、轻循环油等隐性资源规模依然较大，2019年投放量约为7850万吨，进一步加剧国内供大于求态势。

与此同时，"十二五"期间国内成品油出口规模持续扩大，2019年出口成品油5536万吨（汽油1637万吨，柴油2138万吨，航煤1761万吨），较2008年增长5.9倍，中国成为继韩国、日本、印度之后亚太第四大成品油出口国家。

（三）市场化改革步伐加快，对产业格局产生深远影响

按照国家《关于深化石油天然气体制改革的若干意见》的顶层设计，2019~2020年国家加快市场化改革步伐。

1. 流通环节全面放开，降低市场准入门槛

国务院办公厅印发了《关于加快发展流通促进商业消费的意见》（以下简称《意见》），从"设门槛、管资质"向"放门槛、强监管"转变。在取消外资连锁加油站数量限制后，《意见》提出进一步放开"成品油市场准

入","取消石油成品油批发仓储经营资格审批,将成品油零售经营资格审批下放至地市级人民政府,鼓励乡镇使用存量集体建设用地兴建加油、加气及充电站,扩大成品油市场消费"。目前,山东、浙江、福建、河南、北京等地已陆续下放成品油零售审批资质,并逐步出台"放管服"具体工作细则,预计零售终端市场将面临"群雄逐鹿"的再平衡格局,民营外资加油站将占一半比重。

2. 推动管网剥离,实现管输和销售分开

中央全面深化改革委员会通过《石油天然气管网运营机制改革实施意见》,国家管网公司成立,实现管网互联互通,下一步将向所有用户公平开放,管输价格将实现市场化定价。此举虽然有利于国家层面整体管网规划,提高管道资产利用率和运行效率,但考虑到国内管网现状、炼销结构性矛盾,以及相关机制和规则尚不完善,如何做好产销运衔接、引导市场走向良性竞争仍面临较大挑战。

3. 进出口贸易管制放宽,国内国际市场加速接轨

为缓解国内产能过剩压力,扩大成品油出口已成为行业发展的必然趋势。近日下发的《中共中央 国务院关于营造更好发展环境支持民营企业改革发展的意见》中,明确提出"支持符合条件的企业参与原油进口、成品油出口","鼓励民营企业积极参与共建'一带一路'、京津冀协同发展、长江经济带发展……重大国家战略",实质上打破了目前主营企业主导的成品油出口配额制,加快了能源行业"走出去"步伐。同时,随着上交所原油期货产品不断完善,交易规模及参与主体不断扩大和增多,为企业提供了更多的金融避险工具,更好地保障国家能源安全。

(四)IMO 2020限硫令政策实施在即,船用燃料油市场缺口巨大

国际海事组织(IMO)2020年强制实施船燃含硫量不超0.5%的限硫规定,船用燃料油硫含量指标要求大幅提高,国际国内市场合规产品供需缺口巨大,市场发生重大转变。

1. 船东提前启动置换,低硫船燃需求呈现阶梯式增长。据统计,目前

全球船用燃料年消费量约为2.55亿吨,其中船用燃料油2.14亿吨,占比84%,船用柴油3280万吨,占比13%,天然气820万吨,占比3%。在IMO 2020新政影响下,受制于成本、安全、二次污染等因素,选择安装脱硫塔或使用LNG、LPG等替代能源的船只较少,据统计目前8.8万艘在运船舶已安装或计划安装脱硫塔的占比仅为4.5%左右,约有85%的运力将选择使用低硫燃油(含10%柴油组分),市场前景巨大。同时,国内船燃低硫排放日趋严格,限硫令首周青岛已查处首例船舶使用超标燃油案件,后期监管趋严将带动国内船燃市场加速置换。

2. 炼厂陆续启动增产计划,但供应瓶颈依然存在。一是在船燃出口退税政策落地之前,按照1364元/吨的消费税及附加测算,扣除后净价仍低于生产成本,生产企业存在观望情绪。二是目前低硫船燃的生产方式主要有低硫减压渣油、加氢渣油、渣油加催柴、渣油加油浆等方式,生产成本仍相对偏高。三是国内大部分炼油企业缺少低硫重质船燃储运系统,罐区、调和、出厂设施不完备,装置改造需要一定的成本和施工周期。因此,短期内低硫船燃供应相对趋紧。

3. 随着四季度置换需求增加,低硫船燃价格持续走高,高低硫价差超过300美元,市场交易活跃;同时,伴随着炼厂加工路线调整、柴油收率下降,以及船用柴油与船燃价差收窄、需求增加,柴油产能过剩得到一定程度的缓解,也支撑了渣油、沥青、柴油组分的价格上涨。

二 2020年及"十四五"期间中国成品油市场发展趋势

(一)国家连续释放政策红利,但经济稳增长压力依然较大

1. 2020年是"十三五"收官之年,国家陆续出台多项经济刺激政策力保"十三五"目标实现,有助于提振实体经济

包括印发《关于加快发展流通促进商业消费的意见》,明确提出"扩内

需、调结构";提前下发1.29万亿元专项债,提高赤字率,推动基建项目启动;继续加大"一带一路"国家出口,坚持对外开放;推动大规模减税降费,降低增值税税率,下调企业社保缴费比例,降低物流成本;加大金融扶持力度,降息、降准,扩大直接融资规模。

2.经济调结构力度不减,新增长引擎未能形成

支撑中国经济近20年高速增长的出口和投资引擎已进入低速增长期,2019年三、四季度,我国投资增速下降,消费增速趋缓,出口出现负增长,GDP增速降至6%;预计"十三五"期间年均出口增速为2.3%,较"十二五"下降5.5个百分点,年均投资增速为6.7%,较"十二五"下降14个百分点。国家坚定推进产业结构调整,着力摆脱低产品附加值、高耗能、高污染问题;居民实体消费需求增速放缓,实体经济复苏缓慢。

(二)新冠肺炎疫情席卷全球,对国内外经济民生造成严重影响

2020年1月31日世界卫生组织(WHO)宣布将新冠肺炎疫情列为国际关注的突发公共卫生事件(PHEIC),新冠肺炎疫情在短时间内蔓延全球。由于中国政府迅速采取有效隔离措施,国内疫情已基本得到有效控制,各项生产生活秩序有序恢复;而全球疫情仍处于全面暴发阶段,后续发展取决于各国疫情防控政策及公共卫生水平,专家预测如果各国均采取积极防控政策,乐观估计二季度疫情将得到初步控制。此次疫情对全球经济造成重大冲击,在全球一体化背景下,其影响的深度和广度远超"非典"和"H1N1"。从国内看,在政府各项政策刺激下,二季度国内经济稳步复苏,但从整体看,疫情对国内消费信心、外贸进出口业务的影响短期难以消除,特别是外部经济下行压力加速向国内传导,全年经济稳增长压力较大,中金、标普等机构已将2020年中国GDP增速下调至3%以下。从全球看,当前制造、贸易等实体经济断崖式下滑,并向金融市场波及,触发全球经济危机概率增大,高盛预测2020年全球GDP将下滑1%。

（三）出行方式多样替代选项增多，汽油消费增长压力较大

1. 疫情防控导致出行意愿下降，短期对汽油消费冲击较大

一季度为防止疫情扩散，各地政府大面积出台严格的隔离、限行政策，人流、车流大幅减少，导致原本春节假期及节后返程汽油消费旺季需求大幅减少。为防范输入性、聚集性病例，各地依然实行"14天隔离、居家办公、限制出行、延迟开学"等政策，餐饮、娱乐、旅游等行业复苏缓慢，居民出行意愿下降，短期对汽油消费带来较大影响，汽油消费量同比大幅下降。

2. 汽车保有量增速下降，严重影响车轮消费规模

汽油消费近95%源自汽油车，其中近八成为乘用车。目前，中国的乘用车已经由普及前期过渡到普及后期，25~44岁购车主力人群乘用车保有量已达到300~400辆/千人，潜在增长空间仅6000万~7000万辆，2019~2020年乘用车保有量增速降至10%以下，增速明显下降，虽然一线城市已逐步放宽限购政策，但在经济增速放缓、用车成本增加，以及公共交通快速发展、限行政策频频出台的大背景下，市场购买意愿较低，未来5年内乘用车第一个饱和点将到来。同时在国家节油、环保政策下，汽车燃油经济性不断提高，预计2020年乘用车单耗同比将下降5%，进一步压缩汽油消费。

3. 出行方式更加多元，替代作用愈发明显

一是高铁成为居民长距离出行首选。当前我国已基本实现"四横四纵"的高铁网络，截至2019年全国高铁总里程达3.5万公里，目前已有福建、江西、安徽、江苏实现了"市市通高铁"，高铁版图正由东向西、从南到北在全国范围内扩张。随着高铁的便捷、舒适、经济性优势愈发明显，其逐渐成为人们出行的首选，对车轮消费替代影响持续增加。2020年春运预计铁路旅客发送量同比增长8%，而公路旅客发送量同比下降1.2%。二是城市公共交通体系趋于完善。受道路拥堵、尾号限行等因素影响，地铁、城铁等公共轨道交通在居民出行中的占比增加，对城市车辆消费替代作用明显。2019年，全国已有39个城市开通了城市轨道交通系统，总运营里程达到6600公里，位居世界第一，根据规划，到2020年，我国城市轨道交通规划

里程将达到 8500 公里。三是共享经济崛起，改变私家车出行习惯。预计 2019 年共享单车用户规模增至 2.59 亿人，同比增长 10.2%，市场规模超过 140 亿元，同比增长 33%，有效解决了城市人群"最后一公里"出行需求；2019 年上半年国内网约车用户规模达 3.37 亿人，较 2018 年增长 670 万人，居民出行更加多元。

（四）实体经济不振、环保政策高压，柴油消费下行态势难以扭转

1. 疫情对国内实体经济带来较大冲击，经济下行压低柴油消费

受疫情影响，2020 年一季度国内经济陷入低谷，2 月份 PMI 降至 35.7%，创历史新低。虽然各地陆续启动"促经济、稳就业"政策，复产复工企业增多，但受订单减少、资金紧张、原料缺口等因素限制，大量中小企业复产进度缓慢，甚至步入破产边缘，全国稳增长压力依然较大。受疫情影响，国内柴油消费大幅减少，但国家短期取消高速费等措施，对柴油消费发挥一定拉动作用。长期看，国内经济步入中低速增长阶段，投资、出口与工业生产萎缩对相关行业影响加深；商用车保有量预计 2020 年达到 4800 万辆峰值，依赖治超及淘汰国三车短期政策的增长空间不大；政府严控过剩行业产能，固定资产投资增速保持 5.5% 左右低位，建筑、工矿用油将继续萎缩。

2. 国家加快生态文明建设，持续推进发展方式转变

2020 年全国生态环境保护工作会议召开，明确了 2020 年环保工作"坚持方向不变、力度不减、打好打胜污染防治攻坚战"的总体部署。2020 年是《打赢蓝天保卫战三年行动计划》和《推进运输结构调整三年行动计划（2018—2020 年)》的收官之年，政府将持续整治"散乱污"企业，深入推进柴油货车污染治理，公路货运量减少、非化石能源占比增加，将加快柴油消费下滑速度。

（五）航空客货运仍处于成长通道，航煤消费增长潜力依然较大

1. 疫情重创全球航空业，2020 年航煤需求大幅下滑。为遏制全球疫情蔓延，各国相继关闭跨国流通通道，全球航班量大幅缩减。中国民用航空局

发布《关于疫情防控期间继续调减国际客运航班量的通知》，要求国内每家航空公司经营至任一国家的航线只能保留 1 条，外国每家航空公司经营至我国的航线只能保留 1 条，每条航线每周运营班次不得超过 1 班，3 月末全球 70 余家航空公司停飞所有国际航班。受疫情影响，国内航煤消费大幅减少。

2. 随着经济快速发展、居民消费升级，以及电商快递业需求增加，"十四五"期间民航业依然处于较快发展周期，国内机场建设加速，民航客、货运周转量保持较快增长。截至 2019 年底，中国民航国内、国际航线共 5155 条，机队规模达 3818 架，全国运输机场达到 238 个。2019 年中国民航完成运输旅客 6.6 亿人次，同比增长 7.9%，货邮运输量为 752.6 万吨，同比增长 1.9%，拉动航煤消费继续保持较快增长。国务院《关于促进通用航空业发展的指导意见》提出，到 2020 年建成 500 个以上通用机场，基本实现地级以上城市拥有通用机场或兼顾通用航空服务的运输机场，覆盖范围和客货运吞吐量进一步扩大和增加。

3. 国内航煤消费将增速换挡。为了提高准点率和上座率，民航对空域和航线进行优化，导致近两年国内航班周转量增长有所放缓，2020 年民航行业发展预期目标为旅客运输量 7.1 亿人次、货邮运输量 763 万吨，分别比 2019 年增长 7.6% 和 1.3%；加之国际摩擦不断，国内航煤价格偏高，外航加油量持续低迷。

（六）受益于 IMO 2020 政策高压，低硫船燃需求大幅增加

1. 随着 IMO 2020 政策的实施，船供燃料油市场将发生重大转变，并将迎来"得资源者得天下"的战略机遇期。暂时性供需缺口将导致船用燃料油从低附加值炼油产品转变为高附加值产品，船供油市场将从贸易商主导转变为生产商主导，市场将更加依赖炼油企业，具有生产能力及产销一体化优势的企业将形成市场供应的溢价优势。IMO 市场调研结果显示，2020 年船舶排放控制区（ECA）之外区域航行的船舶直接使用 0.5% 低硫重质燃油将达 2.33 亿吨，亚太地区将成为全球船用油主要消费区，中国保税船供油市场规模可能从 1000 万吨增长到 3000 万吨甚至 4000 万吨。

2. 燃料油一般贸易出口退税政策已获国务院批准，国内低硫船燃出口税收壁垒打破，炼厂生产积极性提升，加之装置及储运设施逐步改造完成，低硫船燃产量将稳步回升。随着最初的溢价降低，低硫船燃价格在2020年上涨之后，预计2021年和2022年将回归正常。

（七）持续推进能源结构调整，替代能源迎来快速发展

1. 根据《能源发展"十三五"规划》的要求，到2020年中国石油消费比重将进一步下降至17%，较2000年下降6个百分点；天然气消费比重和非化石能源消费比重则进一步提高。预计"十三五"期间石油消费年均增速为3.1%，明显低于天然气、可再生能源（风电、光伏等）等的增速。预计2020年替代能源总量将达4220万吨，占成品油终端消费比重突破10%大关，其中天然气汽车贡献50%，乙醇和电动汽车分别贡献30%和15%。

2. 环保及经济优势推动天然气汽车持续增长，在华北、西北、西南等气源较为集中地区，政府推广力度较大，预计2020年天然气汽车保有量将达720万辆，其中液化天然气（LNG）汽车76万辆，替代成品油2400万吨。

3. "十三五"规划纲要中，中国首次将电力放到了先于煤炭、油气的首位，提出了"2020年新能源汽车累计产销超过500万辆的目标，2025年电动车销量至少要占到汽车销售总量的20%，2030年进一步提高至40%"的发展目标。按照双积分要求，2019~2020年车企新能源汽车积分比例分别为10%、12%，预计2020年，电动汽车保有量将达到500万辆，其中纯电动汽车保有量将达到350万辆，将进一步提高对燃油车的替代。同时，随着电动汽车业发展三大瓶颈（电池成本高、储能密度低、充电时间长）有望在2025~2030年取得重大突破，国务院提出"优化外资政策，保障内外资新能源汽车享受同等市场准入待遇"，能源巨头和汽车厂商争相布局电动车市场，未来优质、高级别电动汽车将会带动市场自发增长。

4. 乙醇汽油推广速度有所放缓，供需更加平衡。受进口关税上调、国内陈化粮富余量减少以及生产企业产能相对不足影响，预计2020年乙醇全国范围推广可能性较小。如国家采取更加稳妥的推广实施方案，将有利于缓

解现阶段乙醇供应短缺，更好地保障市场平稳运行。

5. 中国加快氢燃料商业化示范运营和产业化进程，氢燃料将成为重要发展方向。目前全国已有20余个省区市发布了氢能产业发展规划与支持政策，初步形成了长三角、珠三角、京津冀等主要氢能产业集群。中石化、中石油等传统企业加快氢能源行业布局，积极探索能源变革，氢燃料将迎来大发展，对汽油替代将加快。2019年11月6日，中石化与法液空签署合作备忘录，将共同推动氢能产业高质量发展。据不完全统计，未来10年氢燃料电池汽车规划推广数量将超过10万辆，规划建设加氢站超500座。

6. 2020年底国内将增加三套煤制油装置（伊泰伊犁100万吨/年、伊泰鄂尔多斯200万吨/年、贵州毕节200万吨/年），国内总产能将达1368万吨/年，年产量780万吨左右，同比小幅增长。

（八）民企投产供应增加，成品油供应格局深入变化

1. 2020年新增产能预计在2000万吨/年左右，主要来自中石化洛阳石化、中科湛江、中化泉州、中海油大榭等主营炼厂新建扩建项目，且集中于下半年投放

恒力、浙石化投产后马力全开，将释放大量产能，同时将导致国内供应流向发生较大变化，区域不平衡格局凸显。两大民企投产后，将充分发挥其区域辐射和水运优势，挤压山东北上和南下资源，使其被迫向华中、西南等内陆地区输出；同时两大民企富余产量将大量向中部、南部缺口输出。

2. 国内资源供过于求加剧，成品油出口规模将进一步扩大

2020年已下发首批成品油出口配额2800万吨，同比增长超三成，虽然民营企业尚未入围，但随着国家政策导向转变，预计以恒力、浙石化为代表的民营炼厂在年内有望获得出口配额。预计至2025年，国内成品油出口规模将扩大至6500万吨，较2018年增加近2000万吨，中国成为亚太地区最大的出口来源地。

3. 国内产能过剩、竞争加剧，倒逼炼厂加速升级，向炼销一体化方向转型

以两大集团为代表的主营炼厂持续优化产品结构，不断降低柴汽比，提

高燃油收率；新兴独立炼厂在设计之初即定位为炼销一体化，烯烃、芳烃、碳四等化工品产量快速增长，化工品收率最高达70%以上；传统独立炼厂加速升级合并，按照山东省政府规划，将建成裕龙岛4000万吨/年、东营3000万吨/年、东明2000万吨/年的"432"炼化一体化布局。"十四五"期间将成为国内炼能整合升级的关键阶段。

（九）经营主体多元竞争加剧，流通环节盈利持续下降

2019~2020年，按照国家《关于深化石油天然气体制改革的若干意见》的顶层设计，成品油领域的各项改革将深入推进。

1. 国家大幅降低成品油流通领域市场准入门槛，成立国家管网公司，实现运销分离，极大激发了市场活力

在众多利好政策影响下，未来国内加油站市场将迎来新一轮"跑马圈地"，预计未来2~3年国内加油站数量将会激增。目前全社会加油站总数近11万座，其中，两大集团占比49%，民营加油站占比47%，中海油、中化、中外合资等其他加油站约占4%。未来外资及民营炼厂将加大抢滩布点力度，目前壳牌、BP、道达尔等外资集团通过直营及合资形式在华发展加油站2000余座，预计未来外资站规模将扩大至5000座以上；浙石化预计在2020年在浙江省建成综合供能站200座，到2025年建成综合供能站700座。经营主体日趋多元，市场竞争将异常激烈。

2. 未来两年国家很可能放开成品油定价，将对成品油市场零售和直分销经营、炼厂定价、国内国际资源流动、资本投入等带来显著的影响

从欧美、日韩等发达国家和地区的市场化进程看，随着市场趋于饱和，高强度竞争将不断压缩流通领域毛利空间，由原先的10%~15%下降到5%~6%。全环节利润挤压导致中间环节盈利能力降低，炼厂出厂价将接近市场价。随着行业利润水平回归正常，未来落后的炼油产能将被淘汰出局，虚高的资产泡沫将被刺破，社会投机性资本将大量退出。零售网络发展面临新一轮品牌化洗牌。

（十）消费税征管改革步伐加快，但监管成效仍有待观察

1. 国家大力推进税收制度改革，立足"税收法定"，推动大规模减税降费

国务院印发《实施更大规模减税降费后调整中央与地方收入划分改革推进方案》，保持增值税"五五分享"比例，调整完善增值税留抵退税分担机制，在征管可控的条件下，后移消费税征收环节并稳步下划地方。此举将提高地方政府税收监管积极性，加油站或直批环节利润被压缩，倒逼社会加油站减少价格战，转向品牌化、规模化发展。

2. 国家税务总局连续出台多项措施，规范成品油税收监管

国家税务总局2018年1号公告通过增值税发票开具系统及成品油发票开具模块，对成品油生产销售企业实施"以票控税"；2019年38号公告进一步强化了对"异常凭证"的管理和处罚力度；金税三期通过对生产流通企业百余项指标的大数据分析，建立预警及风险评估体系，降低成品油生产流通各环节偷逃税风险。目前山东省推出"加油站数据信息实时采集系统"，河南省试点应用"加油站涉税数据管理云平台"，已初步形成了人员监控、软件管控、物理防控"三位一体"的管理模式，对打击零售环节不开票违法销售将起到积极作用。

3. 虽然国家和各级地方政府持续开展了以税收监察为核心的市场整治活动，但偷逃税等违法经营行为依然长期存在，加剧了市场不公平竞争

目前，地方炼厂不开汽柴油票销售比例达70%以上，有的炼厂甚至达90%以上。个别地方炼厂公然以粗白油、异辛烷、沥青等名义违法销售汽柴油，严重扰乱市场秩序；部分地炼利用航煤缓征消费税政策使大量航煤流入非航空领域，调和低凝点柴油大肆偷逃税款；2019年下半年以来，轻循环油进口量激增，用于非法调和柴油逃避税收征管，单月进口量超百万吨，创历史新高。

（十一）数字革命势不可当，平台经济潜力巨大

当前，实体经济与数字经济的深度结合已成为必然趋势，在竞争加剧、

传统经营方式盈利下降的大趋势下，成品油产业向数字化、平台化转型成为竞争突围的不二选择。通过大数据技术、人工智能手段，实现营销、管理的去粗存精，将为企业带来更为主动、更高产出的营销模式升级和管理效率提升。通过构建平台经济，打造供应商、消费者、物质流有效整合的全产业链生态，更好地促进闲置产能和资源激活变现，激发供需双方内生需求，为企业培育新的增长动力。

总体来看，国家坚定推进产业结构升级和生态文明建设，我国成品油消费增长速度将逐年放缓。其中，汽油已步入低速增长期并在未来5~10年达到峰值，柴油负增长态势难以出现根本性好转，航煤继续保持较快增长潜力，低硫燃料油需求增长前景较好。随着供需矛盾增加、市场化程度增强、行业利润压缩，炼油企业优化产品结构、迈向一体化高质量发展，销售企业推动业态转型、实现跨界融合，已成为各经营主体所要面对的必然选择。

B.5
中国石油化工产品国际贸易变化分析

董婉璐 刘强[*]

摘　要： 近年来，我国的石油化工产业蓬勃发展，参与国际贸易的广度和深度也逐渐增加。本研究利用1996年到2018年的贸易数据，详细梳理了我国在石油化工产品的国际贸易上的增长趋势，分析了我国在石油化工产品国际贸易上的产品结构和国别分布，并以此总结我国在石油化工产业上的优势和劣势，提出对策建议。

关键词： 石油化工　国际贸易变化格局　贸易政策

本报告使用的是UN COMTRADE数据库，总结了我国1996~2018年石油化工产品国际贸易金额变化。为了消除美元价值变动带来的影响，本报告将所有金额转化成2010年的不变美元价值。本报告将世界各国分为如下几个部分：美国、日本、韩国、俄罗斯、欧盟、东盟、巴西、伊朗、伊拉克、科威特、利比亚、沙特阿拉伯、阿联酋、委内瑞拉、其他欧佩克国家、世界其他国家。同时，将石油化工产品分成如表1所示几个类别。

---

[*] 董婉璐，中国社会科学院数量经济与技术经济研究所助理研究员；刘强，中国社会科学院数量经济与技术经济研究所能源安全与新能源研究室主任、研究员，全球能源安全智库论坛秘书长。

表 1　石油化工产品分类

一级	二级	一级	二级
原油	原油	石油化工品	药品
精炼油	精炼油		日化产品
石油化工品	基础化学品		其他化工制品
	化肥	橡胶塑料	轮胎
	基础塑料		其他橡胶制品
	农药		塑料制品
	油漆、涂料、颜料		

一　我国石油化工产品进出口总体趋势

总体来看，我国在石油化工产品上的国际贸易规模快速扩大，但进口规模普遍大于出口规模。其中进口的主要产品是原油和石油化工品，而出口的主要产品是石油化工品和橡胶塑料。这与我国的资源禀赋和经济发展需求相一致。

1996年到2018年，我国石油化工产品进口规模不断扩大，尤其是原油和石油化工品的进口金额增长较快。如图1所示，中国的原油进口在2001年之前增长速度相对较慢，从1996年的47.31亿美元增长到2001年的143.43亿美元。中国加入WTO之后，中国的原油进口金额快速增长，在2018年达到2077.62亿美元，年均增长率达到17.03%。这是中国经济高速增长、对能源需求逐渐增多的结果，也是我国石油加工能力快速提高的结果。同样，石油化工品的进口规模也从2001年的386.10亿美元增长到2018年的2001.35亿美元，年均增长率为10.16%。比较而言，中国在精炼油和橡胶塑料上的增长速度相对较慢，分别从1996年的12.96亿美元和41.66亿美元增长到2018年的311.90亿美元和237.08亿美元，年均增长率仅为15.56%和8.22%。值得注意的是，我国在原油和石油化工品上的进口金额在2015年和2016年出现明显下降，这并非我国进口量减少，而是国际市场原油价格显著下降的结果。总体来看，作为国民经济重要的支撑部门，石油化工产品在我国总进口中所占的比重呈稳定增长趋势，从 1996 年的 17.93% 稳步增长到 2018 年的 26.80%。

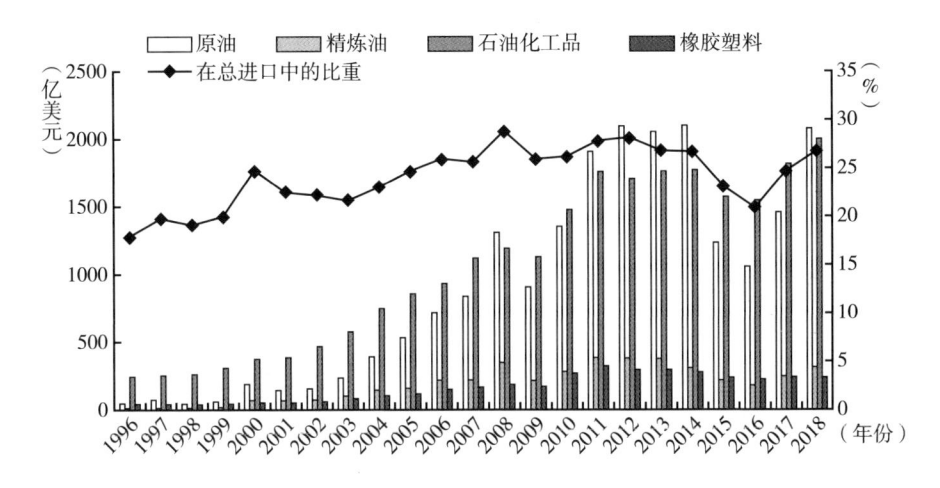

图 1　1996~2018 年我国石油化工产品进口变化

数据来源：UN COMTRADE Database 2020。

同时，我国在石油化工产品上的出口规模也逐步增长，以石油化工品和橡胶塑料为主。如图 2 所示，我国在石油化工产品上的总出口从 1996 年的 232.38 亿美元提高到 2018 年的 2475.15 亿美元，年均增长率为 11.35%。石油化工品出口在我国总出口中的比重相对稳定，保持在 9%~12%，在 2018 年达到 11.43%。其中，石油化工品是我国石油化工产品出口的重点产品，出口金额从 1996 年的 124.80 亿美元提高到 2018 年的 1361.49 亿美元，年均增长率达到 11.47%，在石油化工产品的总出口中所占比重也从 53.71% 提高到 55.01%。其次，橡胶塑料也是重要的石油化工出口产品，出口金额从 1996 年的 56.47 亿美元提高到 2018 年的 743.46 亿美元，在石油化工产品总出口中的比例也从 24.30% 提高到 30.04%。此外，精炼油的出口虽然所占比重较小，但也呈现明显的增长趋势，从 1996 年的 12.37 亿美元提高到 2018 年的 359.17 亿美元。而原油出口始终规模较小。另外值得注意的是，在绝大部分产品上，我国石油化工产品的出口规模小于进口规模，这与我国的能源储量结构和生产结构密切相关。

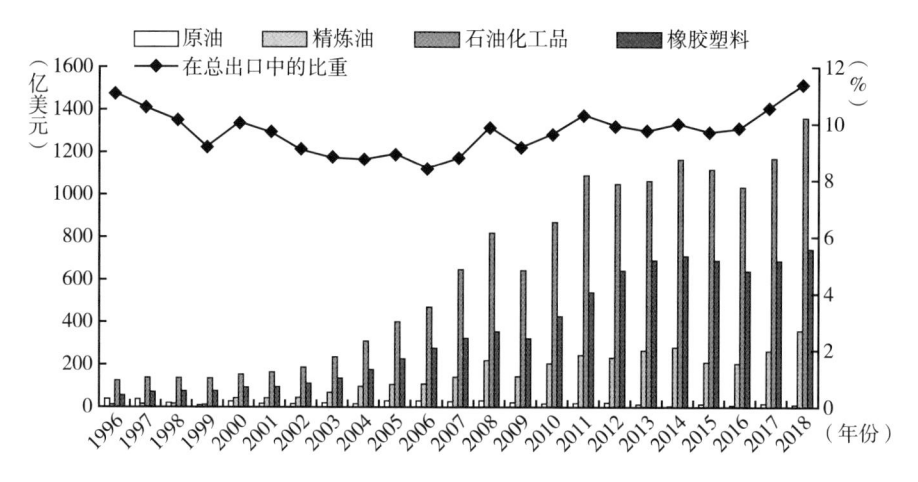

图 2　1996~2018 年我国石油化工产品出口变化

数据来源：UN COMTRADE Database 2020。

在了解我国石油化工产品进出口总体规模和产品构成的基础上，有必要在产品构成和贸易伙伴构成两个尺度上对我国各项石油化工产品的进出口进行更细致地梳理。以下分原油、精炼油、石油化工品和橡胶塑料四个大类产品，分别对进出口的产品构成和国家构成进行梳理和分析。

二　原油

原油是我国经济生产的重要能源，也是我国进口的重点产品。我国在原油方面长期处于净进口状态，外贸依存度较高，国际贸易风险较大。为此，我国近年来不断丰富和优化进口来源，以抵御国际石油市场风险。

（一）进口

1996 年以来，我国原油进口规模不断扩大。如图 3 所示，我国的原油进口金额从 1996 年的 47.31 亿美元增长到 2018 年的 2077.62 亿美元，年均增长率达到 18.76%。其中，2014 年到 2017 年的进口金额相对较小，这是国际原油价格下降导致的，实际的进口数量并未减少。

在进口来源分布方面，我国原油进口的主要来源是欧佩克国家。欧佩克国家是世界重要的原油生产和出口国家集团。如图3所示，我国原油自欧佩克国家的进口从1996年到2012年呈现持续增长的态势，从9.01亿美元增长到1429.47亿美元，在我国原油进口中所占的比重也从19.04%提高到68.27%。但是在2012年之后，我国石油进口来源逐渐丰富，自俄罗斯等国的进口增长较快，自欧佩克国家的进口在金额和所占比重两方面都呈现下降趋势。在2018年，我国自欧佩克国家进口的原油下降到1158.44亿美元，在我国原油总进口中仅占55.76%。近年来欧佩克产油国尤其是中东地区国家的政治和经济不稳定因素增加，我国原油进口来源的多元化有助于化解我国原油进口的国际风险，保障国内能源安全。从具体欧佩克成员国来看，在1996年，我国在欧佩克成员国中最主要的原油进口来源是伊朗，进口金额为4.68亿美元，占我国自欧佩克国家原油总进口的51.94%。在中国加入世界贸易组织（WTO）之后，我国自欧佩克国家进口原油的规模飞速扩大，进口来源也更加丰富。在2002年，我国在欧佩克国家内原油进口规模最大的两个国家分别是沙特阿拉伯和伊朗，分别为25.28亿美元和23.02亿美元，

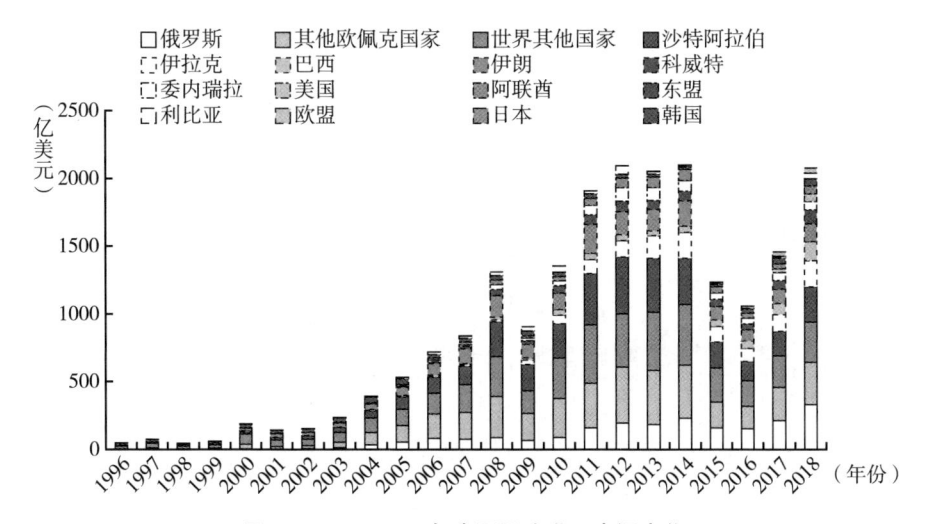

图3 1996~2018年我国原油进口来源变化

数据来源：UN COMTRADE Database 2020。

占我国自欧佩克国家原油总进口的 35.02% 和 31.89%。到 2018 年，我国在欧佩克国家内的原油进口结构进一步丰富和优化，进口规模较大的几个国家分别是沙特阿拉伯、伊拉克、伊朗和科威特，进口金额分别为 257.63 亿美元、194.65 亿美元、130.31 亿美元和 103.19 亿美元，共占我国自欧佩克国家原油总进口的 59.20%。这有助于我国分化原油进口风险。

除欧佩克国家之外，我国自俄罗斯和巴西的原油进口近年来增长较快。我国自俄罗斯的原油进口额在 2011 年之后显著提高，从 158.24 亿美元提高到 2018 年的 329.07 亿美元，在我国原油进口中的比重也从 8.30% 提高到 15.84%。同样，我国自巴西进口的原油金额也从 2011 年的 47.35 亿美元提高到 2018 年的 140.74 亿美元，在我国原油进口中的比重从 2.48% 上升到 6.77%。

（二）出口

我国原油出口规模始终较小。如图 4 所示，我国的原油出口总金额不断下降，从 1996 年的 38.74 亿美元下降到 2018 年的 11.03 亿美元。这一方面

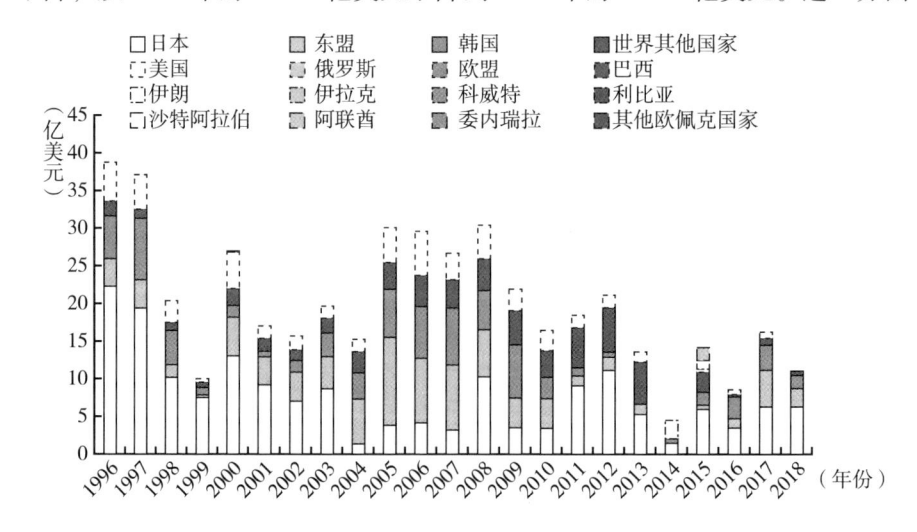

图 4　1996～2018 年我国原油出口分布变化

数据来源：UN COMTRADE Database 2020。

是由于我国石油资源本身相对贫乏，相对价格也高，没有出口优势；另一方面则是因为我国经济增长迅速，国内石化产业规模扩张较快，原油生产尚不足以满足国内需求，缺乏出口动力。

我国原油出口的主要国家是日本、东盟成员国和韩国。在1996年，我国对日本、东盟成员国和韩国的石油出口分别为22.27亿美元、3.66亿美元和5.68亿美元，分别占我国原油总出口的57.49%、9.44%和14.66%。而在2018年，我国对三方的原油出口金额分别为6.26亿美元、2.46亿美元和1.74亿美元，分别占我国原油总出口的56.75%、22.30%和15.78%。

三 精炼油

总体来看，我国在精炼油方面的国际贸易虽然规模较小，但进口和出口增长都较为明显，其中进口规模略大于出口规模。而在国别上看，我国与东盟成员国在精炼油贸易上往来相对更为密切。这主要是由于精炼油加工难度较低，且易燃易挥发，保存和运输难度相对较大，进行国际贸易收益有限、风险较大。

（一）进口

我国精炼油的进口金额自2000年开始显著提高，但在近年尤其是2014年之后显著下降。从图5可以看出，我国的精炼油进口金额从1996年的12.96亿美元波动上升到2011年的382.15亿美元，但在2018年下降到311.90亿美元。这是多方面原因共同作用的结果。首先，国际石油价格在2014年及之后大幅下降，精炼油的进口金额随之有所下降；其次，精炼油尤其是柴油的燃烧性能较差，污染较大，与我国经济总体节能减排的趋势不符；最后，我国近年来精炼油的产量提高较快，进口的减少有利于培育和保护国内生产、平衡国内供需形势。

我国主要的精炼油进口来源是东盟和韩国，近年来自欧佩克国家尤其是阿联酋的进口增长也较快。如图5所示，我国自东盟和韩国的精炼油进口金额从2000年开始快速增长，到2011年分别增长到93.30亿美元和111.50

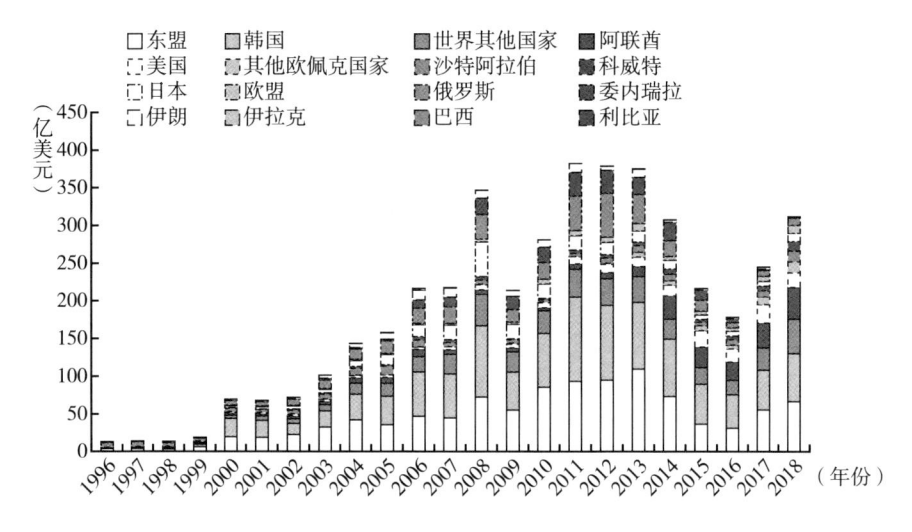

图 5　1996～2018 年我国精炼油进口来源变化

数据来源：UN COMTRADE Database 2020。

亿美元，分别占我国当年精炼油进口金额的 24.41% 和 29.18%。此后，随着我国精炼油总进口的下降，我国自东盟和韩国的精炼油进口金额也随之减少，在 2018 年分别下降到 66.75 亿美元和 63.48 亿美元，在我国精炼油总进口中的比重也分别下降到 21.40% 和 20.35%。与此对应，我国自欧佩克国家的精炼油进口则保持着波动增长的趋势，自 2000 年的 11.21 亿美元增长到 2011 年的 59.07 亿美元，在 2018 年进一步增长到 85.67 亿美元，占中国当年精炼油总进口的 27.47%。在欧佩克国家内部，我国最主要的精炼油进口来源国是阿联酋、沙特阿拉伯和科威特，2018 年中国自三国的精炼油进口金额分别为 42.55 亿美元、14.36 亿美元和 12.39 亿美元，分别占中国自欧佩克国家精炼油总进口的 49.67%、16.76% 和 14.46%。

（二）出口

不考虑价格变动因素，我国的精炼油出口规模逐步扩大，这是我国原油加工能力和精炼油生产能力增强的结果。如图 6 所示，我国的精炼油出口金额从 1996 年的 12.37 亿美元提高到 2018 年的 359.17 亿美元，年均增长率达到 16.55%。

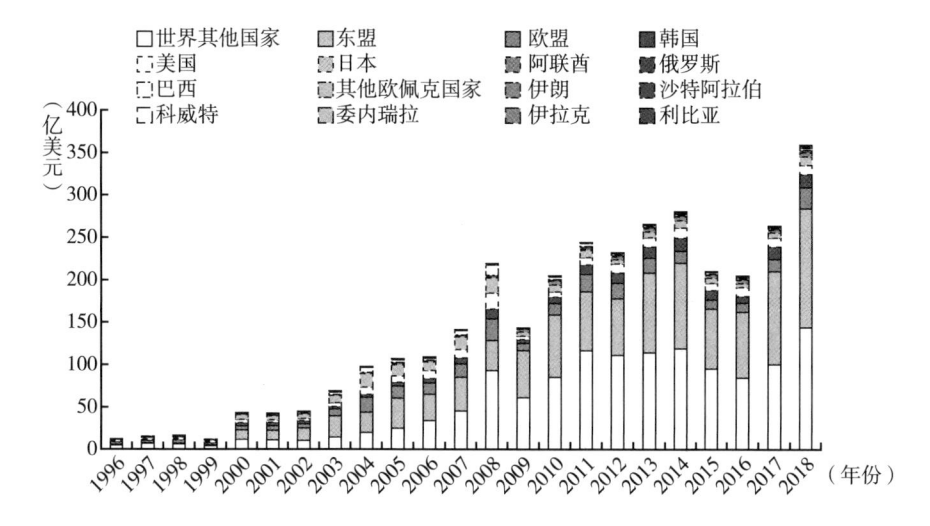

图 6 1996~2018 年我国精炼油出口分布变化

数据来源：UN COMTRADE Database 2020。

在国别分布上，我国精炼油出口的主要市场是东盟国家。我国对东盟的精炼油出口从 1996 年的 1.00 亿美元提高到 2018 年的 140.30 亿美元，年均增长率达到 25.20%，占我国精炼油总出口中的比重也从 8.08% 提高到 39.06%。中国与东盟之间的精炼油进出口在近年来的快速增长是中国—东盟经贸协定实施、双方在柴油等精炼油产品上的关税税率大幅下降的结果。

四 石油化工品

石油化工品是我国石化产品国际贸易的重要组成部分，进口和出口规模持续显著扩张。在石油化工品上，我国的国际贸易的产品结构和贸易伙伴构成日益多样化，东盟、欧盟和美国是主要的贸易伙伴，而且高价值、高科技含量的产品所占比重逐步提高。

（一）进口

总体看来，我国的石油化工品进口规模快速扩大。如图 7 所示，我国的

石油化工品进口规模在中国加入 WTO 之前增长相对较缓，从 1996 年的 243.70 亿美元提高到 2001 年的 386.10 亿美元，年均增长率为 9.64%。到 2018 年进口金额增长到 2001.35 亿美元，2001 年到 2018 年的年均增长率达到 10.16%。

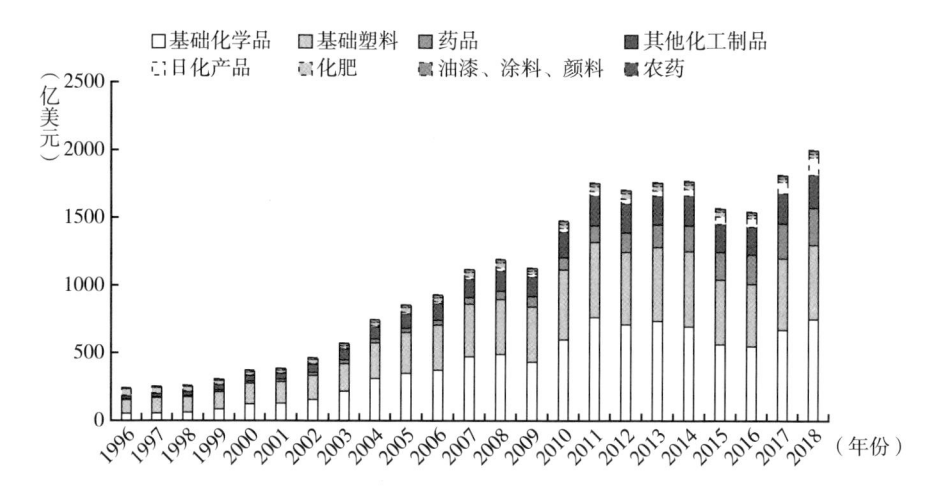

图 7　1996～2018 年我国石油化工品进口构成变化

数据来源：UN COMTRADE Database 2020。

在产品构成上，我国石油化工品的进口以基础化学品和基础塑料为主，此外药品的进口金额增长也较快。基础化学品和基础塑料的进口金额从 1996 年的 54.02 亿美元和 100.11 亿美元分别提高到 2018 年的 751.26 亿美元和 546.81 亿美元，年均增长率分别达到 12.71% 和 8.02%。2018 年，基础化学品和基础塑料在我国石油化工品总进口中的比重分别为 37.54% 和 27.32%。另外，我国的药品进口金额增长也较为显著，从 1996 年的 6.74 亿美元提高到 2018 年的 275.67 亿美元，年均增长率达到 18.37%，在我国石油化工品总进口中的比重也从 2.77% 提高到 13.77%。

在国别构成上，我国在石油化工品上主要的进口来源是欧盟成员国、韩国、东盟成员国、日本和美国，且中国自这 5 个地区的进口都保持较为稳定

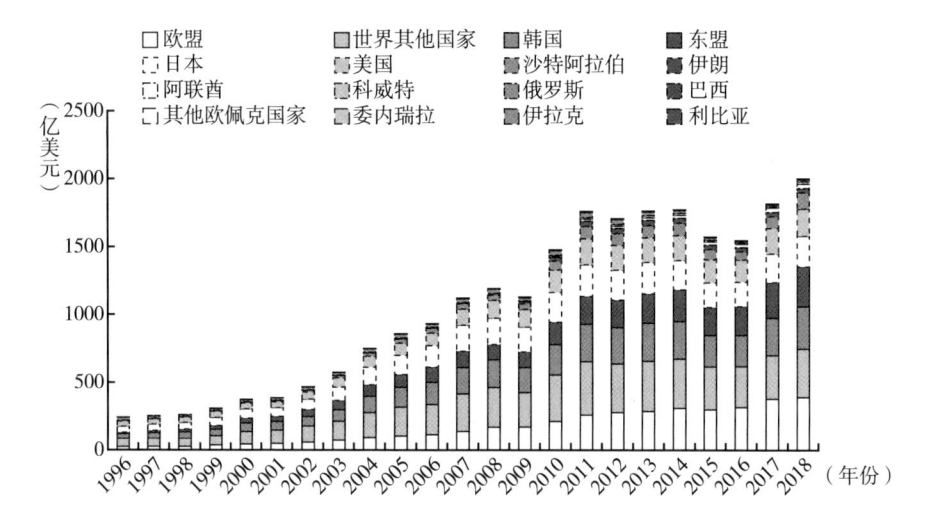

图8 1996~2018年我国石油化工品进口来源变化

数据来源：UN COMTRADE Database 2020。

持续的增长幅度。中国自这5个地区的石油化工品进口额从1996年的25.56亿美元、33.82亿美元、11.97亿美元、42.99亿美元和39.70亿美元，分别提高到2018年的392.54亿美元、311.67亿美元、294.86亿美元、225.00亿美元和200.64亿美元。2018年，中国自这5个地区的石油化工品进口额在中国石油化工品总进口额中的比重分别为19.61%、15.57%、14.73%、11.24%和10.03%。值得注意的是，中国从这5个主要地区进口的石油化工品的结构不尽相同。其中，中国从韩国、东盟和日本进口的主要产品结构与总体趋势相同，以基础化学品和基础塑料为主，药品占比很小。但中国从欧盟和美国进口的石油化工品中，药品占据显著的份额。在2018年，中国自欧盟和美国进口的石油化工品中，药品分别占44.94%和21.25%。

（二）出口

中国加入WTO之后，我国在石油化工品上的出口持续快速增长。如图9所示，我国在石油化工品上的出口在1996~2018年持续快速增长，出口金额从124.80亿美元增长到1361.49亿美元，年均增长率达到11.47%。

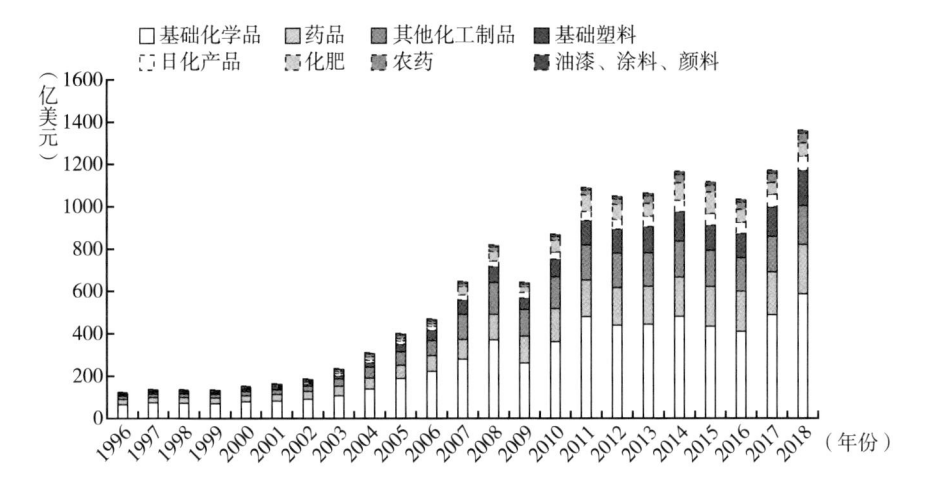

图9 1996~2018年我国石油化工品出口构成变化

数据来源：UN COMTRADE Database 2020。

在产品构成上，我国的石油化工品出口主要集中在基础化学品、药品和基础塑料上。如图9所示，我国的基础化学品的出口金额从1996年的65.77亿美元增长到2018年的586.95亿美元，年均增长率达到10.46%，低于石油化工品类产品的总出口的年均增长率，因此在我国石油化工品总出口中的比例从1996年的52.70%下降到2018年的43.11%。药品的出口金额从1996年的25.31亿美元提高到2018年的234.22亿美元，年均增长率为10.64%，在我国石油化工品出口中的比重从20.28%下降到17.20%。我国在基础塑料上的出口增长较快，从1996年的5.25亿美元增长到2018年的165.20亿美元，年均增长率达到16.97%，在我国石油化工总出口中的比例也从4.21%提高到了12.13%。此外，近年来我国在日化产品上的出口额也有所提高。综合来看，我国在石油化工品的出口产品结构上较为完整，虽然以基础化学品和基础塑料为代表的基础产品仍占较大比例，但在药品和日化产品等相对附加值较高的产品上的出口比例也在持续快速提高。这说明我国的石油化工行业生产结构在逐渐完善和升级。

而在国别构成上，我国的石油化工品出口市场主要集中在东盟成员国、欧盟成员国和美国。如图10所示，我国对东盟、欧盟和美国的石油化工品

中国石油化工产品国际贸易变化分析

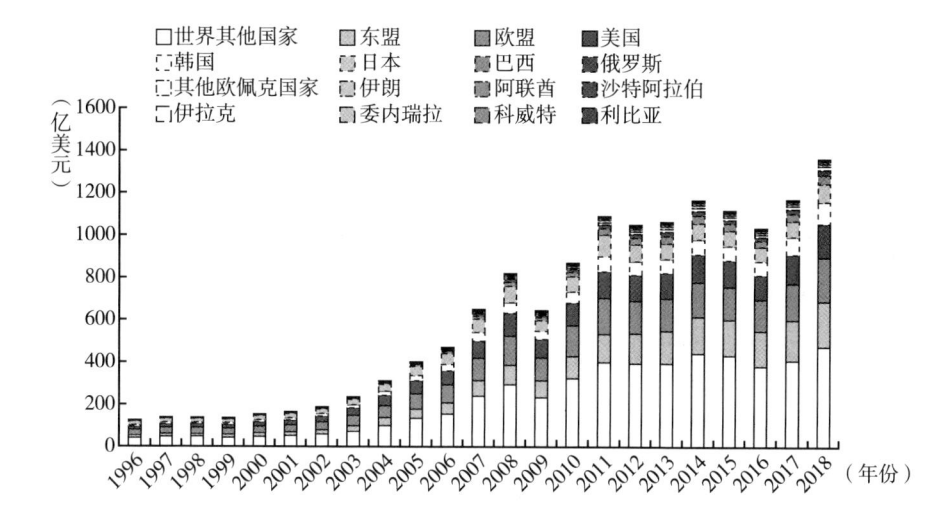

图 10 1996~2018 年我国石油化工品出口分布变化

数据来源：UN COMTRADE Database 2020。

出口金额分别从 1996 年的 13.12 亿美元、27.44 亿美元和 14.52 亿美元，增长到 2018 年的 213.31 亿美元、209.38 亿美元和 159.07 亿美元，年均增长率分别为 13.51%、9.68% 和 11.50%。2018 年，东盟、欧盟和美国在中国石油化工品出口中所占的比重分别为 15.67%、15.38% 和 11.68%。值得注意的是，中国对东盟的石油化工品出口的产品结构与欧盟和美国有较大差异。2018 年，中国对东盟出口的石油化工品中，基础化学品和基础塑料分别占 34.04% 和 16.24%，药品仅占 10.80%。而中国对欧盟和美国出口的石油化工品中，基础化学品和基础塑料所占比例虽然也较大，加总占比分别为 53.35% 和 52.59%，药品占比却分别达到 28.42% 和 23.74%。这说明，中国与欧盟和美国等技术密集型贸易伙伴在石油化工品产业内部的合作更倾向于高科学技术含量的产品。

五 橡胶塑料

我国在橡胶塑料上的国际贸易规模相对较小，且出口规模超过进口规模。主要的贸易产品分别是塑料制品,而主要的贸易伙伴是欧盟、东盟、美国、日本和韩国。

(一)进口

我国在橡胶塑料产品上的进口金额在2001年之后持续增长。如图11所示,1996年到2001年,我国在橡胶塑料产品上的进口金额没有显著增长。2001年到2018年,我国在橡胶塑料上的进口金额从51.41亿美元增长到237.08亿美元,年均增长率为9.41%。其中,2010年到2014年,我国在橡胶塑料产品上的进口金额有明显的增长,这主要是由于单价提高的影响,中国自东盟在橡胶和塑料制品上的进口金额大幅上涨。

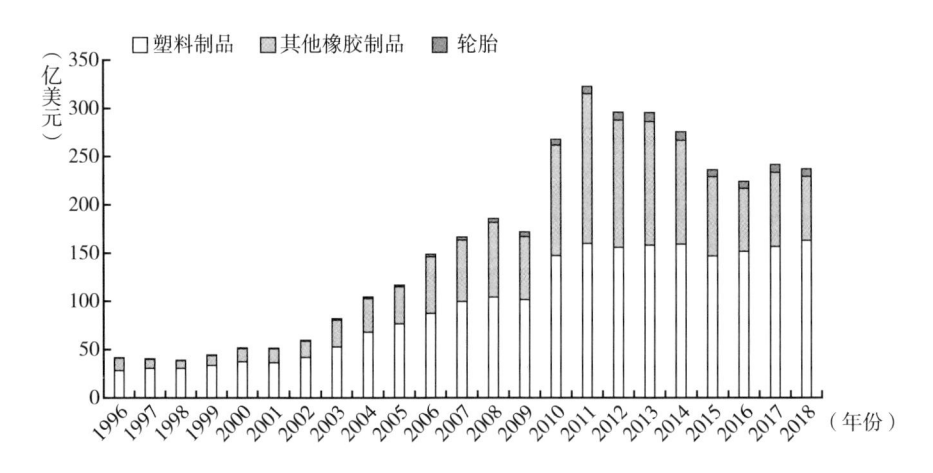

图11 1996~2018年我国橡胶塑料进口构成变化

数据来源:UN COMTRADE Database 2020。

在产品构成上,我国在橡胶塑料产品的进口中始终集中在塑料制品和轮胎以外的其他橡胶制品上。如图11所示,我国在塑料制品上的进口金额从1996年的28.33亿美元提高到2018年的162.96亿美元,占我国橡胶塑料产品总进口的比例相对稳定,在2018年为68.74%。与此对应,我国在其他橡胶制品上的进口金额近年来波动较大,这主要是橡胶价格波动导致的。

2018年我国在其他橡胶制品上的进口金额为66.08亿美元,占我国橡胶塑料产品总进口的27.87%。

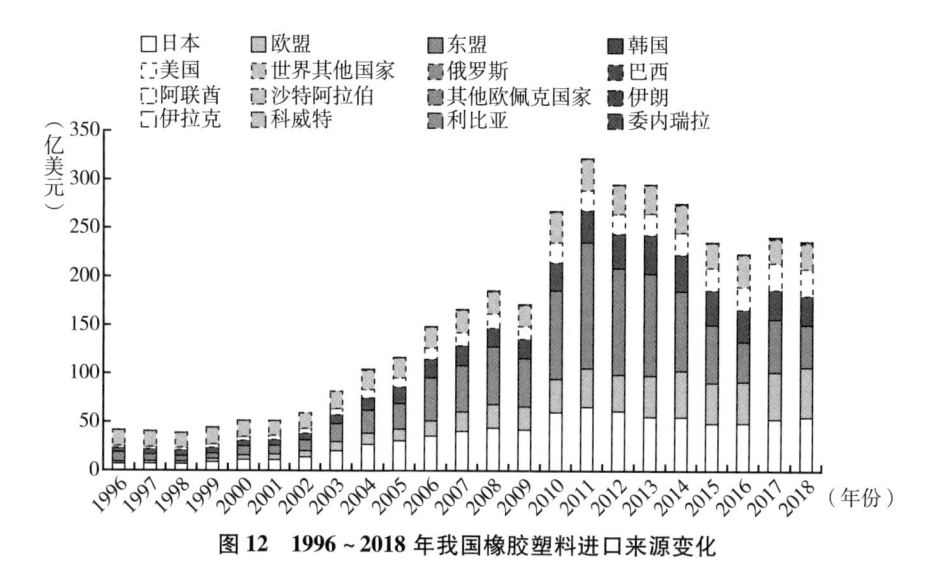

图12　1996~2018年我国橡胶塑料进口来源变化

数据来源：UN COMTRADE Database 2020。

在国别分布上,我国橡胶塑料进口的主要来源为日本、欧盟和东盟。首先,中国自日本的橡胶塑料制品总进口从1996年的7.14亿美元提高到2018年的55.95亿美元,年均增长率为9.81%,在我国橡胶塑料产品总进口中的所占比例也从17.14%提高到23.60%。自日本的橡胶塑料产品进口以塑料制品为主,占比从74.91%提高到85.09%。其次,中国自欧盟的橡胶塑料制品进口则从1996年的2.00亿美元提高到2018年的51.40亿美元,年均增长率为15.90%,在我国橡胶塑料进口中的所占比例从4.80%提高到21.68%。自欧盟的橡胶塑料制品进口同样以塑料产品为主,2018年的占比达到34.05%。最后,中国自东盟进口的橡胶塑料产品的金额和所占比重变动较大,这主要是由于中国自东盟进口的橡胶塑料产品中70%以上是其他橡胶制品,而橡胶价格在2010年之后经历了较为明显的上涨和回落。在2018年,我国自东盟进口的橡胶塑料产品达到43.51亿美元,占中国总进口的18.35%,其中其他橡胶制品占77.27%。

（二）出口

我国在橡胶塑料产品上的出口规模同样扩张较快。如图13所示，我国在橡胶塑料产品上的出口金额从1996年的56.47亿美元提高到2018年的743.46亿美元，年均增长率达到12.43%。

从产品构成看，我国在橡胶塑料产品上的出口以塑料制品和轮胎为主，其他橡胶制品出口很少。如图13所示，我国在塑料制品上的出口金额从1996年的45.08亿美元提高到2018年的555.61亿美元，年均增长率达到12.09%，近年来在我国橡胶塑料产品总进口中的比重稳定在75%左右。同时，我国在轮胎上的出口金额从1996年的7.28亿美元提高到2018年的136.84亿美元，年均增长率为14.26%，在我国橡胶塑料产品总出口中的比重从12.89%提高到18.41%。近年来我国在其他橡胶制品上的出口有所提高，但所占比例仍然较小。2018年我国的其他橡胶制品出口金额为51.00亿美元，占我国橡胶塑料制品总出口的6.86%。

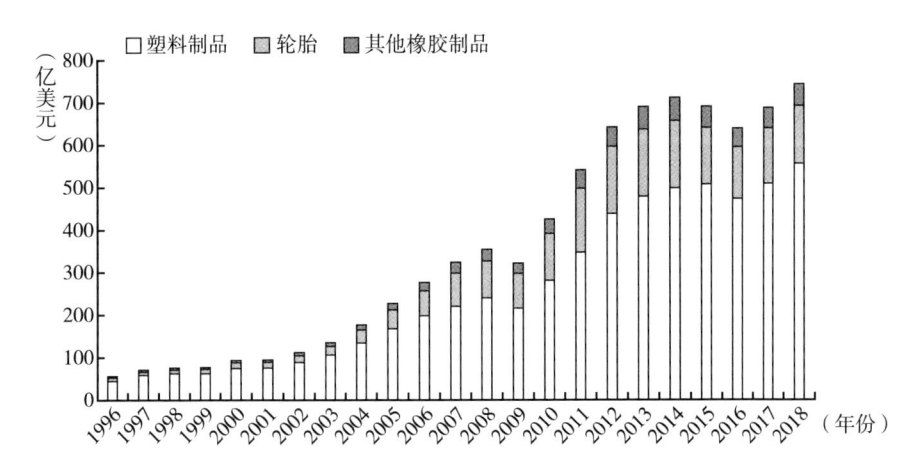

图13 1996~2018年我国橡胶塑料出口构成变化

数据来源：UN COMTRADE Database 2020。

在国别分布上，我国在橡胶塑料产品出口上的主要贸易伙伴是美国、欧盟和东盟，这主要是由于我国在制造业尤其是劳动密集型制造业上具有比较优势。从图 14 可以看出，我国在橡胶塑料产品上对美国、欧盟和东盟的出口金额，分别从 1996 年的 16.51 亿美元、9.46 亿美元和 2.65 亿美元逐步上升到 2018 年的 183.76 亿美元、121.77 亿美元和 86.26 亿美元，2018 年在我国橡胶塑料出口中的占比分别为 24.72%、16.38% 和 11.60%。中国对这 3 个地区在橡胶塑料产品上的出口都以塑料制品为主，占比分别为 82.85%、73.01% 和 80.99%。

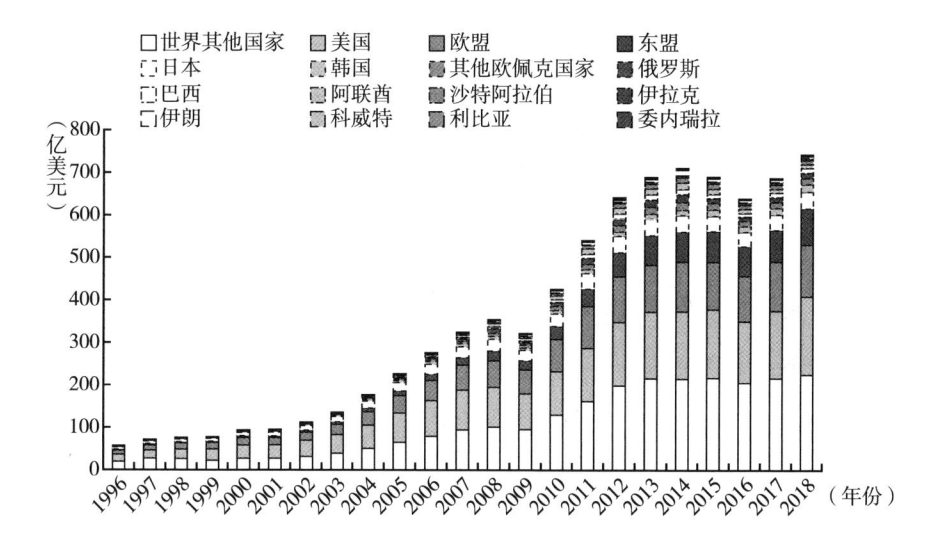

图 14　1996~2018 年我国橡胶塑料出口分布变化

数据来源：UN COMTRADE Database 2020。

六　对策建议

根据以上分析，本报告提出如下几条对策建议。

（1）我国的原油对进口的依赖程度较大，虽然已经开始通过灵活而广泛的国际合作丰富和优化进口来源，但仍需进一步加强国内储量的勘探工作，提高石油加工过程中的利用效率，以降低石油风险。同时可以进行替代资源与生产工艺的探索。

（2）关税壁垒以及仓储和交通条件的限制，是影响我国石油化工产品国际贸易进一步扩大的重要障碍。我国应该进一步推动国际贸易自由化，开展广泛的国际合作，提高石油化工产品的保存和运输技术，以降低石油化工产品贸易的关税壁垒和贸易限制。

（3）石油化工产业尤其是石油化工品和橡胶塑料制品的生产在某种程度上已经形成了国际产业链，我国应进一步优化国内生产结构，加强与贸易伙伴国在产业内、产品内的分工合作，提高我国在石化产业价值链上的参与度和获利能力。

（4）优化我国石化产品的生产和出口结构，尤其注意在药品等高技术产品上的研发和出口。历史上我国由于劳动力价格相对较低，我国在制造业上具有传统的比较优势，但是随着我国经济水平和收入水平的提高以及人口老龄化的日益显著，我国在劳动力价格上的比较优势逐渐消失，被东南亚国家替代。同时，随着我国在科学技术水平上的提升以及技术转化生产效率的提高，我国在药品等科技含量较高的产品上将更加具有优势。因此，未来我国在石油化工产业上应该更侧重于支持高新技术产业和产品。

国际产业形势篇

International Industrial Situation

B.6
2019年国际石油市场回顾与2020年展望

任 娜 王 佩[*]

摘 要： 2019年，全球经济增速创近十年新低，石油需求增幅远低于预期，随着OPEC+开启新一轮减产，以及美国制裁伊朗、委内瑞拉等国，国际油价呈现宽幅震荡走高格局，但均价仍低于2018年。2020年，新冠肺炎疫情拖累全球宏观经济出现萎缩，全球石油需求大幅缩减，远远超过金融危机期间的下降幅度。OPEC+结束短暂的"价格战"，重新达成新一轮减产协议，全球石油市场供应过剩的局面有望得到一定缓解。2020年上半年，新冠肺炎疫情在全球暴发，给全球石油需求造成"史诗级"冲击，全球

---

[*] 任娜，经济学硕士，中国国际石油化工联合有限责任公司市场战略部分析师，主要研究方向为国际石油市场、石油需求和石油供应及"一带一路"能源市场；王佩，经济学博士，高级经济师，中国国际石油化工联合有限责任公司市场战略部副总经理（主持工作），主要研究方向为国际石油市场、全球油气产业、国际油价等。

石油库存面临触顶风险。下半年，随着全球疫情逐步趋于好转，需求端逐步改善，加之OPEC＋减产效果逐渐显现，国际油价有望重新站上40～50美元/桶。总体而言，2020年国际油价多数时间低位运行，波动率大幅增加，平均水平大概率低于2019年。

关键词： 国际油价 OPEC＋减产 需求疲软 供应过剩

一 2019年国际石油市场回顾

经历过2018年第四季度的暴跌之后，2019年国际油价整体呈现中高位宽幅震荡格局，全年Brent油价波动区间为55～75美元/桶。分季度来看，第一季度单边上行、第二季度先涨后跌、第三季度震荡回落、第四季度震荡上扬，其中第一季度均价为63.83美元/桶，第二季度为68.47美元/桶，第三季度为62.03美元/桶，第四季度为62.42美元/桶，全年均价为64.16美元/桶，同比下跌7.53美元/桶（见图1）。此外，2019年，WTI均价为57.04美元/桶，同比下跌7.86美元/桶；Dubai均价为63.51美元/桶，同比下跌6.14美元/桶，在三大基准原油中表现最强。

图1 2017～2019年Brent油价走势

数据来源：路透社、UNIPEC Reasearch & Strategy。

(一)2019年国际石油市场主要特点

1. 原油与美股同步上涨,石油金融属性明显

2019年,全球金融市场和大宗商品的表现可圈可点。年初至年末,WTI油价累计涨幅为31.2%,RBOB汽油价格累计涨幅为28.1%,Brent油价累计涨幅为20.2%,ICE柴油油价累计涨幅为18.8%,国际原油很大程度上引领大宗商品价格上涨。2019年,美股刷新历史新高,标普500累计涨幅为28.7%,道指累计涨幅为22.2%,纳斯达克突破9000点关口。部分时间,道琼斯指数与油价的相关性达到90%,美股涨则油价涨,美股跌则油价跌。在国际油价出现拐点的一些关键性节点上,往往是中美贸易摩擦等宏观因素在主导油价。如2019年2月,第七轮中美经贸高级别磋商结束,美国暂缓提高中国输美产品关税,推动国际油价单边上行;2019年5月,中美谈判关系恶化,国际油价迅速冲高回落;2019年8月1日,特朗普连发4条推特,表示从9月1日起,对额外3000亿美元中国进口商品加征10%的关税,当日油价大跌8%。

2. 基准原油价差同比拉宽,轻重质原油价差总体趋窄

2019年,WTI和Brent两大基准原油的平均价差为-7.12美元/桶,同比拉宽0.33美元/桶。第三季度以来,Cactus Ⅱ、EPIC和Gray Oak三条管线逐步投产,新增管输能力接近200万桶/日,使得美国页岩油主产区Permian的运输瓶颈得到缓解,WTI和Brent价差快速收窄(见图2)。受美国对伊朗和委内瑞拉制裁、OPEC+减产影响,2019年全球轻重质原油供应抽紧,代表轻重质原油价差的DTD Brent和Dubai平均价差为0.80美元/桶,同比收窄0.81美元/桶,几乎是近十年以来的最窄价差。DTD Brent和Dubai原油期货转掉期(EFS)均价为2.37美元/桶,同比收窄0.54美元/桶。

3. 基准原油价格与结构背离,期货与现货背离

2019年,由于宏观经济增速下滑、石油需求疲软,国际油价在55~75美元/桶的中高位区间波动,远低于2011~2014年100美元/桶的水平,也未突破2018年86美元/桶的高点。然而,2019年国际原油结构持续走强、

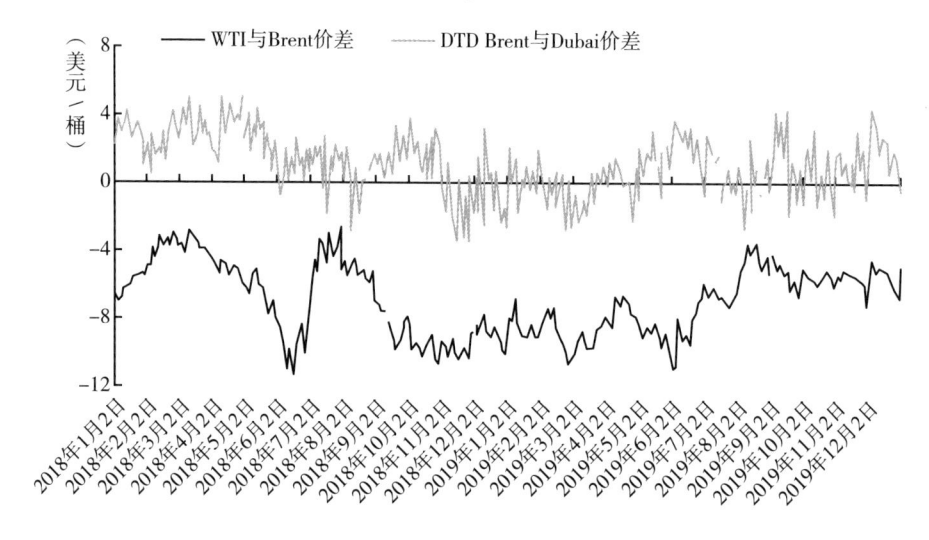

图2　2018~2019年基准原油价差走势

数据来源：路透社、UNIPEC Reasearch & Strategy。

现货贴水大幅上涨，与基准原油价格走势形成背离。2019年大部分时间，Brent油价呈现前高后低的远期贴水结构（Backwardation），近端月差不断拉宽（见图3），首次行价差平均为0.56美元/桶，部分时段甚至在1美元/桶以上，全年平均较2018年拉宽0.39美元/桶。2019年，中东地缘政治风险加大，OPEC原油产量下降，加之亚太地区仍维持较高的进口量，全球原油供应较为紧张，中东主要产油国原油官价持续攀升，西非、南美原油贴水不断创历史新高。

4. IMO新规影响逐步发酵，年底炼油毛利大幅下挫

2019年，IMO新规显著推高了市场对低硫燃料油的需求以及低硫燃料油的裂解价差，但对柴油的拉动作用不及预期。由于后续资源补充缓慢，市场上低硫燃料油供需缺口较大。此外，全球脱硫设备安装数量低于预期，2019年底只有1800艘轮船能够在2020年1月前完成脱硫设备安装，占计划安装脱硫设备轮船总数的45%，仅占全球总运力的9%。受此影响，新加坡地区，0.5%硫含量燃料油与380高硫燃料油价差一度被拉宽，甚至达到每桶将近50美元，创历史最宽水平（见图4）；低硫燃料油与柴油价差逐步缩

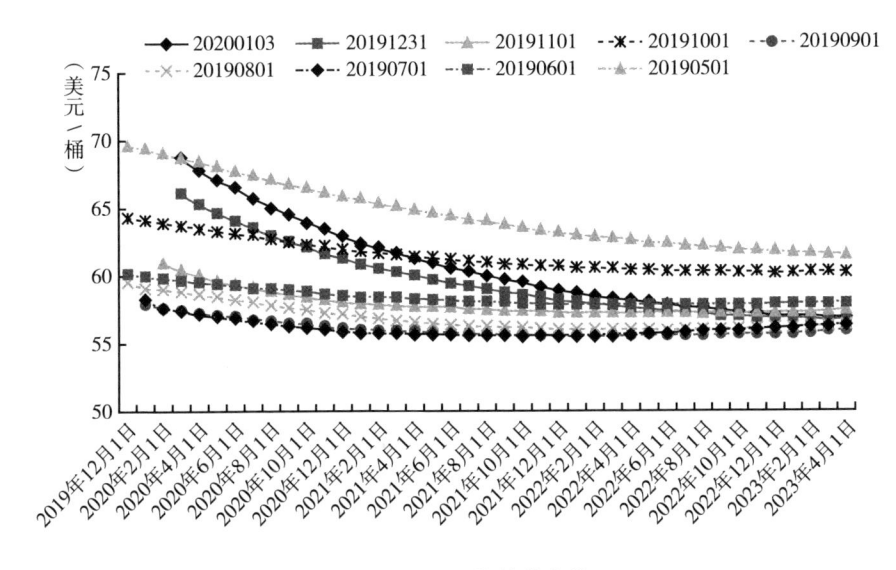

图3　Brent 远期价格曲线

数据来源：路透社、UNIPEC Reasearch & Strategy。

小，并超过柴油价格。受高硫燃料油裂解价差大幅下挫拖累，加之现货贴水和运费上涨、石油需求低迷、炼油毛利测算公式调整滞后，2019年10月以来，全球三大炼油中心炼油毛利震荡下行，新加坡地区炼油毛利跌至负值，鹿特丹地区炼油毛利跌至近五年新低，美湾地区炼油毛利跌至2019年初以来的新低。此外，2019年亚太地区化工收益较差，乙烯与石脑油平均价差为386美元/吨，同比减少263美元/吨。

5. 中东地缘政治事件频发，"黑天鹅"来去飞快

2019年，中东地缘政治事件频发，但多数事件来得快去得也快，油价往往呈现"脉冲式"冲高回落。4月8日，美国宣布将伊朗伊斯兰革命卫队列为"外国恐怖组织"；5月12日，4艘商船（含两艘沙特阿拉伯油轮）在霍尔木兹海峡附近的阿联酋富查伊拉港附近遇袭；6月13日，两艘油轮在阿曼湾遭到袭击后起火；7月4日，直布罗陀当局在英国海军协助下，扣押了一艘满载200万桶伊朗原油的超级油轮Grace 1；7月19日，伊朗伊斯兰革命卫队在海湾地区截获了一艘悬挂英国国旗的油轮；9月14日，10架无

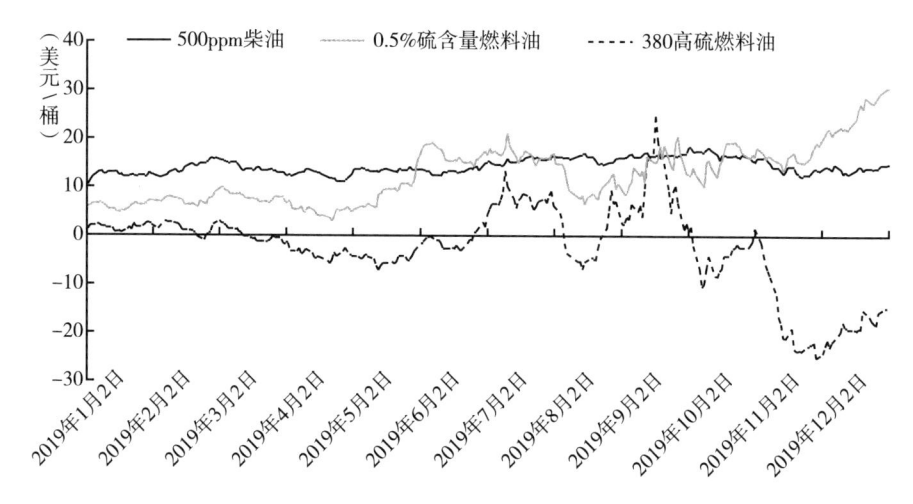

图4 新加坡地区燃料油裂解价差

数据来源：路透社、UNIPEC Reasearch & Strategy。

人机袭击了沙特阿拉伯国内布盖格和库阿斯两大油田，致使日产量损失570万桶，油价短暂上涨15%，随后很快回落；10月11日，伊朗油轮在红海海域发生爆炸，国际油价盘中大涨，收盘回落。究其根本原因，2019年经济下行和需求疲软对油价的冲击抵消了地缘政治事件对国际油价的影响。

（二）2019年国际石油市场基本面变化

1. OPEC+开启新一轮减产，全球原油供应出现十年来最大降幅

从供应面来看，2019年，受美国对伊朗和委内瑞拉制裁、OPEC+开启新一轮减产等影响，全球石油供应同比仅增长20万桶/日，其中原油供应同比下降80万桶/日，为近十年来的最大降幅。分国家/地区来看，2019年，参与减产的11个OPEC国家减产执行率平均为140%，非OPEC国家的减产执行率接近100%，较好地完成了减产任务。2019年7月，OPEC国家原油产量为2989万桶/日，同比大幅下降200万桶/日。其中，在IPO的带动下，沙特阿拉伯减产积极性较高，原油产量降至978万桶/日，同比大降53万桶/日；伊拉克原油产量为469万桶/日，同比增加14万桶/日；伊朗原油产量为236万桶/日，同比下降120万桶/日；委内瑞拉原油产量为80万桶/日，同比下降54万桶/

日。非 OPEC 国家方面，2019 年，美国原油产量为 1223 万桶/日，同比增加 124 万桶/日；俄罗斯原油产量为 1125 万桶/日，同比增加 10 万桶/日。2019 年，全球原油供应增长主要为轻质原油，供应减产主要为重质原油，轻重质原油供应结构性矛盾比较突出。

2. 全球石油需求增长疲软，增幅创近八年新低

从需求面来看，2019 年，由于对中美贸易摩擦加剧和全球经济放缓的担忧，主要能源咨询机构持续下调全球石油需求增幅预期。国际能源署（IEA）、美国能源信息署（EIA）、OPEC、普氏能源资讯等机构对 2019 年全球石油需求增幅的预期从 2019 年初的 140 万桶/日左右，纷纷下调至 2019 年底的 90 万桶/日左右，低于过去 20 年全球石油需求 120 万桶/日的年均增幅，创近八年最小增幅。分国家/地区来看，2019 年，我国石油需求"一枝独秀"，石油需求同比增长 73 万桶/日，引领全球石油需求增长。除我国外，其他主要石油需求大国均表现疲软。2019 年，美国石油需求同比基本持平，几乎无增量；印度石油需求同比增长 10 万桶/日，远低于 2018 年 20 万桶/日的增幅；韩国石油需求出现小幅下降，为连续第二年下跌；日本石油需求同比减少 12 万桶/日，为连续第七年下跌；欧洲石油需求继续下降。

3. 运输市场剧烈波动，运费高位震荡

2019 年，在全球长航线运输需求增加、运力大幅抽紧、IMO 新规实施逐渐临近、地缘政治动荡等多重因素的影响下，全球油轮运费水平和滞期费率呈现整体上涨的趋势。特别是 9 月底以来美国宣布制裁中远海运旗下的两家公司，市场恐慌情绪急剧升温，运费飙升至 10 多年来的最高水平，中东至中国 VLCC 运费市场水平从 9 月 13 日的 WS 54 上涨至 10 月 11 日的 WS 313，增长了近 5 倍，单桶运费上涨至 8.3 美元/桶，创近 12 年来新高。西非至中国 VLCC 运费市场水平从 9 月 13 日的 WS 58 上涨至 10 月 11 日的 WS 289 点，增长了近 4 倍，单桶运费上涨至 13.7 美元/桶，创历史新高。此后，受现货需求减弱、运力快速从浮仓中释放以及美国宣布给予中远海运两个月豁免等影响，运费逐步回落，但仍然远高于过去几年的水平。特别是由于 IMO 新规开始实施，2020 年船用燃油从高硫燃料油转换为低硫燃料油，

船舶使用燃料成本增加，Worldscale 上调了 2020 年的基本费率，从而推高了运输成本。

4. 油气行业勘探投资继续增长，炼油化工结束景气周期

2019 年，国际油价总体高于大多数产油国的盈亏平衡价格，全球油气上游市场总体呈现回暖趋势。国际能源署预计，2019 年全球油气上游投资将达到 5050 亿美元，同比增长 6%，连续两年增长。国内方面，按照习近平总书记关于"今后若干年要加大国内油气勘探开发力度，保障我国能源安全"的重要批示，各大油气公司纷纷加大油气勘探开发投入，2019 年我国上游勘探开发投资 3321 亿元，同比增长 21.9%，实现原油产量 1.91 亿吨，扭转了 2016 年以来的持续下滑态势。国际方面，由于国际油价不及 2011~2014 年高位，加之美国上游投资者要求提高资本回报，2019 年国际油服业深陷盈利低谷。油服巨头威德福于 2019 年 5 月 10 日宣布破产重组；斯伦贝谢 2019 年净利润为 -101 亿美元，同比下降 574%；哈里伯顿净利润为 -11 亿美元，同比减少 -168%。

从下游来看，2019 年，在国际油价中高位运行和石油需求疲软的共同作用下，全球炼油毛利稳中下行。美湾地区炼油毛利平均为 15.21 美元/桶，同比增加 2.48 美元/桶，仍处于较高水平；鹿特丹地区炼油毛利为 5.21 美元/桶，同比下跌 0.30 美元/桶；新加坡地区炼油毛利为 3.72 美元/桶，同比下跌 2.11 美元/桶。从炼油化工周期来看，2018~2020 年全球迎来新一轮产能集中投放，其中 2019 年全球新增炼油能力大约为 180 万桶/日，我国恒力石化（40 万桶/日）和浙江石化一期（40 万桶/日）、马来西亚 Rapid 炼厂（29 万桶/日）、文莱恒逸石化（16 万桶/日）等多个炼厂上马，全球成品油过剩压力加剧，炼油化工进入下行周期。

二　2020 年国际石油市场展望

（一）新冠肺炎疫情拖累全球经济衰退，多国推出经济刺激政策

2020 年，由于新冠肺炎疫情迅速蔓延并在全球五大洲 100 多个国家及

地区快速蔓延，世界卫生组织（WHO）正式将其定义为全球大流行（pandemic），成为影响2020年全球宏观经济的首个超级"黑天鹅"事件。为应对疫情，多个国家的政府采取强制隔离措施，并一度实施全国紧急封锁，全球国际出行、旅游业及货物出口受到较大限制。世界贸易组织（WTO）预计，2020年全球商品贸易量将下降13%~32%。本次疫情对世界经济、制造业产业链、航空航运业等造成的影响极大，并对金融市场造成沉重打击，拖累2020年各国GDP出现下滑。国际货币基金组织（IMF）预计2020年全球经济将萎缩3%，为20世纪30年代大萧条以来最大的经济衰退，严重程度显著高于2008~2009年的全球金融危机。在疫情的拖累下，2020年全球经济一度处在危机的边缘。为减少新冠肺炎疫情对经济的冲击，3月以来全球累计将近40个国家或地区推出政策紧急注入流动性。美联储宣布零利率并开启"无限制"量化宽松（QE）模式；欧洲央行宣布7500亿欧元债券收购计划，欧盟达成一项5000亿欧元的紧急救助计划；英国央行紧急降息并扩大购债规模；韩国宣布总规模100万亿韩元的刺激计划；新西兰、越南、巴林、阿联酋、卡塔尔、斯里兰卡、智利等国央行集体降息。预计多国刺激计划对实体经济的提振有望在下半年逐渐显现。

（二）全球石油市场或呈现"U"形走势

从需求面来看，在新冠肺炎疫情的冲击下，全球石油需求将出现自2008~2009年金融危机以来的首次下滑，而且远远超过金融危机时期的下降幅度。2020年初以来，在全球新冠疫情肺炎蔓延的影响下，多数国家采取严格的封国封城举措，全球有超过40亿人隔离在家，多家航空公司削减70%以上运力，欧洲90%以上的飞机已停飞，全球的汽油消费、航煤消费受到严重冲击，亚洲、欧洲、美洲等地区大幅削减炼厂原油加工量。全球主要机构或组织多次大幅下调2020年全球石油需求增幅预期，目前，国际能源署预计2020年全球石油需求同比减少930万桶/日，OPEC预计2020年全球石油需求同比下降685万桶/日，美国能源信息署预计2020年全球石油需求同比

下降525万桶/日，Energy Aspects预计全球石油需求同比减少580万桶/日，FGE预计全球石油需求同比减少800万桶/日，高盛预计全球石油需求将同比减少425万桶/日。在疫情的持续发酵下，疫情导致的石油需求减少将成为上半年石油市场的主要特征，第二季度将成为全年石油需求的低点，2020年4月可能是石油历史上最糟糕的一个月。只有疫情出现好转，经济开始复苏，石油需求才有望减缓下降幅度。

从供应面来看，在经过仅一个月的"价格战"后，OPEC+达成历史上最大规模的减产协议。本次减产协议分为三个阶段：第一阶段，OPEC+将减产约970万桶/日，自2020年5月1日开始生效，为期两个月；第二阶段，自2020年7月至12月减产768万桶/日；第三阶段，自2021年1月至2022年4月减产580万桶/日。本次减产规模大、周期长，完全考虑到了疫情好转后需求修复的力度，以及对石油市场的长期稳定作用，但减产协议的执行效果还有待关注。在新的减产协议下，预计2020年沙特阿拉伯原油产量将同比减少50万桶/日，伊拉克将同比减少60万桶/日，阿联酋将同比减少30万桶/日，科威特将同比减少30万桶/日。伊朗、利比亚、委内瑞拉仍为减产豁免国家，目前这三个产油国的状况仍在持续恶化。预计2020年OPEC国家原油产量同比下降幅度将超过300万桶/日。非OPEC国家方面，油价暴跌和需求减少是导致俄罗斯同意减产的主要原因，2020年俄罗斯的原油产量有望同比减少超过100万桶/日，创2009年以来日产量的最低水平。国际油价低迷将使得全球高成本的石油生产商大幅削减上游资本支出。由于自由现金流状况不佳、投资者要求更多的资本回报，加之低油价冲击，2020年美国原油产量有望同比减少70万桶/日，全年日产量呈现逐渐下降的趋势。在低油价的冲击下，墨西哥、加拿大、巴西等国的原油产量也将出现不同程度的同比下滑。

2020年，全球石油市场有望呈现"U"形走势，上半年，新冠肺炎疫情在全球暴发，给全球石油需求造成"史诗级"冲击，尽管OPEC+结束短暂的价格战，并从5月开始实施历史上最大规模的减产协议，但仍然无法抵消疫情冲击导致的需求减少，全球石油库存面临触顶风险。下半年，随着全球疫情逐步趋于好转，需求端逐步改善，加之 OPEC + 减产效果逐渐显现，全球石油市场格局将重新调整，石油市场将由上半年的涨库存变为下半年的降库存。预计 2020 年，全球石油需求降幅超过全球石油供应降幅，2020 年底石油库存量将高于 2019 年底。

（三）全球地缘政治风险有增无减

近几年来，全球地缘政治冲突有增无减，海湾地区军事冲突频发。2020 年伊始，美伊冲突骤然升级，美国发动空袭造成伊朗伊斯兰革命卫队"圣城旅"指挥官苏莱曼尼身亡。2 月伊朗议会选举强硬派占据上风，预计中东地区地缘政治冲突将愈演愈烈。1 月以来，利比亚国内局势迅速恶化，东部国民军关闭该国主要出口港口和油田，导致原油产量大幅下滑，预计 2020 年利比亚国内局势仍将持续动荡。美国先后宣布对俄罗斯石油公司（Rosneft）旗下两家贸易公司实施制裁，并对委内瑞拉马杜罗政府施压，进一步加剧市场对供应风险的担忧。在 2020 年 11 月进行大选的背景下，美国在地缘局势上的立场较为强硬，预计 2020 年全球地缘政治动荡风险有增无减。

（四）交易所修改交易规则，原油价格允许跌至负值

2020 年 4 月，芝加哥商品交易所（CME）和伦敦洲际交易所（ICE）修改交易规则，允许负价格出现，加剧了原油期货价格的波动。4 月 8 日，芝加哥商品交易所发布公告称，当任何月份的 WTI 原油期货结算价低于 8 美元/桶时，将把所有 WTI 原油期权定价模型切换到巴舍利耶（Bachelier）模型。芝加哥商品交易所已经对软件重新编程，以便处理能源相关金融工具的负价格。4 月 20 日，WTI 原油 5 月合约即将退出首行，在基本面的推动和程序化交易的共同作用下，WTI 原油首行价格跌至 - 37.63 美元/桶，为史上首次跌至负值区域。4 月 22 日，伦敦洲际交易所也发布通知：随着近期石油相关产品价格的波动，计划将部分期权定价模型修改为巴舍利耶模型，以支持负的行权价格。交易所修改交易规则允许负价格交易，意味着原油期

货的价格区间从0至+∞，变成了-∞至+∞，这将大大加大原油期货价格的波动幅度。

（五）现货资源供应较为宽松，全年油价仍然承压

2020年上半年，新冠肺炎疫情蔓延较为迅速，石油行业物流和仓储瓶颈凸显，炼油毛利持续低迷。由于石油市场供应过剩问题突出，全球各地的储油仓库和管道正在迅速被填满，全球现货市场大幅承压，中东、西非、南美等产油国官价、贴水开始下调，部分地区原油井口现货价格一度接近负值，全球石油市场由过去几年的供应紧张转为供应宽松。预计2020年下半年，随着全球疫情逐步趋于好转，需求端将逐步改善，OPEC+减产协议效果将逐渐显现，与此同时，价格结构、现货贴水、基准原油价差、炼油毛利等也将随着油价反弹迎来重要变化，Brent原油首行价格有望逐步回升至40~50美元/桶。总体来看，新冠肺炎疫情在很大程度上令国际油价承压，2020年全年均价将低于2019年。

参考文献

IEA, *Oil Market Report*, https://www.iea.org/.
PIRA, *World Oil Market Forecast*, https://secure.pira.com/.
OPEC, *Monthly Oil Market Report*, https://www.opec.org/opec_web/en/.
Platts, *World Oil Market Forcast*, https://www.eia.gov/.

B.7
2019年全球石油供应回顾与2020年展望

王 佩[*]

摘 要： 2019年，在欧佩克国家与非欧佩克国家继续执行减产协议、美国制裁伊朗与委内瑞拉、主要产油国地缘政治动荡加剧的情况下，全球石油供应出现近十年来的最低增幅，轻重质原油资源呈现结构性不平衡，美国超越沙特阿拉伯与俄罗斯成为全球最大的原油生产国。与此同时，全球"黑天鹅"事件频发，对石油供应产生了较大冲击。2020年，受新冠肺炎疫情影响，全球石油需求大幅萎缩，石油市场由上一年的供应紧张转变为供应严重过剩。欧佩克国家与非欧佩克国家在经历短暂的价格战之后，重新达成一份历史最高规模的减产协议，尽管短期内仍难以改变严重供过于求现状，但对于中长期石油市场再平衡意义重大。与此同时，在全球仓储问题和物流瓶颈越来越突出的背景下，美国、加拿大、巴西等产油国逐步开启被动减产，页岩油产业正经历近年来最严峻挑战和最艰难时刻。

关键词： 石油供应 地缘政治 价格战 供应过剩 页岩油

一 2019年全球石油供应回顾

（一）欧佩克与非欧佩克产油国合作减产协议进入第三年，减产取得积极成效

2019年，欧佩克与非欧佩克产油国之间的联合减产协议进入第三个年

---

[*] 王佩，经济学博士，高级经济师，中国国际石油化工联合有限责任公司市场战略部副总经理（主持工作），主要研究方向为国际石油市场、全球油气产业、国际油价等。

头，减产继续取得积极成效，成为影响石油市场供需平衡和支撑国际油价的重要力量。回顾该轮减产协议，2016年12月10日，欧佩克与非欧佩克产油国在维也纳达成15年来的首个合作减产协议，商定欧佩克产油国减产120万桶/日，非欧佩克产油国减产55.8万桶/日，揭开了合作减产的序幕。自2017年以来，合作减产协议经过多次延长和深化，已经成为影响全球石油市场的最重要力量之一。从实施效果来看，这无疑是双方最为成功的一次联合减产，在三年多的时间里，欧佩克国家一直保持极高的减产执行率，大部分时间的减产执行率超过100%，甚至达到150%；非欧佩克产油国减产执行率相对低一些，但也接近完成减产任务。在双方努力减产的推动下，国际油价摆脱了2016年初28美元/桶的低位，逐步迈上50美元/桶，甚至于2018年一度攀升到80美元/桶左右。2017年、2018年、2019年Brent均价分别上涨至54.74美元/桶、71.69美元/桶和64.16美元/桶（见图1）。2019年12月6日，欧佩克与非欧佩克产油国达成深化减产协议，双方决定将现有减产规模扩大50万桶/日，此外沙特阿拉伯还表示将承担额外40万桶/日的减产任务，合计减产规模达到210万桶/日，深化后的减产协议于2020年3月底到期。

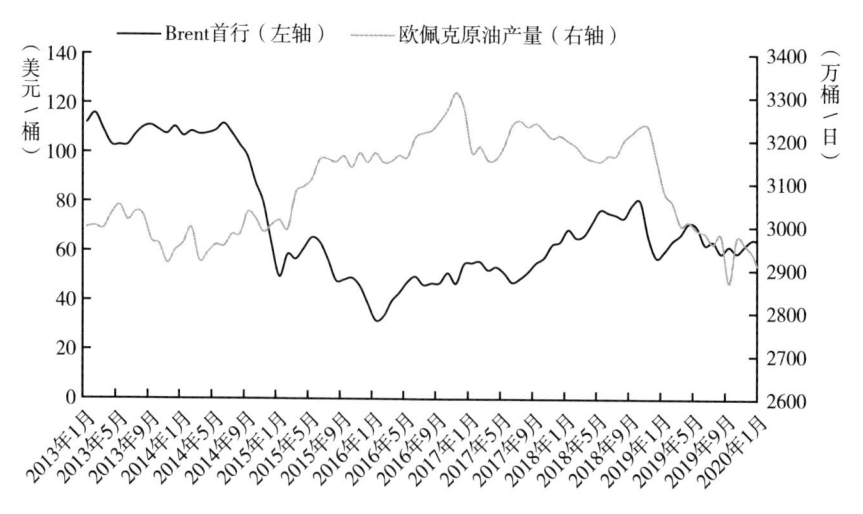

图1 欧佩克原油产量和 Brent 首行价格变化

数据来源：OPEC、UNIPEC Research & Strategy。

（二）全球石油供应出现近十年来的最低增幅

近十年来，伴随着世界石油需求的平稳增长，全球石油（含凝析油与天然气液）供应总体呈现逐年增加态势，年均增幅在 150 万桶/日左右。页岩油革命以来，美国原油产量呈现爆发式增长态势，多数年份增幅在 100 万桶/日以上，成为拉动全球供应增长的主要力量。但 2019 年，受欧佩克与非欧佩克产油国执行减产协议以及部分产油国地缘政治局势动荡影响，全球石油供应为 10050 万桶/日，同比仅增长 20 万桶/日，是近十年来的最低增幅（见图2）。具体而言，一方面，产油国仍然维持了较高的减产执行率，2019 年参与减产的 11 个欧佩克国家原油产量为 2560 万桶/日，减产执行率平均为 140%，其中沙特阿拉伯全年原油产量为 978 万桶/日，减产执行率高达 268%；参与减产的 10 个非欧佩克国家原油产量为 1803 万桶/日，减产执行率平均为 95%。此外，2019 年美国加大对委内瑞拉和伊朗的制裁力度，使得这两个传统产油国的原油产量和出口量出现历史最大降幅。其中 2019 年委内瑞拉原油产量降至 80 万桶/日，同比大减 54 万桶/日，为连续第四年下降，创 40 年最低水平；伊朗原油产量降至 236 万桶/日，同比大减 120 万桶/日，为连续第三年下降，较 2017 年制裁前大减近 150 万桶/日，也是几十年来的最低水平。

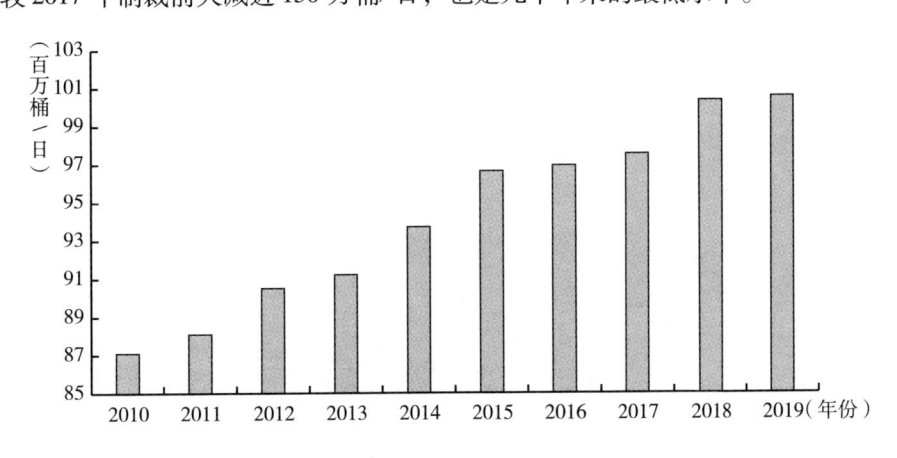

图 2　2010~2019 年全球石油供应变化

数据来源：IEA、UNIPEC Research & Strategy。

（三）美国超越沙特阿拉伯和俄罗斯成为全球最大原油生产国

页岩油革命以来，美国成为全球重要的原油生产国和出口国，成为拉动全球供应增长的最重要力量。随着技术更新、效率提升和套期保值手段越来越成熟，当前页岩油盈亏平衡点已由2015年的70美元/桶左右降至40美元/桶左右。2019年，国际油价多数时间维持在60美元/桶上方，继续对页岩油生产商勘探开采活动构成支持，与此同时，2019年美国页岩油主产区二叠纪盆地Cactus Ⅱ、EPIC、Gray Oak等多条输油管线投产，合计运输能力超过200万桶/日，将页岩油大规模输送至墨西哥湾港口码头，极大地缓解了物流运输压力，推动原油产量迈上新台阶。2019年全年，美国原油产量达到1223万桶/日，同比大幅增长124万桶/日，连续第三年实现了大规模增产，也正式超越沙特阿拉伯和俄罗斯成为全球最大的原油生产国（见图3）。2019年，美国原油出口量达到298万桶/日，同比增长98万桶/日，再创历史新高，仅次于沙特阿拉伯、俄罗斯、加拿大和伊拉克，成为全球第五大原油出口国。从出口目的地看，亚太和欧洲成为美国原油的主要出口地，当前

图3　全球三大产油国原油产量对比

数据来源：OPEC、EIA、俄罗斯能源部、UNIPEC Research & Strategy。

接近一半的美国原油出口至亚太，30%左右出口欧洲，剩余一小部分出口至加拿大以及拉美主要国家。

（四）"黑天鹅"事件频发，主要产油国地缘政治动荡加剧，对供应造成巨大冲击

2019年全年，中东、非洲、南美等的主要产油国地缘政治动荡加剧，对其石油供应造成了巨大冲击。1月23日，委内瑞拉反对党领导人瓜伊多宣布就任临时总统，得到美国承认，美国随即对委内瑞拉国家石油公司（PDVSA）实施多项制裁，并禁止美国国内炼厂购买委内瑞拉原油，禁止别国对委内瑞拉出口稀释剂，使得该国原油产量和出口量降至40年来新低。4月22日，美国白宫发布声明称，自5月2日起正式结束对伊朗原油的进口豁免，目标是将伊朗原油出口清零。5月份以后，日印韩等亚太主要买家、意大利和希腊等欧洲主要买家全部停止购买伊朗原油。伊朗原油出口由制裁前最高的290万桶/日大幅回落至20万桶/日左右。4月25日，由于俄罗斯乌拉尔原油遭受有机氯污染，多个欧洲国家宣布暂停通过友谊管线进口俄罗斯原油，亚太国家也对乌拉尔原油进口持谨慎态度，使得5月份俄罗斯原油产量一度降至1111万桶/日的全年最低点。此外，5月份以来，中东频频发生油轮遇袭事件，使得该地区运输风险大增。5月12日，沙特阿拉伯4艘商船在霍尔木兹海峡附近的阿联酋富查伊拉港附近遇袭。5月14日，沙特阿拉伯两处石油泵站遭到无人机袭击，致使输油管道运作一度停止。6月13日，阿曼湾两艘油轮遇袭起火。7月初，英国和伊朗互相扣押油轮，历时一个多月才得以解决。9月14日，沙特阿拉伯国内布盖格和库阿斯两大油田遇袭，致使日产量损失570万桶，引发市场强烈关注，也成为全年最大的"黑天鹅"事件，一度推动国际油价创下30年最高涨幅。10月11日，伊朗国家石油公司旗下油轮在距沙特阿拉伯吉达港口97千米处海域遇袭并爆炸起火，沙特阿拉伯和伊朗关系再度趋于紧张。上述及其他地缘政治事件致使全球油价发生频繁震动（见表1）。

表1 2019年地缘政治事件引发Brent价格波动情况

单位：%

时间	事件	当日涨幅	当日盘中最高涨幅	次日涨幅
2019年2月15日	沙特阿拉伯最大海上油田关闭	2.60	2.82	0.38
2019年5月12日	沙特阿拉伯油轮阿联酋遇袭	-0.55	2.78	1.44
2019年6月13日	阿曼湾油轮遇袭	2.23	4.45	1.14
2019年7月4日	直布罗陀扣押伊朗油轮	-0.81	0.39	1.47
2019年7月19日	伊朗扣押英国油轮	0.87	2.33	1.26
2019年9月14日	沙特阿拉伯油田遇袭	14.61	19.48	-6.48
2019年10月11日	伊朗油轮遇袭	2.39	2.69	-1.92

数据来源：UNIPEC Research & Strategy。

（五）轻重质原油供需失衡的结构性矛盾加剧

20世纪90年代以来，在沙特阿拉伯、伊拉克、科威特、委内瑞拉等中东、拉美国家不断增产的推动下，全球原油资源呈现重质化、劣质化趋势。然而，页岩油革命以来，大量轻质原油成为全球新增供应的主力，推动全球原油轻质资源大增，石油资源逐渐呈现轻质化趋势。但是，从炼油端的变化来看，最近十年全球新投产炼厂仍是中重质高硫辅助低硫的设计，对中重质资源的需求仍在增加，这也使得需求端和资源端不匹配的矛盾逐渐突出。2019年，欧佩克大规模减产，削减的产量中相当一部分为重质原油，加之美国制裁委内瑞拉和伊朗，以及2019年初加拿大油砂减产，墨西哥重油产量全年自然衰减，使得重质资源供应极其紧张，产量同比下降高达250万桶/日。而美国页岩油增产、利比亚增产则使得轻质资源大增，全年轻质油增幅近200万桶/日。与此同时，2019年，马来西亚Rapid炼厂（1500万吨/年），中国恒力石化（2000万吨/年）、浙江石化（2000万吨/年）等几个大炼厂先后投产，它们几乎全部是复杂型炼厂，对中重质资源的需求大增。在这一背景下，2019年代表轻质低硫原油的DTD Brent与代表重质原油的Dubai平均价差大幅收窄创十年来的最窄价差（见图4）。

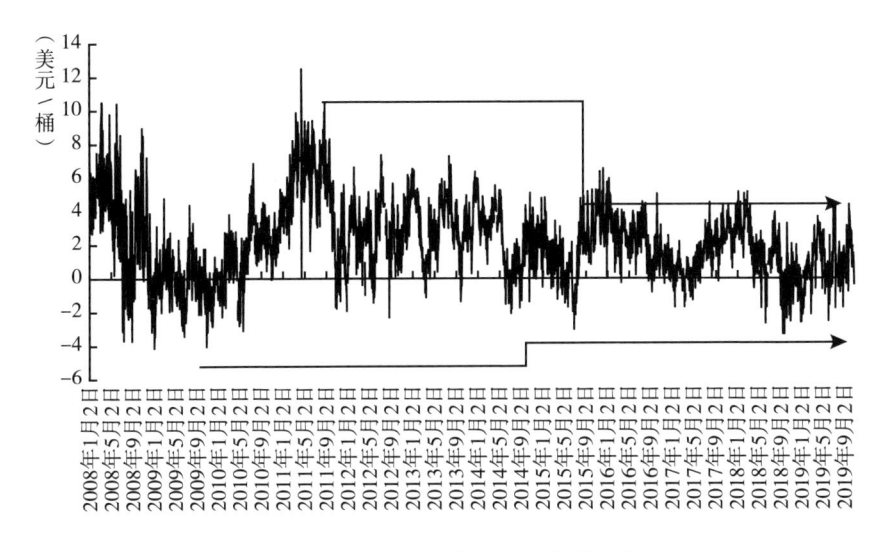

图 4　DTD Brent 与 Dubai 价差变化

数据来源：路透社、UNIPEC Research & Strategy。

二　2020年全球石油供应展望

2020年以来，全球石油市场整体呈现高开低走之势。年初，中美达成第一阶段贸易协议、欧佩克与非欧佩克产油国实施新的减产协议、IMO 低硫船燃新规实施，国际油价一度逼近 70 美元/桶大关。但 1 月中下旬以来，新冠肺炎疫情在我国和全球急剧蔓延，全球石油需求大幅萎缩；3 月 6 日，欧佩克与非欧佩克产油国未能达成新一轮减产协议，沙特阿拉伯大幅下调原油出口官价，阿联酋、科威特、伊拉克等国随之下调，产油国新一轮价格战短暂开启，国际油价跌至 17 年来新低。4 月 12 日，欧佩克与非欧佩克产油国艰难达成新一轮减产协议，根据协议，双方将从 2020 年 5 月 1 日开启为期 24 个月的减产协议，这也是世界石油历史上规模最大的减产协议，或带来一轮深刻的地缘政治局势变动和更广泛的供应结构性变化。鉴于新冠肺炎疫情对石油需求端冲击极其严重，产油国减产短期内仍难以改变严重供过于求现状，但对于中长期石油市场再平衡意义重大。本报告分析，2020 年全球石油供应将呈现如下特征。

（一）产油国掀起一轮短暂价格战，加剧了短期石油市场供应过剩

2020年3月5日，欧佩克第178届部长级会议召开，会后声明指出，全球新冠肺炎疫情对2020年全球经济和石油需求影响巨大，欧佩克建议将现有减产协议延长至2020年底，并提议第二季度深化减产150万桶/日，其中欧佩克与非欧佩克产油国分别承担100万桶/日和50万桶/日减产任务，这也将是自2008年金融危机以来的最大减产规模。按照计划，在3月6日的欧佩克与非欧佩克产油国全体会议中，各方将就具体减产规模和减产配额进行最终磋商。然而，由于俄罗斯不接受新的减产协议，欧佩克也不愿在没有俄罗斯参与的情况下采取行动，会议草草收场且未达成任何协议。俄罗斯能源部长诺瓦克会后表示，自4月1日起，各国可以不受限制地按意愿自行决定生产。

3月7日，沙特阿拉伯大幅下调其原油出口官价，打响了石油市场价格战的第一枪，其中对欧美原油出口官价每桶下调6~8美元，对亚太出口官价每桶下调4~6美元，幅度远超市场预期的每桶1.5~2美元，创下20多年来最大降幅。3月，欧佩克13国原油产量平均为2861万桶/日，环比增加82万桶/日，其中参与减产的10国产量为2584万桶/日，环比增加103万桶/日，减产执行率仅为33%，严重加剧了石油市场过剩。分国家来看，3月沙特阿拉伯产量为1006万桶/日，环比增加39万桶/日，减产执行率为118%，如果算入自愿超额减产的40万桶/日，减产执行率仅为65%；伊拉克产量为459万桶/日，环比减少2万桶/日，减产执行率为36%；阿联酋产量为345万桶/日，环比增加39万桶/日，减产执行率为-181%。非欧佩克产油国中，3月俄罗斯原油产量为1129万桶/日，环比持平，减产执行率为44%。

（二）产油国达成史上最大规模、最长周期减产协议

4月初以来，国际油价继续下跌至20美元/桶附近，产油国压力大增，页岩油行业出现破产情况，美国总统特朗普频频要求沙特阿拉伯等国采取举措。4月9日，欧佩克+紧急会议召开，经过几天的艰难磋商，4月12日，

欧佩克+最终达成新一轮减产协议。根据新的减产协议，欧佩克+产油国自2020年5月1日起减产约970万桶/日，为期两个月，各国减产配额见表2；自2020年7月1日至12月31日减产768万桶/日；自2021年1月至2022年4月减产580万桶/日。其中，沙特阿拉伯和俄罗斯均将在首轮各减产250万桶/日，其他国家如伊拉克、阿联酋和科威特等分别减产106万桶/日、73万桶/日和65万桶/日不等。从减产协议本身来看，减产协议规模大、周期长、参与国众多，但是鉴于疫情之下全球石油需求规模萎缩高达2000~3000万桶/日，本次减产协议短期内仍难抵消需求下降的冲击，难以改善短期内石油市场严重供应过剩的局面。

随着全球石油库存快速上涨，目前已有多个欧佩克国家如阿尔及利亚、科威特、尼日利亚等宣布将尽快实施减产行动，并呼吁欧佩克+其他成员国提前开始实施减产协议。沙特阿拉伯能源部长称，可以将产量削减至850万桶/日以下；阿联酋阿布扎比国家石油公司（ADNOC）宣布减少5月份各油种的供应量，其中Murban和Upper Zakum原油将减少15%供应量，Umm Lulu和Das将减少5%。俄罗斯能源部已通知该国各大石油生产商将5月份产量在2月份基础上削减约20%，达到减产协议要求的规模。目前来看，自5月1日开始执行新一轮减产协议后，欧佩克+原油产量有望出现明显下降。尽管减产规模较大，但在库存压力和物流运输压力下，预计本轮减产协议执行率至少应在70%，部分国家减产执行率甚至可能达到100%。

表2 欧佩克+新一轮减产协议配额分配

单位：万桶/日

国家	减产基数	2020年5~6月减产配额	2020年7~12月减产配额预估	2021年1月~2022年4月减产配额预估
沙特阿拉伯	1100	250	201	151
伊拉克	465	106	85	64
阿联酋	317	73	58	43
科威特	281	65	51	39
安哥拉	153	35	28	21
阿尔及利亚	106	24	19	14

续表

	减产基数	2020年5~6月减产配额	2020年7~12月减产配额预估	2021年1月~2022年4月减产配额预估
尼日利亚	174	40	32	24
加蓬	19	4	3	3
刚果	33	7	6	4
赤道几内亚	13	3	2	2
欧佩克10国合计	2661	607	485	365
阿塞拜疆	72	17	13	10
哈萨克斯坦	171	39	31	23
墨西哥	175	10	2	4
阿曼	88	20	16	12
俄罗斯	1100	250	201	151
巴林	21	5	4	3
文莱	10	2	2	1
马来西亚	60	14	11	8
苏丹	8	2	1	1
南苏丹	13	3	2	2
非欧佩克10国合计	1718	362	283	215
欧佩克+合计	4379	969	768	580

数据来源：OPEC、UNIPEC Research & Strategy。

（三）高成本生产商尤其是页岩油生产商将受到巨大冲击

结合主要咨询机构数据，欧佩克国家石油生产成本平均为31美元/桶，非欧佩克国家生产成本平均为39美元/桶。美国页岩油盈亏平衡点为36~42美元/桶，其现金流成本为15~20美元/桶。回顾2014~2016年价格战，油价于2014年中开始崩盘，美国原油产量却从2014年初的800万桶/日提高至2015年4月的963万桶/日，增幅达163万桶/日。2015年4月以后，油价长期偏低令页岩油产量增幅放缓，产量于2016年12月触底878万桶/日。与此同时，2016年初至2017年底，美国石油从业人数减少了四分之一。

与2016年相比，当前美国页岩油的产业集中度更高，盈亏平衡点更低，套期保值手段更灵活，抗风险能力更强。但本轮油价跌至非常低的历史水平，WTI 原油期货价格一度跌至负值，美国页岩油现货价格也已跌至个位数。与此同时，受疫情影响，美国炼厂大幅降低开工率，国内库容使用率不断攀升。截至 4 月 17 日，美国商业原油可用库存为 3.9 亿桶，占总库容的 60%，库容使用率逼近 69% 的历史峰值；库欣地区库存为 5974 万桶，占总库容的 79%，从而倒逼页岩油生产商减产。从页岩油企业的生产经营环境来看，目前 90% 的美国中小型页岩油公司自由现金流为负值，7500 亿美元左右债务将于 2020～2024 年集中到期，并且它们将面临更严格的资本约束、更严峻的经济环境和更大的技术瓶颈。困境之下，美国各大页岩油公司和油服公司均启动削减预算和裁员计划，Whiting Petroleum 成为美国第一家申请破产保护的大型页岩油生产商，康菲石油公司、西方石油公司、阿帕奇、Devon、Murphy 等多家页岩油生产商宣布削减 2020 年资本开支，减支幅度至少在 30%；北达科他州最大的页岩油生产商 Continental Resources 已停止在该州 Bakken 地区的所有钻井活动并关停大部分油井。目前，美国活跃石油钻机数已降至 438 座，单周产量降至 1220 万桶/日，较年初最高水平下降 90 万桶/日。预计随着越来越多的页岩油生产商减少生产，到 2020 年 12 月，美国原油产量或将较油价大跌前水平减少约 200 万桶/日。若低油价持续超过一年，其可能对页岩油产业造成难以估量的损失。

（四）中长期全球供应面临严峻挑战

从中长期来看，本轮低油价对全球上游行业打压非常沉重。一方面，上游生产商削减资本开支 30% 左右，这将严重影响未来两三年的上游勘探开发活动；另一方面，低油价之下生产商关闭高成本油井，这些油井未来能否重启有待观察，一些老旧油井甚至可能被永久关闭，而一些经营压力较大的上游公司和油服公司也不可避免地陷入破产，很大程度上将影响未来两三年的全球石油供应。除美国页岩油之外，加拿大、巴西、挪威、墨西哥等地的原油产量也很可能出现不同程度的下滑，全球高成本的石油生产商面临严峻挑战。从地缘政治来看，近年来全球地缘政治动荡持续加剧，美国对委内瑞

拉、伊朗等国的制裁可能一直存在，委内瑞拉、伊朗以及利比亚等国的石油生产面临较大不确定性。与此同时，考虑到欧佩克+减产协议一直维持到2022年4月，并且减产规模相当大，如果2020年下半年全球疫情好转，石油需求回归，那么第四季度或者2021年全球石油供应可能重新迎来紧平衡，石油市场再度出现供应紧张的局面。

（五）全球石油运输市场对供应的影响越来越显著

过去十年，全球运输市场整体低位运行，运输成本在石油供应总成本中所占份额较小。但是自2019年以来，在全球长航线运输需求增加、IMO新规实施逐渐临近、地缘政治动荡等多重因素的影响下，全球油轮运费水平呈现上涨趋式，特别是9月底美国宣布制裁中远海运旗下的两家运输公司，使得运力大幅抽紧，运费市场一度飙升至十多年来的最高水平。2020年以来，受新冠肺炎疫情影响，现货需求减弱，运费市场整体回落。但3月，由于沙特阿拉伯油轮公司在市场上大肆租用油轮，再度将油轮运费急剧推高，甚至出现一船难求现象。而且当前基准原油市场结构已全面转为深度前低后高结构（contango），浮仓储油经济性凸显，贸易商对油轮的需求持续增加，原油和成品油累计海上浮仓规模已超过2亿桶。此外，2020年开始，船用燃料油大规模从高硫燃料油切换为低硫燃料油，船舶使用燃料成本出现一定幅度的上涨，运输成本将进一步显著增加。预计，2020年运输市场仍将剧烈波动，低油价下运费也越发成为影响原油总成本的重要因素之一。

参考文献

中国国际石油化工联合有限责任公司、中国社会科学院数量经济与技术经济研究所主编《中国石油产业发展报告（2019）》，社会科学文献出版社，2019。

IEA, *Oil Market Report*, https://www.iea.org/.

OPEC, *Monthly Oil Market Report*, https://www.opec.org/opec_web/en/.

B.8 2019年全球石油需求回顾与2020年展望

张 婧*

摘 要： 2019年，受中美贸易摩擦反复、贸易保护主义升温以及英国脱欧悬而不决等因素影响，全球经济增速放缓，全球石油需求同比增长85万桶/日，远低于过去20年120万桶/日的平均水平，整体呈现柴强汽弱、需求继续东移的特征。此外，IMO新规实施，推动低硫燃料油需求不断攀升。2020年开年，新冠肺炎疫情暴发，成为影响全球石油需求的"黑天鹅"事件，各机构大幅下调全年增长预期，全年需求将出现负增长，创金融危机以来新低。展望后市，新冠肺炎疫情对全球经济冲击将延续至第二季度，各国政府为应对不断下行的经济压力，实施积极货币和财政政策，但整体石油需求增长仍然承压，此外，IMO新规对石油需求的结构性影响还将持续。中长期来看，绿色革命带动产业转型，燃油效率提升以及清洁能源对传统石油的替代愈加明显，全球石油需求增速整体将呈现放缓趋势。

关键词： 石油需求 IMO新规 低硫燃料油

---

* 张婧，中国人民大学数量经济学硕士，中国国际石油化工联合有限责任公司市场战略部分析师，主要研究方向为宏观经济、国际油价模型及策略研究。

一 2019年全球石油需求增速创5年来新低

（一）中美贸易摩擦加速全球经济下行

2019年，全球经济主导因素是贸易格局的变动。一方面，中美贸易局势不断反复，2018年3月至2019年10月，双方经历十三轮贸易谈判，加征关税规模逐步升级，世界两大经济体GDP增速均出现不同程度的下滑。据国际货币基金组织统计，2019年，全球GDP增速降至2.9%，中国GDP增速降至6.1%（见图1），引领全球经济增长的引擎动能减弱。另一方面，美国与欧盟、巴西、墨西哥、加拿大等国家的贸易争端"此起彼伏"，对其他国家输美汽车及其零部件加征高额关税，逆全球化趋势进一步加大全球经济下行压力，2019年全球商品和服务贸易总规模增速仅为1%，跌至十年来新低，严重打击了市场信心。在此背景下，2019年全球其他经济体石油需求也表现低迷，汽车等消费品市场萎靡，年中英国硬脱欧风险陡增，欧元区

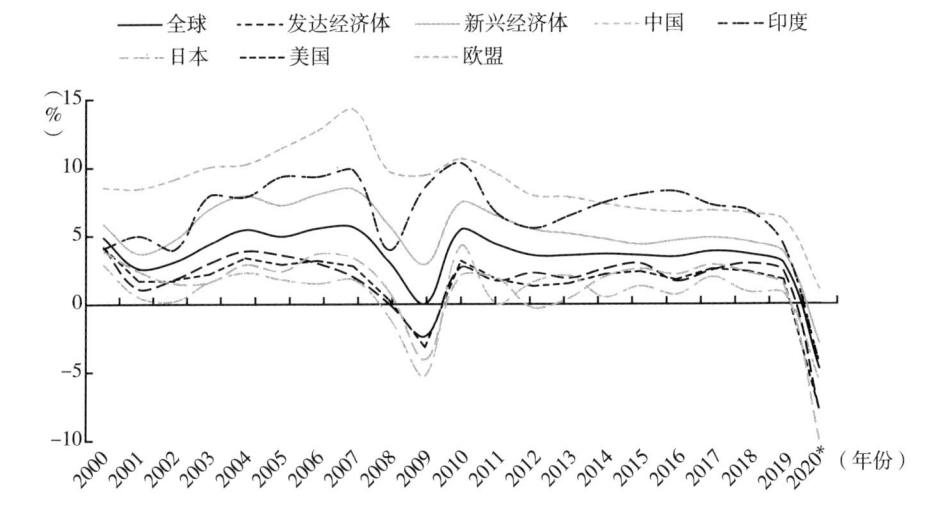

图1 国际货币基金组织对全球及部分地区GDP增速的统计和预测

* 国际货币基金组织2020年6月公布的预测数据。
数据来源：IMF、UNIPEC Research & Strategy。

经济增速停滞不前,特别是高度依赖出口的德国受到严重打击,12月德国制造业PMI指数为43.7,连续12个月处于荣枯分界线以下。新兴市场方面,受制于投资回流美国、汇率波动加大以及政策不确定性增强,其整体增长动力不足。

(二)石油需求增速远低于过去20年平均水平

受宏观经济下行影响,从2019年下半年开始,三大国际能源机构下调全球石油需求预期30万桶/日左右。2019年12月,国际能源署(IEA)预计2019年全球石油需求为10015万桶/日,同比增加89万桶/日(见图2),是2014年以来新低;美国能源信息署(EIA)更为悲观,较年中下调39万桶/日,全年石油需求同比仅增83万桶/日;而欧佩克(OPEC)在月报中下调全年石油需求预期24万桶/日至90万桶/日。此外,其他知名能源机构如Energy Aspects,预计全年石油需求同比增加84万桶/日,而PIRA预计全年同比增加90万桶/日(见图2)。根据各国公布的经济数据及石油基本面分析,本报告预计2019年全球石油需求为10028万桶/日,同比仅增加85万桶/日,远低于过去20年的平均水平120万桶/日。

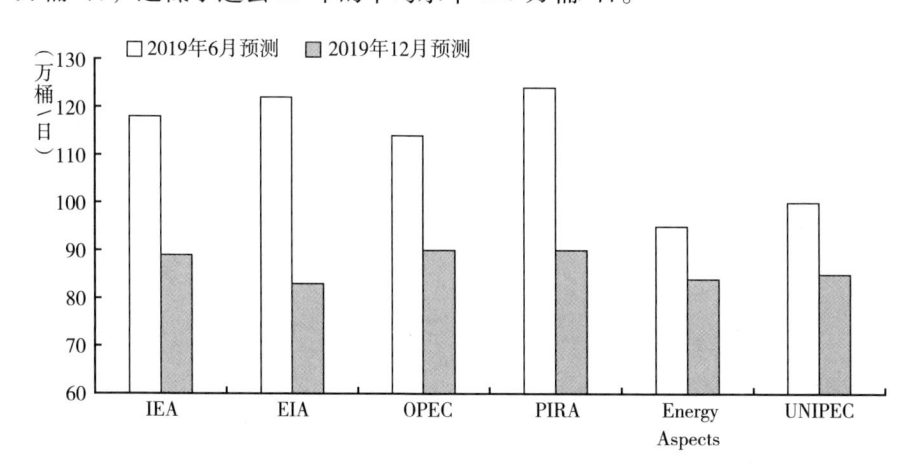

图2 主要机构对2019年全球石油需求增量预期

数据来源:IEA、EIA、OPEC、Energy Aspects、PIRA、UNIPEC Research & Strategy。

（三）中国石油需求"一枝独秀"，其他多数国家和地区需求低迷

2019年，亚太石油需求增长表现领先，中东地区需求增速稳定，独联体地区石油需求同比增加4万桶/日，欧洲地区增速同比持平，北美地区增速放缓，拉美地区石油需求同比小幅下降。

2019年，亚太石油需求为3658万桶/日，同比增长85万桶/日（见图3）。2019年，亚太石油需求占比达36.8%，较2009年提高6个百分点，在全球石油需求的占比仍在提高。从亚太主要国家来看，2019年，中国表观石油需求"一枝独秀"，同比增长77万桶/日至1383万桶/日。其中，柴油需求表现好于预期，表观需求同比增加7万桶/日，增幅达1.9%；汽油表观需求同比仅增加4万桶/日；航煤因航空管制等因素，同比小幅增长5万桶/日，增幅放缓；石脑油、LPG、石油沥青等受化工需求增长和基建投资增加的影响，同比分别增长4万桶/日、14万桶/日和15万桶/日。这也从侧面反映出在我国新旧产业转换、经济结构转型升级的背景下，传统需求增速正在放缓。印度作为亚太仅次于中国的第二大石油消费国，2019年石油需求同比增长10万桶/日至465万桶/日，受全球经济下行及季风气候洪涝灾害影响，除了LPG、汽油需求同比增长7万桶/日左右，其他石油产品需求同比均呈现负增长，中长期来看，其经济增长和石油需求具备较大增长潜力。IEA预计，2025年印度石油需求将增长至600万桶/日，增速将超过中国。而日本、韩国等亚太发达国家石油需求总体趋降，人口老龄化、经济动能转换等问题对经济发展构成压力。2019年，两国石油需求同比分别下降12万桶/日和2万桶/日。此外，受中美贸易摩擦影响，部分制造业企业从中国转移生产线至越南、菲律宾等劳动力更廉价的国家，小幅带动部分亚太国家石油需求增长，但整体来看，印度尼西亚、马来西亚、越南、菲律宾、巴基斯坦等国仍然处于工业化初期或中期，对全球经济环境的依赖程度较大，外需经济趋弱，也带动其石油需求增长放缓。

北美地区，2019年石油需求为2490万桶/日，同比增长6万桶/日，占全球石油消费的比重降至24%。其中，美国制造业PMI指数表现较差，使得

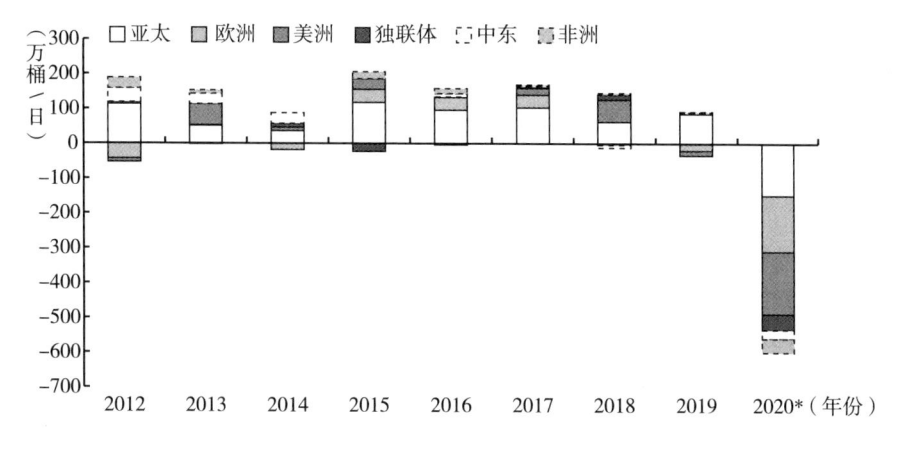

图 3 2012～2020 年全球主要地区石油需求增量

* UNIPEC 预测值。
数据来源：IEA、Energy Aspects、BP、UNIPEC Research & Strategy。

2019 年石油需求同比下降 4 万桶/日，是 2012 年以来首次出现同比负增长，较 2018 年 56 万桶/日的增量大幅下降。特别是汽油、柴油和燃料油需求同比均呈现负增长，乙烷乙烯需求连续 11 年正增长，2019 年同比增长 4.7 万桶/日。

欧洲石油需求总体萎缩，在全球石油消费格局中的地位也有所下降。2019 年，美欧贸易争端以及英国脱欧加大了经济发展的不确定性，固定投资负增长，制造业 PMI 指数连续处于荣枯线下方，消费者信心受到打击，尽管欧洲央行重启宽松货币政策以抵御经济下行压力，但整体经济走向仍然呈现前高后低的下行趋势，加之受到越来越严格的燃油排放标准的约束，欧洲地区石油消费同比持平，占全球石油消费的比重降至 15%，较 10 年前下降 3 个百分点。其中，英国石油需求同比下降 2 万桶/日，德国、法国石油需求同比持平。

2019 年，中东全年石油需求同比小幅增加 3 万桶/日至 928 万桶/日。其中，沙特阿拉伯石油需求为 298 万桶/日，同比增加 3 万桶/日，从过去 3 年的负增长中恢复过来。主要原因是 2019 年沙特阿拉伯延续经济改革，私营部门积极性有所提高，汽油需求有所回升，而迪拜世博会的举办支撑航空客运量大幅增长，航煤需求也有所增长。

2019 年，拉美地区石油需求同比小幅下降 2 万桶/日至 678 万桶/日，主

要受巴西、阿根廷与美国贸易争端的影响,其地区内经济增速放缓。独联体地区石油需求有所回暖,2019年石油需求同比增加4万桶/日至414万桶/日,其中俄罗斯作为独联体地区石油需求最大的国家,石油需求同比增加2万桶/日至320万桶/日。

(四)成品油需求延续"柴强汽弱"态势,低硫燃料油需求缺口扩大

分品种来看,2019年全球成品油仍旧呈现"柴强汽弱"态势,同时在IMO新规的影响下,燃料油品种的切换令低硫燃料油在短期内供不应求。各品种表现如下。

2019年全球柴油需求为2847万桶/日,同比增加18万桶/日(见图4),增幅较2018年的55万桶/日大幅放缓。一方面,全球基建投资增加,其中中国地方政府专项债共发行25880亿元,同比大幅增长33.3%,印度大选前也鼓励基础设施项目投资,两国柴油需求同比增加15万桶/日。另一方面,受IMO新规的影响,部分炼厂和贸易商使用柴油与高硫燃料油调和满足市场对低硫燃料油需求。据了解,我国内贸使用船用柴油量比例提高,同时欧洲地区燃料油的转换也推动柴油需求同比增加3万桶/日,较该地区2018年的负增长有所恢复。

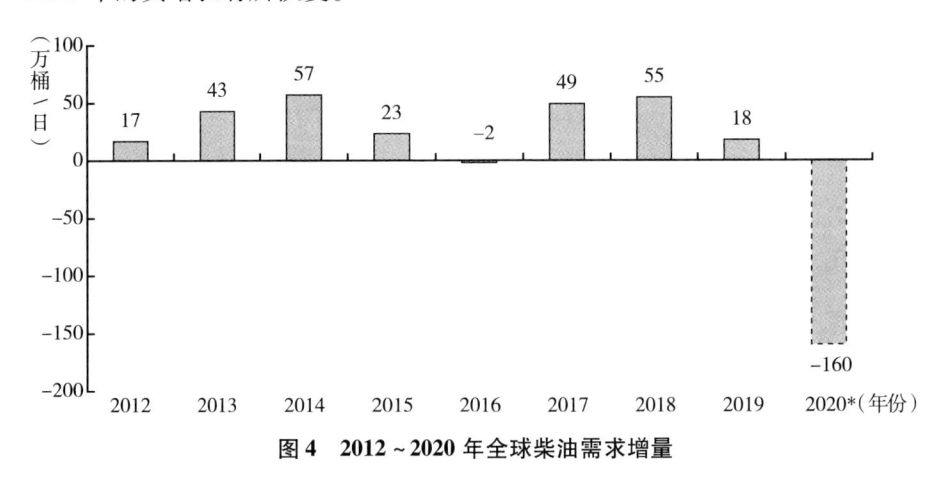

图4 2012～2020年全球柴油需求增量

* UNIPEC 预测值。

数据来源:IEA、Energy Aspects、UNIPEC Research & Strategy。

汽油方面，2019年全球汽油需求为2623万桶/日，同比增加12万桶/日，增幅连续第4年下降（见图5）。电动车革命持续发酵，天然气以及燃料乙醇不断被推广应用，共享经济与低碳出行逐步改变人们出行方式，2019年全球汽车市场销量持续低迷，同比下降5%。其中中国汽车销量同比下降10%，连续18个月负增长，美国汽车销量同比下降2%，驾驶季需求增长不及预期，两国汽油需求同比分别下降1万桶/日和4万桶/日。增长的亮点集中在印度，作为全球经济增速第二的发展中经济体，印度也在加快城市化进程，城市人口不断增加，人均收入增长较快，乘用车需求不断攀升。2019年，印度汽油需求同比增加6万桶/日至70万桶/日，延续了增长态势。但整体来看，全球汽油需求增长呈放缓趋势。

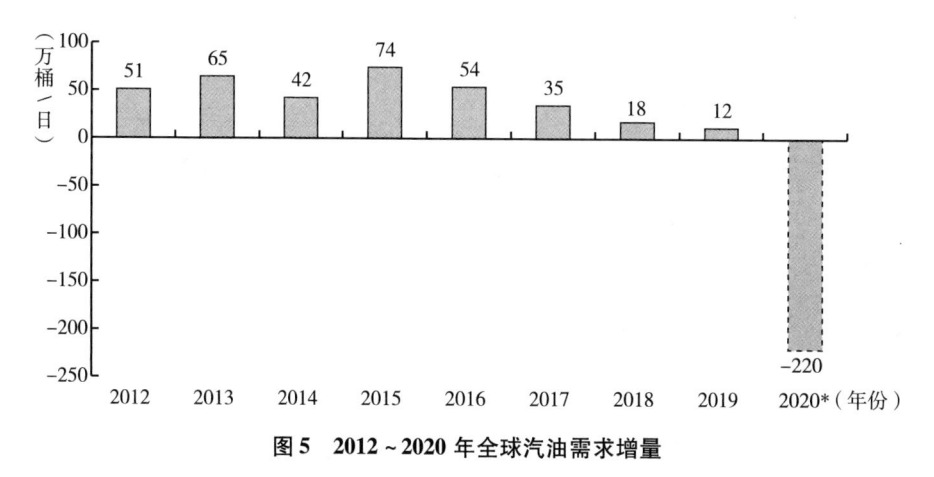

图5 2012~2020年全球汽油需求增量

*UNIPEC预测值。
数据来源：IEA、Energy Aspects、UNIPEC Research & Strategy。

航煤方面，2019年，波音飞机发生了几次严重的航空事故，同时全球贸易局势严峻，航空出行人数下降，航空货运量也下降，全球航煤需求为804万桶/日，同比仅增加11万桶/日，增速连续第5年下降。分国家来看：美国是全球航煤第一大需求国，2019年仍然延续了增长势头，同比增加3万桶/日，是连续第7年增长，整体需求为175万桶/日；我国航煤需求连续第14年增长，至84万桶/日，同比增加5万桶/日，但受航空管制及高铁替

代等影响，增速明显放缓。欧洲地区航煤需求为159万桶/日，同比增加3万桶/日，为连续第7年增长。

燃料油方面，IMO新规的实施主要影响燃料油需求结构，低硫燃料油成为船用燃料油的主要替代品，而多余的高硫燃料油将主要由安装脱硫塔的船舶、处理高硫油能力较强的炼厂以及部分国家发电厂消化。2019年10月以来，低硫燃料油需求明显增加。新加坡海事及港口管理局（MPA）公布的船用燃料油销量数据显示，全年船燃总销量为4746万吨，同比下降4.7%。2019年10月，低硫燃料油销量为121万吨，同比翻了两番；11月销量为129万吨；12月达到225万吨，销量迅速增长。高硫燃料油全年销量为2994万吨，同比下降16%，12月销量仅为116万吨，大幅缩水。除新加坡外，全球其他主要加油港也都在加速高低硫燃料油的切换进程。西北欧鹿特丹港低硫燃料油销量占整体船用燃料油销量的比重从9月份的1.8%快速提升至12月份的54%；中国舟山港统计数据显示，保税低硫燃料油销量占比已经提高至37%，柴油销量占比32%，高硫燃料油销量占比降至31%；中东富查伊拉港低硫燃料油销量也有明显增长，低硫燃料油大受欢迎，高低硫燃料油价差拉宽至250美元/吨，超过了200美元/吨左右的生产成本，低硫燃料油成为年度最强品种。

二 2020年全球石油需求增速继续放缓

（一）新冠肺炎疫情影响全球宏观经济增长

2020年，新冠肺炎疫情在中国武汉暴发，感染人数规模庞大。1月31日，世卫组织宣布新冠肺炎疫情为"国际关注的突发公共卫生事件"（PHEIC），这是中国历史上首次遭遇的PHEIC。中国政府迅速启动"封城"、隔离等防疫措施。2月下旬以来，中国疫情得到控制，新增确诊病例数大幅下降，但国外疫情以意大利、韩国、日本、伊朗、美国为中心不断蔓延。由于全球各国在经济发展程度、医疗卫生条件、管控举措、民众防范意识方面存在较大差异,本报告预计全球疫情发展至少到6月才能得到有效控制。受疫情影响,全球整体需求萎缩,特别是居民出行、旅游、餐饮等的消费需求遭受了不可延迟、不可逆转的损失,投资、消费、出口均受到明显冲击,此次疫情作为2020年开年的"黑天鹅"事件,对全球影响巨大,导致中国第一季度GDP增速降至-6.8%的历史新低,IMF预计全球GDP增速将降至金融危机以来新低至-4.9%,全球经济难以回暖,艰难和分化仍然是2020年的主基调。

整体来看,中国作为全球经济增长主要引擎的作用在第一季度几乎失效,制造业产业链也遭受冲击,全球经济将整体呈现先降后升的态势。尽管多国均实施了史无前例的宽松货币政策,例如美国通过了2万亿美元的财政刺激措施,但在疫情打击下,全球40%的居民被迫隔离,各国前所未有地中断互通交流,被迫迎来了全球供应链中断和重塑的过程。而且部分国家受财政赤字限制以及债务水平较高,政策的刺激空间有限。在"高债务+宽货币+低增速"的宏观环境下,"灰犀牛"和"黑天鹅"事件一旦出现,将对全球经济造成严重冲击。

(二)2020年全球石油需求增幅继续下降

2020年,新冠肺炎疫情暴发从根本上改变了全年石油市场需求基本面,对需求侧的冲击是巨大的,持续时间也会更长,主要机构大幅降低2020年全球石油需求预期,在较为乐观的情形下,石油需求同比正增长,而在较为悲观的情形下,全球石油需求或迎来金融危机以来首次负增长。UNIPEC最新预计2020年全球石油需求增量同比下降750万桶/日(见图6),较前期预测下调近1000万桶/日,并认为4月是需求最少的时候,全球石油需求可能下降约2900万桶/日。欧佩克(OPEC)预计2020年全球石油需求同比下降816万桶/日,知名投行高盛预计全年石油需求同比下降680万桶/日,咨询机构FGE预测同比大幅下降968万桶/日。综合分析,若全球疫情在6月底结束,本报告预计2020年全球石油需求同比下降750万桶/日,若秋季全球疫情出现二次暴发,则全年石油需求或同比下降900万桶/日。

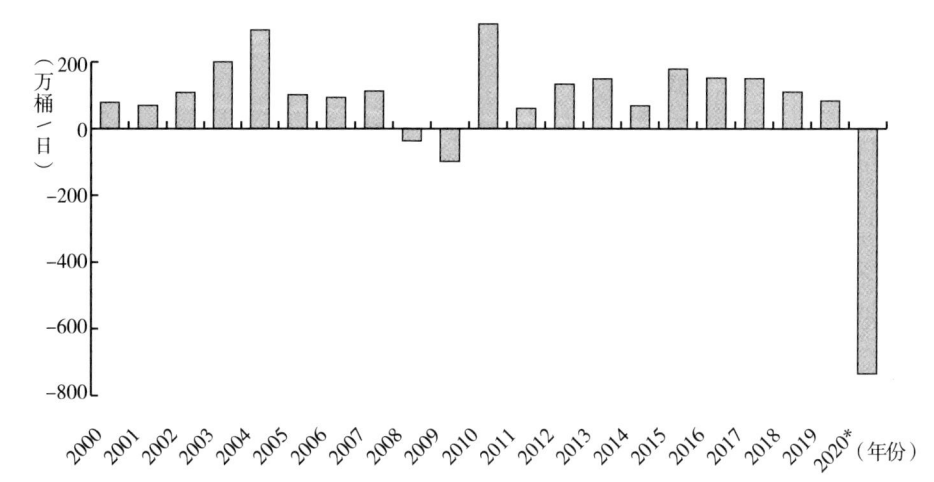

图6 2000～2020年全球石油需求增量

* UNIPEC预测值。
数据来源：IEA、UNIPEC Research & Strategy。

（三）中国石油需求增速承压，印度等新兴经济体石油需求增速反弹

中国方面，2020年第一季度，受疫情影响，成品油需求低迷，物流运输停滞，车辆出行大幅减少，部分时段汽柴油销量降幅在80%以上，本报告预计，2月我国汽煤柴需求同比萎缩60%至286万桶/日，第一季度同比下降251万桶/日，降幅超过37%。随着疫情缓解，中国也陆续颁布刺激政策，财政政策与基建投资有望再度发力，预计第二季度起中国石油消费需求有所回升，但预计全年中国石油需求同比下降70万桶/日，远低于2019年增幅。美国方面，2020年是大选年，消费仍然是美国的最大支撑，当前疫情已经开始影响美国消费者信心，美联储重新开启零利率时代，并祭出7000亿美元的量化宽松货币政策"组合拳"，但经济衰退的恐慌情绪蔓延，金融市场流动性减弱，预计全年经济承压，石油需求同比下降150万桶/日。印度方面，印度央行连续4次下调利率，未来5年将投入超过100万亿卢比用于基建，制造业和工业需求仍在增加，而由于全

球经济难言乐观，预计全年石油需求同比下降 50 万桶/日。从亚太地区其他国家来看，日本方面，疫情大幅冲击日本旅游业和汽车产业，政府已出台 108 万亿日元的财政刺激计划，以应对未来可能的下行风险。此外，东京奥运会已经延期至 2021 年举行，这将给疲弱的日本经济带来重创，预计全年石油需求同比下降 35 万桶/日。韩国方面疫情也不容乐观，在产业动能放缓和寻求天然气满足能源需求的背景下，石油需求增长仍然承压，预计全年同比下降 30 万桶/日。

2 月以来，意大利疫情蔓延至英国、法国、德国等，多数人口密集的城区都未能幸免，预计 2020 年欧洲石油需求将同比下降 180 万桶/日，而且从中长期来看，在快速发展替代能源和推行低碳可持续发展政策的背景下，欧洲或成为石油需求最早达到峰值的地区。

中东地区石油需求同比下降 35 万桶/日，伊朗疫情成为中东地区最大的风险，预计石油需求同比下降 15 万桶/日。沙特阿拉伯在"2020 国家转型规划"的推动下，预计全年石油需求同比下降 10 万桶/日，值得关注的是，其国家石油公司沙特阿美于 2019 年 12 月 13 日在国内证券交易所利雅得上市，未来或继续谋求在全球其他地区上市的可能，经济加快改革转型或为沙特阿拉伯发展带来新活力。

（四）主要成品油需求均承压，航煤成为最差品种

2020 年，在全球新冠肺炎疫情蔓延的背景下，成品油需求均承压，创 2009 年以来首次负增长。特别是航煤需求，在各国施行航空管制、地缘局势紧张的背景下，其将成为年底表现最差的品种，与此同时，IMO 新规的影响将贯穿全年，我国低硫船燃退税政策已经完善。

汽油方面，随着燃油效率逐步提高，全球汽油需求难有实质性增长，预计同比下降 220 万桶/日左右。其中，印度已经将"封国"时间延长至 5 月初，省际交通仍被阻断，预计印度汽油需求同比仍将下降 30 桶/日。中国在疫情期间严格管控、限制出行的背景下，全年汽油需求同比下降 30 万桶/日。美国方面，目前汽油需求较正常水平下降一半左右至 500 万桶/日左右，

美国能源信息署预计第一、第二季度汽油需求下降15万桶/日和234万桶/日，而且在燃料乙醇、天然气、电动车等得到广泛应用的背景下，美国夏季驾驶季的用油高峰正逐年回落，预计全年汽油需求同比下降90万桶/日左右。

柴油方面，预计2020年全球柴油需求同比下降160万桶/日。尽管IMO新规的实施支撑中间馏分油调和需求增加，但各国制造业活动在疫情影响下大受冲击，中国2月制造业PMI指数降至35.7，达历史新低，其他国家制造业PMI指数也趋下行。从后市来看，为应对疫情冲击，中央政治局会议部署了"六稳""六保"的政策基础，我国财政部也提前下发地方政府专项债限额，带动基建投资增加，预计全年柴油需求同比下降15万桶/日左右。印度柴油需求同比下降25万桶/日。此外，日本、韩国等国在制造产业放缓的背景下，柴油也有所承压。

航煤方面，主要国家对中国、日本、韩国、欧洲、伊朗等疫情严重地区均采取不同程度的航空管制措施，旅客运输和货运量急剧下降，多家航空公司陷入财务困境，被迫裁员。航煤将迎来十年以来首次负增长，预计全年需求同比下降200万桶/日。

此外，2020年燃料油的市场表现将更加活跃。据主要能源机构统计，2020年低硫燃料油需求将进一步提升，全球船燃市场年消费量有望超过3亿吨，亚太地区仍将占据40%以上的市场份额。2020年初，市场已基本完成高低硫船用燃料油的切换，随着更多的港口能够供应低硫燃料油，低硫燃料油在整个船燃消费中的占比将进一步增加。与此同时，考虑到当前国内低硫燃料油出口退税政策逐步放开，而且随着全球炼厂设备升级改造以及产品产量和质量的双提升，特别是我国炼厂也逐渐成为低硫船燃供应主力，高低硫燃料油价差已经出现一定程度的收窄，回归200美元/吨以下的合理水平。此外，我们也需要关注，前期高硫燃料油价格低迷，高硫燃料油库存下降，而安装了脱硫塔的船舶仍将支撑高硫燃料油需求，叠加来自炼厂的二次加工需求，以及沙特阿拉伯地区的发电及海水淡化需求，高硫燃料油需求及价格也得到一定支撑。

三 中长期石油需求增速继续放缓

（一）石油需求增速放缓，亚太石油需求占比进一步提高

中长期来看，结合 IEA 2019 年发布的中长期展望报告，在用油效率不断提高、替代能源发展迅速的大背景下，石油需求增速呈现放缓态势，从 2021 年至 2025 年，全球石油需求从 10000 万桶/日小幅增至 10550 万桶/日（见图7）。非洲地区、亚太地区、中南美地区仍将引领石油需求增长，年均增速分别为 2.0%、1.9% 和 0.8%；中东和北美地区石油需求增速进一步放缓，年均增速仅为 0.6% 和 0.1%；欧洲地区石油需求或呈现负增长，年均增速为 -0.3%。从未来发展趋势看，亚太在世界石油市场中的地位仍将不断提升，而北美和欧洲地区发达经济体石油需求相对饱和，石油需求占比将小幅下降。

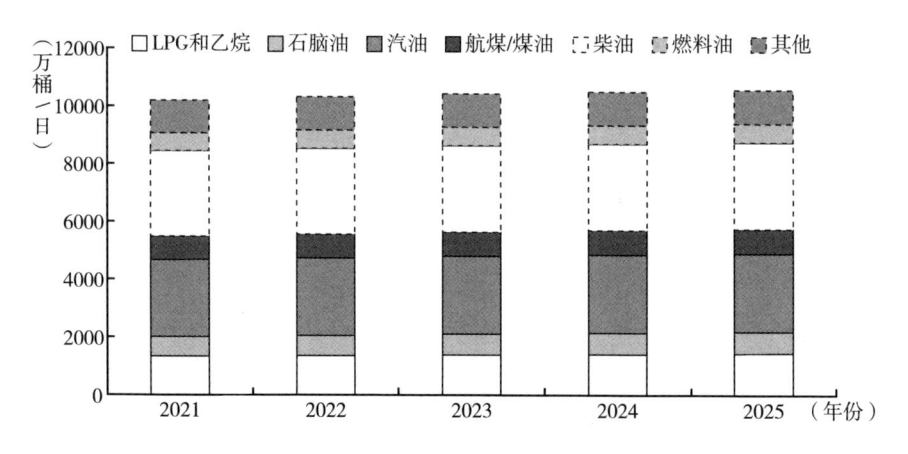

图 7　2021~2025 年不同品种需求变动预测

数据来源：整理 IEA、PIRA、UNIPEC Research & Strategy 对各品种需求的预测得到。

（二）汽煤柴需求稳中趋降，化工用油需求保持较快增速

当前，发达国家技术创新和资源配置不断优化，经济结构优化推动全球范围内的产业不断升级，特别是绿色产业和替代能源的潜力巨大，为各国培

育新的经济增长点和市场需求创造了机会,传统石油市场正在加快变革步伐。分品种来看,替代能源对汽油冲击较大,预计从2021年至2025年,汽油需求从2620万桶/日增至2690万桶/日(见图7),中长期汽油消费或首先达到峰值。而经济增长放缓、工业活动减少等因素将削弱柴油需求,柴油需求年均增速降至0.6%,总体稳中趋降,航煤需求受到高铁发展等影响,预计年均增速保持在1.1%左右。而燃料油方面,受IMO新规实施的影响,低硫燃料油保持较快增速,但高硫燃料油被大量替代,年均增速降至0.3%。此外,化工行业需求相对健康,LPG和石脑油年均增速分别达到2.2%和2.8%。

(三)第四次科技革命正悄然推动石油市场变革

从中长期来看,低碳减排是各国政府必然实行和推广的政策,电力、天然气、燃料乙醇、煤制油、生物柴油等替代能源的广泛应用已经对交通运输用油造成了较大冲击,能源结构正继续朝绿色低碳清洁高效方向转型。与此同时,人工智能、区块链、共享经济等多重技术创新融合发展,国际大型石油公司BP、壳牌等在人工智能等新兴领域的技术投入大幅增加,传统石油产业升级也吸引了大量资本聚集,快速迭代的数字化信息和技术正在改变人们对传统石油产品的需求。

参考文献

BP,"Statistical Review of World Energy", https://www.bp.com/en/global/corporate/energy-economics/statistical-review-of-world-energy.html.

IEA, *Oil Market Report*, https://www.iea.org/topics/oil-market-report.

PIRA, *World Oil Market Forecast*, https://secure.pira.com/markets/Global-Oil/?pdf=oiljun20.pdf.

Energy Aspects, *Monthly Oil Market Report*, https://www.energyaspects.com/publications/search/fundamentals.

EIA,"Short-Term Energy Outlook", https://www.eia.gov/outlooks/steo/.

B.9
世界炼油业发展现状与展望

李 涵*

摘 要： 2019年，全球炼油业逐步进入本轮景气周期的尾声，亚太地区大量新增炼力投产令油品供应过剩压力日渐凸显，石油需求疲弱和原油贴水及运费成本提高进一步侵蚀炼油企业加工收益。除美湾地区得益于廉价的页岩油资源，继续保持较高的炼油利润以外，鹿特丹和新加坡地区的加工收益都出现较大幅度下降，并一度跌至负值，新加坡年均加工收益创近十年来最低水平。2020年全球仍将有大量新增炼力投产，在成品油供应过剩和新冠肺炎疫情暴发严重影响全球经济和石油需求的背景下，炼油毛利将受到较大抑制并步入下行周期。

关键词： 炼油能力 景气周期 加工收益 IMO

一 2019年全球新增炼油能力不及预期，三大中心加工收益表现不一

（一）全球新增炼油能力低于预期水平

2019年全球炼油能力进一步增至1.03亿桶/日，同比增长78万桶/日，

---

* 李涵，中国国际石油化工联合有限责任公司市场战略部业务经理，主要研究方向为石油市场供需基本面及国际油价走势。

增幅与2018年持平，但低于过去10年97万桶/日的年均增长水平，也远低于214万桶/日的预期水平，主要是由于部分大型新建项目延迟投产以及美国东海岸最大的炼厂关闭（见图1）。

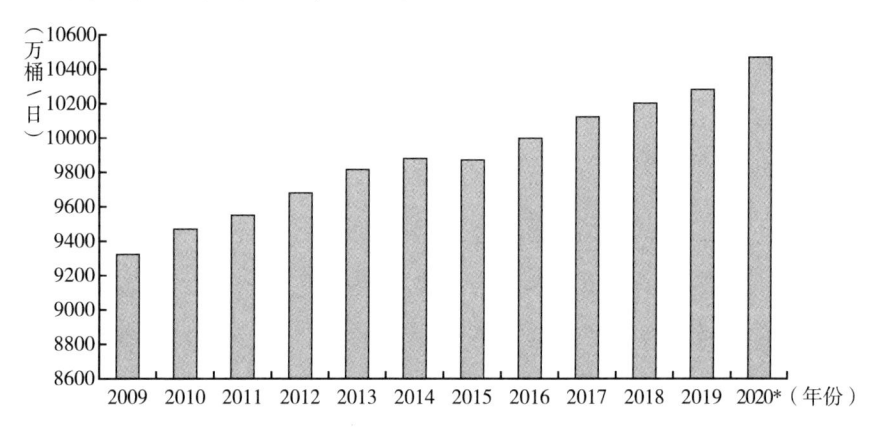

图1　2009~2020年全球炼油能力

* 为UNIPEC预测数据。
数据来源：普氏、UNIPEC Research & Strategy。

新增炼油能力主要位于亚太地区，分别来自中国、马来西亚和文莱，此外，拉美也有一个旧炼厂的闲置能力重启，而中东地区原计划于2019年投产的新建项目，如沙特阿拉伯新建Jazan炼厂、伊拉克Baiji炼厂扩能和阿联酋Jebel Ali凝析油分离装置扩能，均推迟至2020年投产。2019年全球新增、扩建、重启和关闭的炼油能力具体项目情况如表1所示。

表1　2019年全球主要新增、扩建、重启和关闭的炼油能力具体项目

国家及地区	炼厂	新增/扩建/重启/关闭	投产/关闭时间
中国	大连恒力石化	新增40万桶/日	2019年第一季度
	鑫泰石化	扩建7万桶/日	2019年
马来西亚	Rapid炼厂	新增约30万桶/日	2019年
文莱	恒逸石化大摩拉岛炼厂	新增16万桶/日	2019年11月
美属维尔京群岛	Limetree Bay炼厂	重启18万桶/日	2019年底
美国	PES费城炼厂	关闭33.5万桶/日	2019年7月

数据来源：UNIPEC Research & Strategy、FGE、路透社、普氏、IHS。

大连恒力石化是近年来我国新建投产的第一座能力在2000万吨/年的大型民营炼油项目。该项目于2015年开始建设，总投资630亿元，采用全加氢炼油工艺，项目主体工程除450万吨/年芳烃装置外，还包括两套常压蒸馏装置、煤油加氢精制装置、柴油加氢裂化装置、重油加氢裂化装置等。2019年5月，该项目正式投入商业运行。

马来西亚Rapid炼厂由马来西亚国家石油公司（Petronas）与沙特阿拉伯国家石油公司沙特阿美（Saudi Aramco）共同投资70亿美元新建，能力为28.8万桶/日，沙特阿美供应50%~70%的原油，马来西亚国家石油公司则提供天然气、电力和其他公用设施。该炼油厂于2019年5月启动试运行，年底正式投产，生产符合欧V标准的汽油和柴油等产品。2019年4月，该炼厂一套常压渣油加氢脱硫（ARDS）装置曾发生爆炸，炼厂随后关闭，后于2019年底重启。

恒逸石化在文莱投资建设的大摩拉岛综合炼化项目一期项目炼油能力为16万桶/日，已于2019年11月3日全面投产，顺利产出汽油、柴油、航空煤油、PX、苯等产品，生产运行稳定，已进入商业运营阶段。该项目具有较大的竞争优势，主要体现为：一是项目位于东盟自由贸易区，进出口免关税，无增值税和消费税，免企业所得税11年，最长可享受24年的税收优惠政策；二是工艺技术先进，能够充分受益于IMO新规，产出低硫柴油；三是公用工程和生产装置成本优势明显，大幅降低了单位生产成本；四是文莱区域位置极利于发展出口贸易，辐射区域可覆盖整个东南亚地区，靠近马来西亚（亚洲最大的转运港口）和新加坡（全球最大的集装箱港口），具有十分丰富的航道资源。

美属维尔京群岛Limetree Bay炼厂原加工能力为65万桶/日，该炼厂于2012年关闭并提交破产申请，2015年被出售给投资公司ArcLight（持股80%）和贸易公司Freepoint（持股20%）。此后，公司投资14亿美元对部分装置进行检修和翻新，并于2019年底重启生产，产能为18万桶/日。该炼厂将自2020年起向市场供应符合IMO新规要求的低硫船用燃料油。

美国PES旗下费城炼厂是美国东海岸最大的炼厂和美国第十大炼厂，

已经有150年历史，该炼厂包括Point Breeze和Girard Point两个厂区，设计加工能力为33.5万桶/日，占东海岸炼力的25%。2019年6月10日，Point Breeze厂区发生火灾，造成5万桶/日的催化裂化装置和0.68万桶/日的烷基化装置关闭。6月21日，Girard Point厂区发生爆炸和火灾，造成20万桶/日的常减压装置和2万桶/日的烷基化装置关闭。火灾造成炼厂装置严重损坏，PES公司宣布从7月开始永久性关闭炼厂并计划出售。该炼厂的关闭对美国东部汽油供应造成较大影响，对美湾汽油裂解价差构成较强支撑。

（二）全球主要炼油中心加工收益表现不一

2019年，全球三大炼油中心加工收益表现不一。得益于廉价的页岩油资源，美湾炼厂表现一枝独秀，2019年平均为15.21美元/桶，同比增加2.49美元/桶，涨幅达19.6%，创2013年以来最高水平，年均毛利率达27.3%，是仅次于2015年的历史次高水平。另一方面，鹿特丹和新加坡则震荡下行，尤其是第四季度以后，新加坡和鹿特丹炼油加工收益相继跌至负值。2019年，新加坡复杂型炼厂加工收益平均为3.72美元/桶，同比下降2.12美元/桶，降幅达36.3%，创2010年以来最低水平，毛利率年均达5.9%，接近十年来的最低水平。2019年鹿特丹复杂型炼厂加工收益为5.21美元/桶，同比下降0.3美元/桶，降幅达5.4%，毛利率年均达7.5%，与2018年基本持平（见图2、图3）。造成炼油加工收益下行的原因主要有以下几点。

1. 全球经济疲弱，石油需求低迷

2020年以来，受中美贸易摩擦等因素影响，全球经济面临下行压力，石油需求增速创10年来新低。多数机构认为，2019年全球石油需求增幅不足100万桶/日，低于过去20年平均水平120万桶/日。

2. 新炼厂投产，区域成品油供应过剩

近两年全球新增炼能集中投产，特别是亚太几个大型炼化一体化项目投产，包括中国恒力石化、马来西亚Rapid和文莱恒逸项目，显著增加了区域内成品油供应量，2019年我国成品油出口同比大增20%，对新加坡炼油收益构成较大压力。

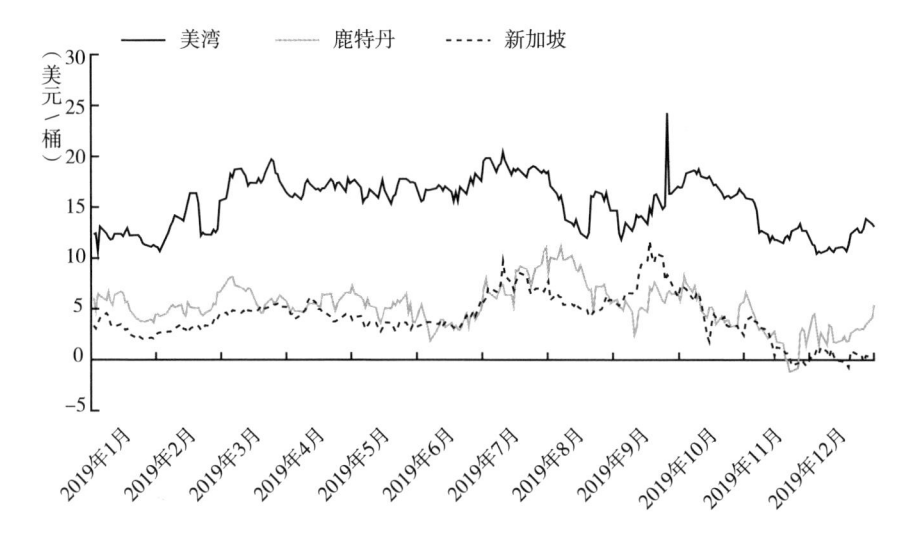

图2　2019年三大炼油中心加工收益

数据来源：路透社、UNIPEC Research & Strategy。

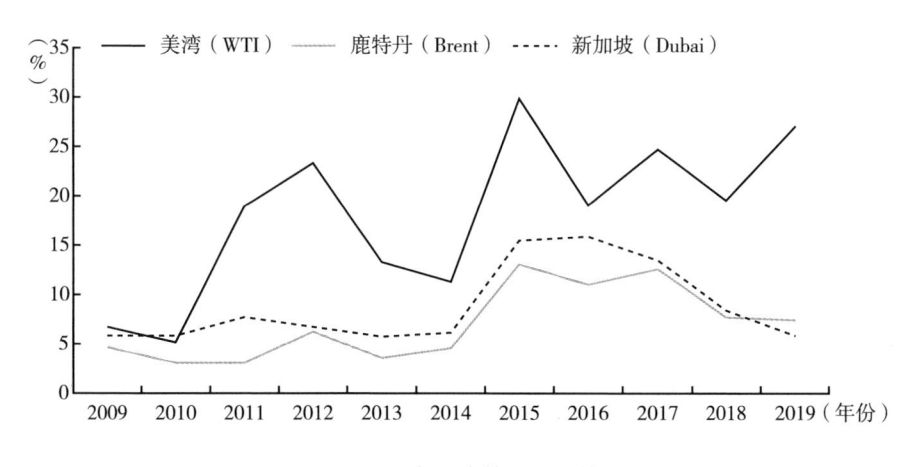

图3　2009～2019年三大炼油中心炼油毛利率

数据来源：路透社、UNIPEC Research & Strategy。

3. 原油现货贴水与运费上涨，进一步侵蚀炼厂利润

2019年以来，受欧佩克超额减产、美国制裁委内瑞拉和伊朗、中东地区地缘政治局势动荡等影响，全球石油供应大幅抽紧，现货贴水和官价持续走高。与此同时，运输市场推波助澜，9月以来运费出现了10年来最大幅度的上涨，

大幅侵蚀了炼油效益。尽管此后运费点数有所回落，但仍高于2018年同期水平。从炼厂角度来看，原料成本较往年明显上升，特别是在中国，受限于成品油定价机制，运费和贴水难以传导到下游，炼油毛利受到较大影响。

4. 燃料油裂解价差大幅下挫，拖累炼油毛利

在路透关于炼油毛利计算的模型中，毛利＝成品油毛收益－原油成本－运费－其他成本。其中"成品油毛收益"为各类成品油的收率乘以其对应的价格加权平均计算。2019年第四季度以来，随着2020年IMO新规实施的临近，高硫燃料油价格迅速走低，新加坡380 CST高硫燃料油裂解价差最低降至接近－30美元/桶，创历史新低，很大程度上拖累了炼油毛利。

（三）主要油品裂解价差呈柴强汽弱走势，低硫燃料油异军突起

2019年，全球主要油品裂解价差继续保持柴强汽弱走势，低硫燃料油则受IMO新规转换支撑大幅攀升。具体来看，汽油在新能源车、共享单车、高铁等需求替代，全球汽车销量低迷的背景下，需求低速增长。然而，原油端轻质化令轻质原油收率提高，汽油整体呈供过于求的态势，库存高企对汽油裂解价差构成较大压力。2019年第一季度新加坡和鹿特丹汽油裂解价差一度由正转负，是2011年11月以来首次跌为负值，美湾汽油裂解价差也一度跌至3.4美元/桶的近10年最低水平（见图4）。2019年，新加坡汽油裂解价差平均为6.01美元/桶，是2003年以来的最低水平。柴油方面，在中美等国基建带动以及船用柴油支撑下，柴油表现较为坚挺。2019年，美湾柴油裂解价差同比增长4.98美元/桶至28.83美元/桶，是2013年以来最高水平；欧洲柴油也创下2009年以来的最高水平，同比增长2.84美元/桶至17.13美元/桶；相比而言，新加坡柴油裂解价差受区域供应过剩影响，同比下降0.97美元/桶至14.67美元/桶，但仍高于过去十年平均值，处于相对健康水平（见图5）。需要注意的是，2018年航煤裂解价差有所下滑。受中美贸易摩擦对民航客货运输周转量的影响，以及全球范围内多起民航事故导致我国民航总局加强安全管控，航煤整体需求疲弱，拖累新加坡地区航煤裂解价差同比下降1.73美元/桶至15.47美元/桶，是近三年以来的最低水平。此外，备受瞩目的是燃料油

市场。受 IMO 新规实施临近的影响，自 2019 年第四季度以来，新加坡低硫燃料油裂解价差快速攀升至 30 美元/桶，成为该地区加工收益最好的石油产品，而高硫燃料油则从 9 月年中最高时的 14 美元/桶震荡下挫至年底最低时 -28.6 美元/桶，高低硫燃料油裂解价差之差最宽拉至 51.6 美元/桶（见图 6）。

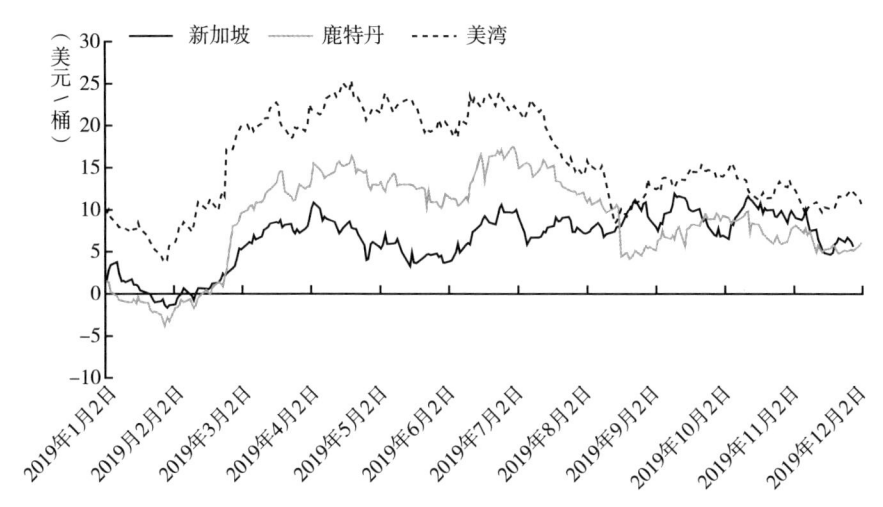

图 4　2019 年新加坡、鹿特丹、美湾汽油裂解价差

数据来源：路透社、UNIPEC Research & Strategy。

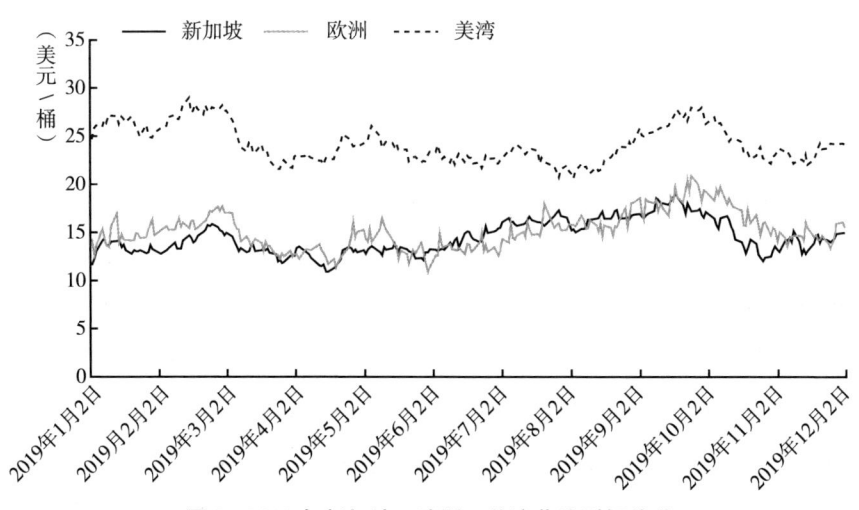

图 5　2019 年新加坡、欧洲、美湾柴油裂解价差

数据来源：路透社、UNIPEC Research & Strategy。

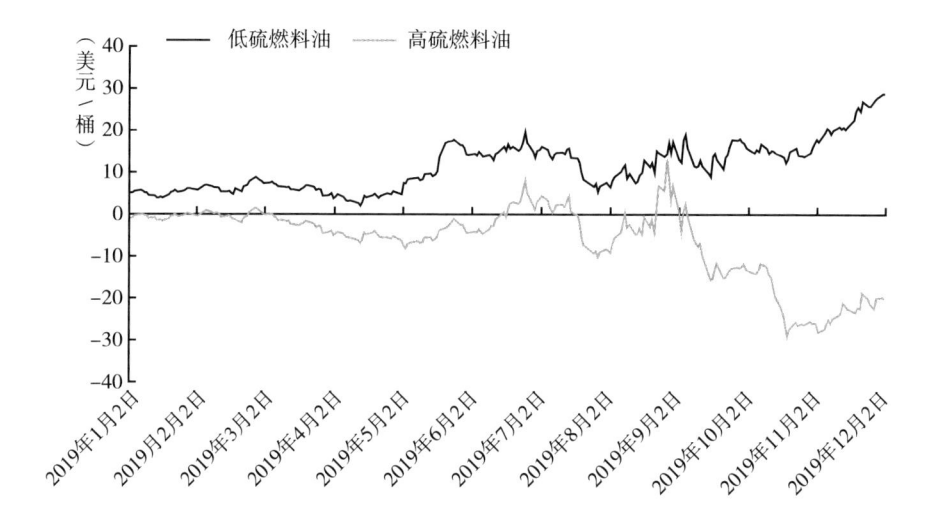

图6　2019年新加坡高、低硫燃料油裂解价差

数据来源：路透社、UNIPEC Research & Strategy。

二　2020年全球炼油业迎来产能集中投产期

（一）全球炼油能力快速增长

结合咨询机构普氏、FGE和IHS数据测算，2020年全球新增炼油能力为186万桶/日，增量较2019年大幅扩张，新增炼能依旧全部来自亚太和中东地区。其中，亚太地区新增炼能111万桶/日，占全球新增炼能的60%，全部为我国所贡献，包含3个新增项目和4个扩建项目。其中，新增能力在30万桶/日以上的大型炼化项目有两个，分别为浙江石化一期项目（新增40万桶/日）和盛虹炼化一体化项目（新增32万桶/日）。中东地区新增炼能约68万桶/日，占全球新增炼能的38%，新增和扩能项目分别来自沙特阿拉伯、科威特、伊拉克和阿联酋。其中，最受市场关注的大型项目为沙特阿拉伯的Jazan炼厂（新增40万桶/日）（见表2）。

世界炼油业发展现状与展望

表2 2020年全球新增和扩能炼油项目

国家	炼厂/项目	新增/扩能	投产时间
中国	浙江石化一期项目	新增40万桶/日	2020年第一季度
	中石化中科一体化项目	新增20万桶/日	2020年第二季度
	盛虹炼化一体化项目	新增32万桶/日	2020年第四季度/2021年初
	中化泉州炼油改扩建项目	扩能6万桶/日	2020年6月
	中石化荆门石化	扩能9万桶/日	2020年底
	中石化洛阳石化	扩能4万桶/日	2020年底或2021年初
	广悦化工	扩能7.2万桶/日	2020年
沙特阿拉伯	Jazan炼厂	新增40万桶/日	2020年第二季度
科威特	Clean Fuels Project（CFP）	新增6万桶/日	2020年
伊拉克	Baiji炼厂	扩能6.5万桶/日	2020年1月
	Basrah炼厂	新增6.5万桶/日	2020年6月
阿联酋	Jebel Ali凝析油分离装置	扩能8.8万桶/日	2020年底

数据来源：UNIPEC Research & Strategy、FGE、路透社、普氏、IHS。

浙江石化一期项目，新增炼油能力为40万桶/日。该项目原计划于2018年第四季度投产，实际工程建设和设备安装调试工作于2019年5月完成。2019年12月31日，浙江石化一期项目完成投料试车，2020年第一季度实现全面投产。

中石化中科一体化项目新增炼油能力为20万桶/日。该项目是我国目前最大的合资炼化项目之一、"十三五"期间广东重点建设工程，也是中国石化"两个三年""两个十年"战略规划中第一个三年的一项示范性工程、支柱项目。2019年12月28日，20万桶/日常减压等10套装置及相关配套工程建成中交，预计将于2020年第二季度投入运行。

盛虹炼化一体化项目是国内单套规模最大的炼油项目，能力为32万桶/日。配套建设一个30万吨原油码头及4个5万吨成品油及液体化工码头和350万立方米罐区等储运设施。该项目原计划于2020年第四季度或2021年初全面建成投产，但受新冠肺炎疫情影响，工程进度或有所延迟。

中化泉州100万吨/年乙烯及炼油改扩建项目于2019年12月30日建成

141

中交，正式进入试车阶段，炼油能力将由24万桶/日增至30万桶/日，预计于2020年6月投入运行。

沙特阿拉伯Jazan炼厂始建于2015年，炼油能力为40万桶/日，目前已基本完工，但出于安全方面的考虑，预计投产时间将推迟到2020年第二季度。该项目是沙特阿拉伯西海岸Jazan经济特区建设的一部分。需要注意的是，自2019年9月沙特阿拉伯油田遇袭事件以来，该国地缘政治局势持续动荡。Jazan炼厂位于沙特阿拉伯与也门交界地区，2020年初美伊关系恶化以后，伊朗支持的也门胡塞武装是否会对沙特阿拉伯油田和炼厂进行袭击并造成区域紧张局势升级仍需观察，有可能会对项目进展造成一定影响。

（二）炼油加工收益步入下行周期

炼油加工收益的周期一般是3~4年，尤其在21世纪以后，这种规律较为明显。2015~2018年，炼油毛利处在一个比较好的景气周期里，但随着大量新增炼油能力投产，石油需求增速放缓令油品供应过剩问题日益严重，对炼油加工收益构成较大压力。与此同时，1月下旬以来，新冠肺炎疫情在全球快速蔓延，对工业活动和石油需求构成重压，同时也给炼油收益带来较大压力。截至3月末，三大炼油中心炼油毛利均出现大幅回落，创下近年来较低水平。其中，美湾炼油毛利较年初回落11.11美元/桶，至1.75美元/桶，为2010年以来最低水平；鹿特丹炼油毛利较年初回落4.51美元/桶，至0.15美元/桶的低位，为2014年以来最低水平；新加坡炼油毛利跌至-2.48美元/桶，较年初回落1.99美元/桶，较3月10日高位回落8.19美元/桶，为1997年以来最低水平。

极低的炼油毛利对炼厂开工形成重压。当前欧洲、美国、亚太等多地大幅削减炼厂开工率，其中印度各大炼厂已削减25%~30%加工量，中国台湾地区削减30%加工量，日本削减20%加工量，韩国在原来减量基础上再减10%，泰国也将下调开工率甚至计划安排检修。在欧洲，英国、法国和德国的炼厂也都计划降低加工量以应对疲软的需求。美国炼厂开工率也较年初下降6个百分点。尽管炼厂削减开工率有助于提振毛利，但考虑到石油需求大幅萎缩，全球成品油库存或进一步大幅攀升，预计第二季度全球炼油毛利仍将承压，甚至不排除再度创下历史新低的可能。

此外，原本市场普遍预期IMO新规实施会对炼油收益构成较强支撑，但受疫情影响，船燃市场行情低迷，低硫燃料油裂解价差快速下滑，对炼油收益的支撑效果不如预期，预计2020年全年炼油加工收益将步入下行周期。

（三）IMO新规实施将促使市场结构发生深层次调整

IMO规定自2020年1月1日起，全球范围内将实施船用燃料油硫含量不得高于0.5%的标准，高硫船燃到低硫船燃的大规模切换对石油市场产生重要影响。

1. 船燃消费结构变化

从船燃消费结构来看，本报告结合主流咨询机构和贸易商分析认为，2020年，在350万桶/日的传统高硫燃料油消费中，将有三分之一左右继续留在市场上，三分之二将被低硫船燃和船柴代替，具体分解如下。70万桶/日高硫燃料油用于脱硫塔消耗。当前安装脱硫塔船只数量约为2500艘，大船安装比率比较高，VLCC中四分之一已安装脱硫塔。30万桶/日高硫燃料油因船东违约被继续使用。在公海行驶时，监管有一定困难，部分船舶可能违规使用高硫燃料油；此外，印尼、马来西亚、菲律宾等国内岛屿或不参加IMO公约。20万桶/日高硫燃料油用于发电。部分高硫燃料油转去发电，需求国有沙特阿拉伯、巴基斯坦、孟加拉、约旦及部分东欧国家。150万桶/日高硫燃料油被低硫船燃替代。大多数高硫燃料油将被低硫燃料油替代，亚太炼厂迎来更多机遇。80万桶/日高硫燃料油被船柴替代。船柴在IMO新规实施初期，低硫燃料油供应短缺时起到主要的替代作用，预计替代规模为80万桶/日左右（见图7）。

2. 生产低硫燃料油的主要途径

从生产低硫燃料油的主要途径来看，本报告总结了7种主要方式，具体如下。

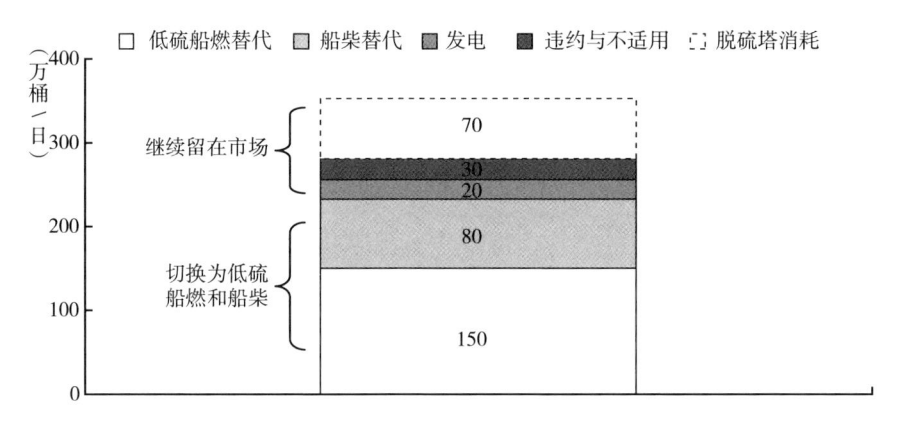

图7 2020年高硫燃料油消费结构

数据来源：普氏、Argus、UNIPEC Research & Strategy。

（1）超重质低硫原油直接调混

用超重质低硫原油直接调混得到低硫燃料油是新加坡贸易商比较青睐的一种做法。2020年4月至今，新加坡地区存放在海上浮仓的预储量一度高达2000万桶，原油主要为澳洲和印尼的超重质低硫原油，如Pyrenees原油（API 18.7、硫含量0.264%、酸值1.52）和Van Gogh原油（API 16.96、硫含量0.42%、酸值1.35），这些闪点达到55℃甚至更高的超重质低硫原油可以直接进入低硫燃料油池子。存储需求推动上述两种原油现货贴水自2020年4月以来持续飙升，一度涨至DTD+15美元/桶，远远高于上年0~2美元/桶的贴水水平。但这种方式有一定瓶颈，主要是超重质低硫原油供应有限，当前这部分原油产量仅为8万桶/日左右，2021年第一季度有望提高至10万桶/日。

（2）重质低硫原油进简易蒸馏塔提高闪点

大部分闪点不达标的重质低硫原油需要进入简易蒸馏塔进行加工从而提高闪点，这是贸易商和炼厂普遍选择的一种生产低硫燃料油的方法。如苏丹的达混原油，西非的Pazflor原油、Bonga原油、Usan原油和Sapinhoa原油，南美的Marlim原油和Escalante原油等可经过闪蒸塔处理提高闪点，再进入低硫燃料油池子。目前，阿联酋富查伊拉炼厂、马来西亚Tanjung bin炼厂和德国汉堡 Whilhamshaven 炼厂均在对重质低硫原油进行简易加工，可生产10万桶/日低硫燃料油。

（3）轻质低硫原油走常压装置

部分贸易商和炼厂采取合作方式，使轻质低硫原油进常压装置，对其进行简易加工，无需加氢配套，产品可直接进低硫燃料油池，原料以美国页岩油为主。典型案例是国际贸易商与意大利 Iplom 炼厂、以色列 Haifa 炼厂签署来料加工合同，将页岩油运往这两个炼厂加工，生产出的低硫燃料油以小船过驳到马耳他海域，再用大船出口。其优势在于以 WTI 计价的页岩油享有较高的直馏毛利，特别是近年来全球新增产量以轻质页岩油为主，供应较为充裕。但是大规模生产轻质原油后，将有大量石脑油作为副产品产出，或令石脑油价格承压，进而影响 WTI 加工毛利。目前，以轻质低硫原油生产的低硫燃料油约有10万桶/日，2021年第一季度或增加至20万~30万桶/日。

（4）降低催化裂化装置开工率，蜡油和常压渣油直接进低硫燃料油池

从实际生产经营来看，2020年以来新加坡汽油裂解价差较为低迷。若低硫燃料油价格高于汽油价格，炼厂可选择降低催化裂化装置开工率，把蜡油和常压渣油直接放进低硫燃料油池。这种操作在中国台湾台塑、日韩炼厂和美国炼厂均出现过，是目前炼厂操作性较强的一种选择。但由于催化毛利波动较大，调整较频繁，不利于炼厂长期稳定的生产经营安排。目前，以这种方式生产的低硫燃料油产量为10万~20万桶/日。预计，2021年第一季度仍维持这一水平。

（5）炼厂和调油商提取燃料油中的低硫组分

从工艺路线来看，炼厂内部可将燃料油组分按照质量进行重新分割，将高硫燃料油里的低硫组分调出来进低硫燃料油池，高硫部分交由贸易商处理。这种做法在美国炼厂中较为普遍，目前通过这种方式供应的低硫燃料油约为10万桶/日，此后会增至30万桶/日。该种方式存在的问题是，低硫组分被提出后，剩余的超高硫组分质量不达标难以销售。与炼厂做法类似，随着高低硫燃料油价差拉宽，新加坡部分调油商将低硫调油料进行单独处理和存储，目前供应量约为6万桶/日。

(6) 重质高硫原油走渣油加氢路线

重质高硫原油走渣油加氢路线是目前最适合我国炼厂、印度东海岸炼厂和美国墨西哥湾炼厂的一种方式，它的经济性来自类阿曼原油的超高直馏毛利。阿曼原油具备低硫高黏度的品质，是极为稀缺的低硫燃料油调油料，直馏毛利对加氢能力富余的炼厂非常可观。目前，印度通过这种方式生产低硫燃料油的产量约为10万桶/日，美国约为10万桶/日。我国沿海大型炼厂可通过渣油加氢装置，增加常减压原油进量、降低催化裂化进料、增加催化柴油出率，来达到生产低硫燃料油、调高柴汽比的目的。乐观预计，2021年第一季度我国将有50万桶/日左右的产量。

(7) 调油商调兑高硫燃料油和柴油

理论而言，调油商可用高硫燃料油和低硫柴油进行调兑生产低硫燃料油，但由于实际调油毛利为负，经济性较差，且调出的低硫燃料油品质不稳定，因此极少有调油商通过这种方法获取低硫燃料油，其可操作性偏低。

参考文献

中国石油经济技术研究院，《2019中国能源化工产业发展报告》，https：//max.book118.com/html/2019/0422/6055052034002024.shtm 。

刘朝全、姜学峰主编《2019年国内外油气行业发展报告》，石油工业出版社，2020。

B.10 全球原油贸易现状与展望

夏潇远*

摘　要： 近年来，全球原油贸易格局深刻调整，原油贸易总量继续攀升、重心持续东移。2019年全球原油贸易总量攀升至4680万桶/日，同比增长135万桶/日。亚太地区原油进口延续增势，中国继续维持全球第一大原油进口国地位。在OPEC减产和美国对伊朗石油实施制裁的影响下，中东市场份额下降。与此同时，美国页岩油产量快速增加，运输困境有所改善，出口量大幅提高。全球原油贸易格局发生调整，产油国对亚太等目标市场的争夺更加激烈。2020年，全球新增炼能主要来自苏伊士以东地区，原油贸易重心将继续东移。在当前低油价背景下，美国原油产量增速或将大幅放缓，甚至全年出现负增长。此外，IMO 2020船燃新规的实施也将对原油贸易产生一定影响，炼厂加工低硫资源数量有所增加。从中长期来看，中东仍是全球最重要的原油出口地区，但市场份额趋降；美洲是新增原油供应的主要来源，在全球原油出口中的重要性日益凸显。在地缘政治动荡和全球贸易保护主义升温的影响下，原油贸易不确定性增加。

关键词： 原油贸易　中东原油出口　美国原油出口　亚太原油进口

---

* 夏潇远，现任中国国际石油化工联合有限责任公司市场战略部分析师，主要研究方向为上海原油期货及中国石油市场。

一 2019年全球原油贸易现状

（一）2019年全球原油贸易总量保持增长，全球原油贸易重心继续东移

2010年以来，以我国为代表的新兴经济体石油消费快速增长，原油进口量持续攀升，推动全球原油贸易总量稳步增长，年均增长率为3%。2019年全球原油贸易总量为4680万桶/日（见图1），同比增加135万桶/日，增幅为3%，占全球石油（原油和成品油）贸易的64%。

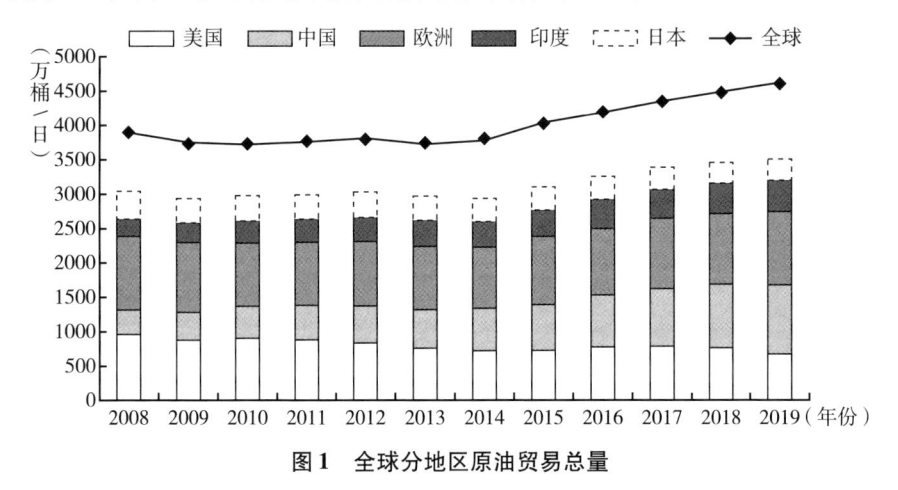

图1 全球分地区原油贸易总量

数据来源：BP、中国海关、EIA、PIRA、UNIPEC Research & Strategy。

2019年，尽管中美贸易摩擦升级，中国对自美国进口原油加征5%关税，且美国对伊朗和委内瑞拉石油出口实施制裁，地缘政治动荡事件频发，但原油贸易仍维持了较快增长，这主要是由于2019年全球范围内有近290万桶/日的新增炼能上马，原油进口量大幅增加。此外，2019年国际基准原油大多数时间维持较深的前高后低backwardation结构，商业性浮仓库存和岸罐库存成本较高，缺少库存运作空间，这也为全球原油贸易增长创造了条件。

2019年全球原油贸易重心继续东移，更多原油资源流向苏伊士以东地区，而大西洋盆地石油需求总体呈现下降态势。2008年亚太地区已超过北美，成为全球最大的原油进口目的地，原油进口量由2010年的1759万桶/日增加至2019年的2490万桶/日，年均增速达3.9%，占全球原油贸易总量的比重也从2010年的46.7%相应提高至2019年的53.2%（见图2），亚太地区

2010年

2019年

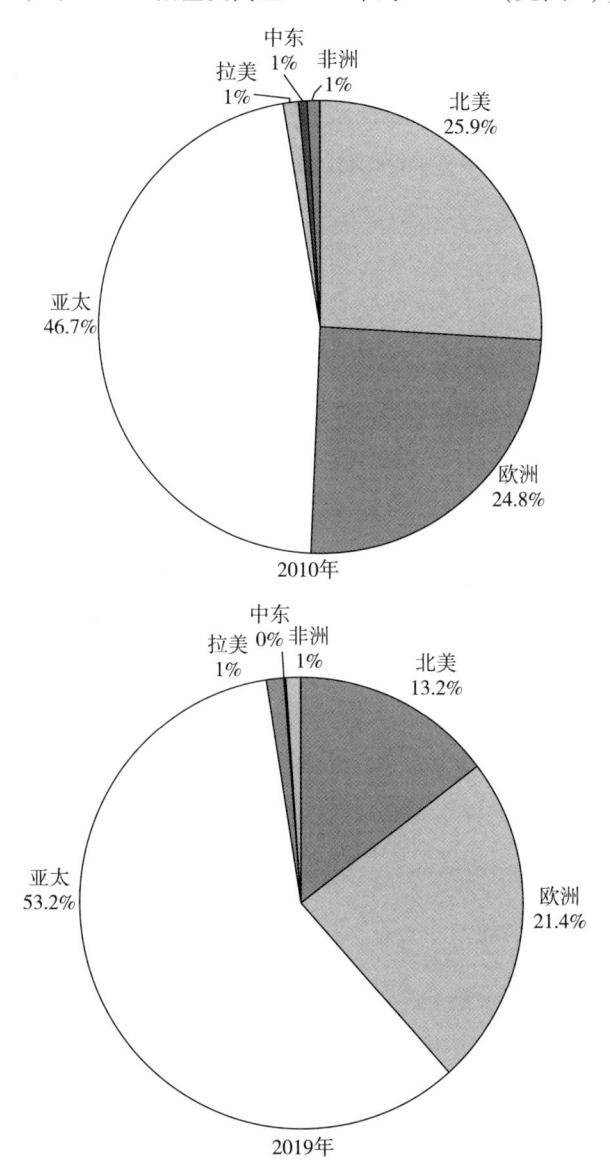

图2 2010年和2019年全球原油贸易份额变化（进口地区）

数据来源：BP，PIRA，UNIPEC Research & Strategy。

成为全球最重要的原油贸易区域。与此同时，北美地区原油进口量由2010年的975万桶/日下降至2019年的617万桶/日，年均下降4.96%，占全球原油贸易的比重也由2010年的25.9%降至13.2%。同期欧洲地区由于经济增长缓慢，环境保护政策趋严，欧洲部分老旧炼厂关闭，且没有新炼能上线，原油进口量呈现下降趋势，占全球原油贸易比重由2010年的24.8%降至2019年的21.4%。

（二）亚太地区作为目标市场的原油贸易竞争更加激烈，中国原油进口再创新高

亚太地区作为全球第一大原油进口地区，2019年原油进口量同比增加55万桶/日，至2490万桶/日。从进口来源看，2019年亚太地区进口中东原油数量为1460万桶/日（见图3），占其进口总量的58.6%，同比减少38万桶/日，进口份额同比下降3.0个百分点。非洲是亚太地区第二大原油进口来源地，2019年以来，轻重质价差有所收窄，西非原油受到亚太地区炼厂的青睐，并且随着IMO 2020船燃新规（以下简称"IMO新规"）实施临近，适合生产低硫船燃的西非原油进一步受到追捧。2019年亚太地区进口非洲原油数量为359万桶/日，份额从2018年的13.6%增加至14.4%，但受非洲政局动荡影响，进口份额较2010年的高点18.3%仍有所下降。

同时，随着美国原油运输通道被打通，越来越多的美国原油流入亚太地区。2019年，亚太地区从美国进口原油数量达到129万桶/日，同比大幅增加38万桶/日，占亚太地区进口总量的4.7%。此外，中俄管线投产后，俄罗斯对亚洲地区的原油出口量迅速增长，2019年亚太地区进口俄罗斯原油数量达255万桶/日，创历史新高，占亚太地区进口总量的比重提高至10.2%。

中国作为全球第二大石油消费国，2017年已超越美国成为全球第一大原油进口国，近年来进口原油数量保持快速增长态势，一直维持第一大原油进口国地位。结合中国海关统计，2019年我国原油进口总量为1016万桶/日（见图4），再创历史新高，同比大幅增加89万桶/日，增速达10%。2019年，我国原油对外依存度进一步攀升至72.6%，比2018年提高1.8个百分点，为历史最高水平。

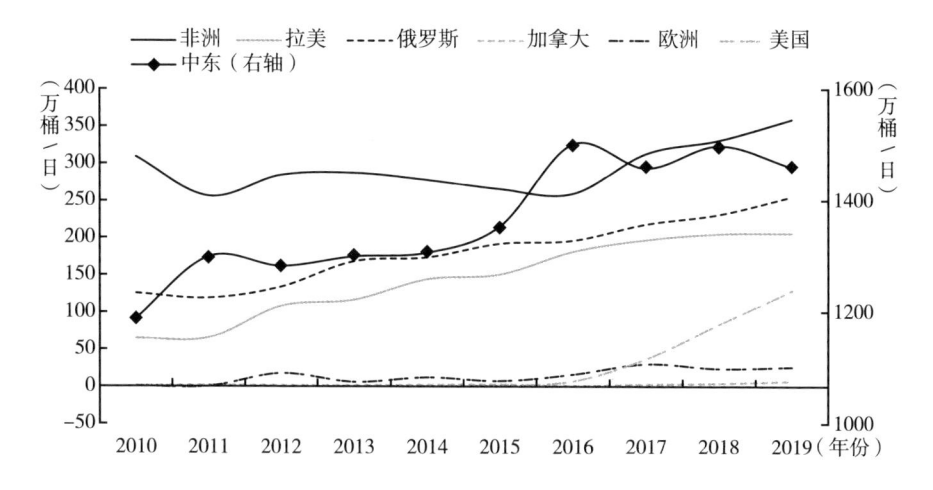

图3 亚太地区分来源原油进口量

数据来源：PIRA，UNIPEC Research & Strategy。

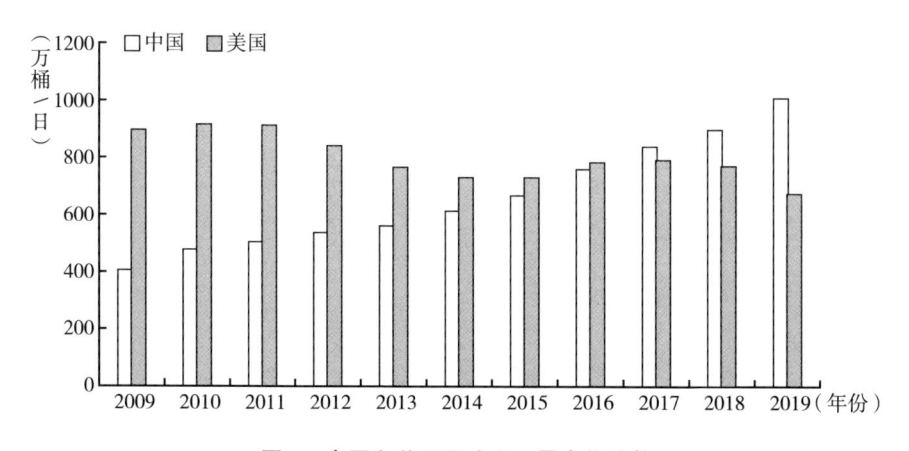

图4 中国和美国原油进口量变化趋势

数据来源：中国海关、EIA、UNIPEC Research & Strategy。

从进口主体看，2015年以来，我国原油贸易政策加速放开，42家地方炼厂可以直接参与进口原油贸易，进口主体更加多元化，特别是恒力石化和浙江石化投产后，虽然国有石油公司在我国原油进口中仍占主导地位，但是进口份额逐渐呈现下降趋势。结合国家发改委数据，2019年主营石油公司的原油进口量为762万桶/日，占全国原油进口总量的75%，份额较2018年

下降约3个百分点，较2015年下降15.3个百分点。2019年，我国恒力石化和浙江石化投产，非国营进口原油配额实际发放1.49亿吨，地炼进口量和加工量下半年快速回升，2019年地方炼厂和私营炼厂进口量为254万桶/日，同比增长18%左右。

从进口来源地区看，中东一直是我国最重要的进口来源地区。但随着地方炼厂加大在原苏联地区和美洲、非洲等地区的原油采购力度，我国原油进口来源结构也发生较大变化。2019年我国各进口来源地变化如图5。

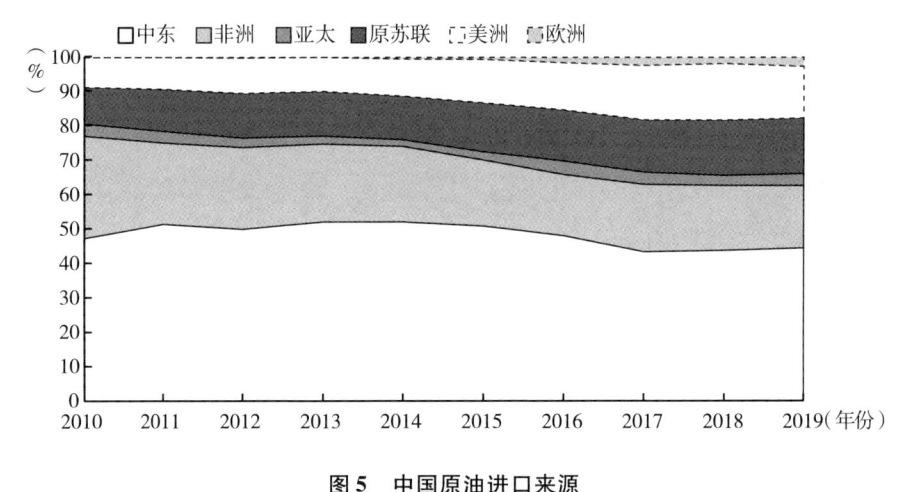

图5 中国原油进口来源

数据来源：中国海关、UNIPEC Research & Strategy。

2019年我国从中东进口原油451万桶/日，比上年增长11.1%，占原油进口总量的44.4%，中东仍是中国最大的原油进口来源地区，且份额连续第二年上升，同比提高0.7个百分点。其中，我国自沙特进口原油167万桶/日，同比增长46.9%，沙特超越俄罗斯，成为我国第一大原油进口来源国家。

从非洲地区进口原油数量为185万桶/日，同比增长5.5%，占我国原油进口总量的18.2%，较2018年下降0.7个百分点；非洲地区一直是中国原油进口的第二大来源区域。

2019年从原苏联地区进口原油164万桶/日，同比增长10.0%，占我国进口原油总量的16.2%，与2018年相比基本持平；原苏联地区是我国原油进口第三大来源地。

从美洲地区进口原油数量为 153 万桶/日，同比基本持平，占我国原油进口总量的 15.1%，份额较 2018 年下降 1.4 个百分点。受中美贸易摩擦和美国对委内瑞拉石油制裁影响，2019 年中国自美洲进口原油结束快速增长态势。

从欧洲进口原油数量止跌回升，2019 年中国从英国和挪威进口原油 27 万桶/日，同比增长 57.3%，占中国原油进口总量的 2.7%。随着中国大型炼化一体化项目相继投产，全球轻重质原油资源结构的改变，中国进口来源将更加多元化。

（三）中东原油市场份额下降

近年来，全球主要产油国、贸易商和国际石油公司越来越重视与终端用户的合作，纷纷通过合资合作等多种方式，在主要石油消费国抢占市场份额，使得全球原油贸易竞争更加激烈。自 OPEC 于 2016 年底决定实施减产以来，中东原油的市场份额呈现下降态势。2019 年 OPEC 14 国平均产量为 2989 万桶/日，同比减少 198 万桶/日；在减产行动和美国对伊朗石油出口实施制裁的情况下，OPEC 出口量也在大幅减少。根据船运数据测算，2019 年 OPEC 原油出口量为 2268 万桶/日，同比大幅减少 272 万桶/日，占全球原油贸易份额同比下降 6 个百分点，至 50.0%。从出口目的地来看，以亚太地区为例，长久以来，中东原油在亚太市场保持绝对优势；但 2019 年中东出口至亚太的原油数量同比减少 38 万桶/日，至 1460 万桶/日，占亚太进口份额同比下降 3.0 个百分点。

（四）美国原油出口异军突起

自 2015 年底美国解除原油出口禁令以来，随着页岩油产量的快速增长和出口设施的不断完善，美国原油出口量快速持续攀升。据美国能源信息署（EIA）统计，2019 年美国原油产量提高至 1223 万桶/日，同比大幅增加 124 万桶/日，原油出口量增至 298 万桶/日，同比增加 98 万桶/日，增幅达 51%；2019 年 12 月份，美国原油出口量激增至 367 万桶/日，创历史新高。

2019年，Express管道（12万桶/日）、Cactus Ⅱ管道（67万桶/日）、Epic管道（60万桶/日）和Gray Oak管道（90万桶/日）先后开通，原油运输困境大幅改善，码头基础设施也在建设当中，美国原油出口数量将延续快速增长态势。WTI/Brent价差全年平均水平为-8.45美元/桶，同比拉宽0.15美元/桶，较2017年拉宽近一倍，美国原油经济性凸显。2019年，美国对亚太出口原油数量达129万桶/日，同比大幅增加38万桶/日；对欧洲出口原油数量达95万桶/日，同比大幅增加38万桶/日；出口至拉美地区的原油数量同比增长至22万桶/日（见图6）。Platts和Argus也推出了反映美国原油出口供求关系的定价机制，反映美国在全球原油贸易中的地位大幅提升。

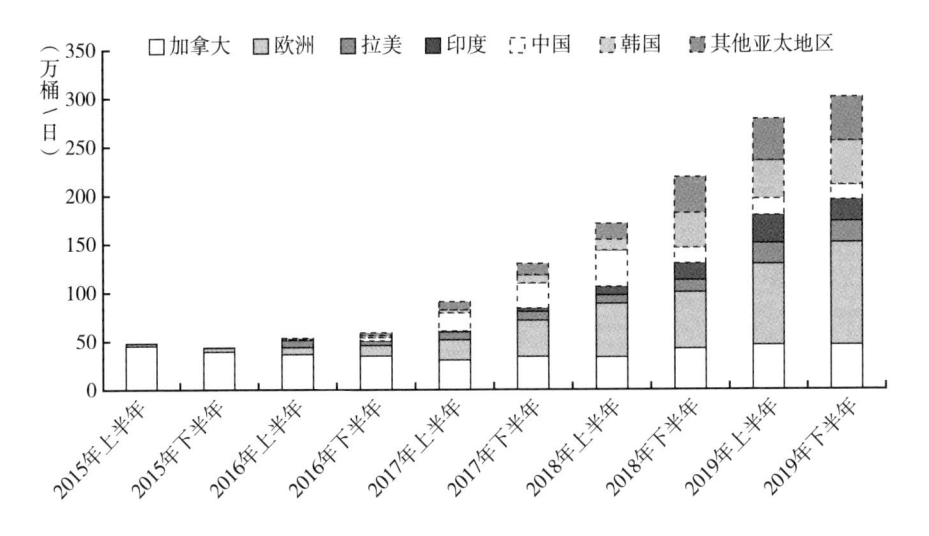

图6 美国原油出口情况统计

数据来源：EIA，UNIPEC Research & Strategy。

二 全球原油贸易展望

（一）原油贸易总量继续攀升，亚太地区仍将是全球原油贸易重心

2020年，在全球新增炼能上线的推动下（见图7），全球原油贸易将维

持增长,且贸易重心继续东移,但受到新型冠状病毒性肺炎疫情在全球蔓延的影响,中国、韩国、日本等亚太国家的主要炼厂大幅降低开工负荷,加之炼油毛利低迷,欧美炼厂加工负荷大幅下降;与此同时,主要基准油维持深度Contango结构,刺激浮仓和岸罐储油,但低油价已导致各产油国利益普遍受损,且全球石油库容即将达到极限,物流瓶颈凸显。受此影响,预计2020年全球原油贸易总量为4440万桶/日,同比下降240万桶/日左右,降幅为5%。分地区来看,亚太地区仍是全球新增炼能主要区域,预计将有90万桶/日左右的新增炼能陆续投产。我国浙江石化(40万桶/日)于2020年全面投产,设计加工高硫中质、高硫高酸油。中石化湛江中科炼化一体化项目(20万桶/日)将于2020年上线,主要加工油种为中质高硫原油,具体油种为科威特、沙中、沙轻、阿曼和阿布扎库姆等中东原油,但受到疫情影响,投产时间或有所延后。文莱恒逸石化大摩拉岛炼厂和马来西亚RAPID炼厂加工量将有所增加。但在疫情影响下,全球石油需求承压,炼油毛利大幅下挫,亚太地区各国炼厂开工率明显下降,原油进口相应减少。预计2020年亚太地区原油进口增速可能放缓,原油进口量预计为2410万桶/日,同比减少80万桶/日,但亚太地区仍在全球石油贸易中维持着重要地位。

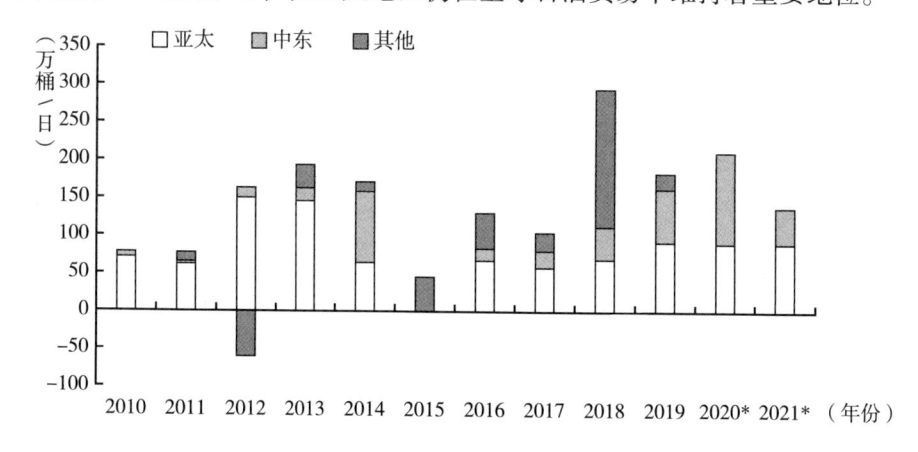

图7 全球新增炼油能力

注:*表示预计值。
数据来源:Reuters,UNIPEC Research & Strategy。

欧美等地石油需求增速放缓，近年来没有新建炼厂项目，且受到IMO新规实施的影响，进口中重质含硫原油比例呈现下降态势。亚太地区新建大型炼厂的主要设计油种仍是中东原油，虽然OPEC从5月开始实行大规模减产，但沙特和俄罗斯等产油国打响原油价格战，沙特连续下调对亚太地区出口官价，试图进一步加大东向出口力度，保住市场份额。预计2020年亚太地区从中东进口原油数量为1440万桶/日，同比减少20万桶/日，占亚太地区进口份额的59.8%。非洲仍是亚太地区第二大进口来源地区，预计2020年亚太地区从非洲进口原油数量为370万桶/日，同比增加10万桶/日，占亚太地区进口份额的15.4%。ESPO原油仍然受到中国地炼的青睐，且由于IMO新规实施，高硫燃料油价格承压，欧洲简单型炼厂尽可能减少高硫燃料油收率，因此区域内炼厂加工乌拉尔原油数量将减少，更多的乌拉尔原油将流向亚太地区复杂型炼厂；但在减产协议的限制下，预计2020年亚太地区从原苏联地区进口原油245万桶/日，同比增加约15万桶/日，占亚太地区进口份额的10.2%。巴西Lula原油一直以来都是中国地炼的主力进口油种之一，预计亚太地区2020年从拉美地区进口原油215万桶/日，同比增加5万桶/日，占总进口份额的8.9%。此外，挪威巨型油田Johan Sverdrup产量于2020年年中预计可以达到44万桶/日，该油种品质和杰诺原油相近，预计亚洲进口西欧原油数量或升至30万桶/日，同比增加近10万桶/日。沙特等产油国打响原油价格战，抢占市场份额，造成美国原油经济性优势有所下降，预计2020年亚太地区从美国进口原油将同比减少20万桶/日，至110万桶/日左右，占总进口份额的4.6%。从中长期看，2025年之后，亚太地区新增炼能有所放缓，未来进口原油增速将下降，但亚太地区仍将是全球原油贸易的重心所在。

（二）中东地区仍是全球最大原油出口区域

2020年3月6日，第八届OPEC和非OPEC部长级会议召开，俄罗斯出人意料地拒绝了OPEC联合减产150万桶/日的提议，双方未能就新的减产协议达成一致，这意味着OPEC与非OPEC持续了三年多的联合减产行动画上句号，减产协议于 2020 年 3 月底到期。3 月，沙特大幅下调官价，下调幅度创 20 年来之最，打响了产油国新一轮价格战。价格战持续一个月以来，加上全球新冠肺炎疫情形势急剧恶化，国际油价创下 18 年来新低，4 月初产油国再度达成新一轮减产协议。4 月 13 日，OPEC+ 最终敲定历史性减产协议，首轮将削减 970 万桶/日产量，自 2020 年 5 月 1 日生效，为期两个月；第二轮自 2020 年 7 月至 12 月减产 770 万桶/日；第三轮自 2021 年 1 月至 2022 年 4 月减产 580 万桶/日。按减产协议，沙特 5 月份产量将降至 850 万桶/日，创 2011 年以来最低水平。在减产协议的推动下，中东地区原油供应将大幅减少。此外，全球中重质含硫油贸易仍存在一定的不稳定性，美伊紧张关系升级，美国对伊朗石油出口实施制裁，使得伊朗原油出口量降至历史新低，几乎退出全球原油贸易舞台。沙特新建的 40 万桶/日 Jazan 炼厂有望上线，阿联酋的 Jebel Ali 也有扩能计划，科威特的 62 万桶/日的 Al-Zour 炼厂有望投产，中东地区炼能新增将再上一个新台阶。总体而言，2020 年，中东地区仍将是世界最大的原油出口地区，但在减产协议的限制下，出口量将有所下降。预计 2020 年中东地区原油出口数量为 1950 万桶/日，同比减少 110 万桶/日。

从中长期看，中东地区原油出口增速有所放缓，在全球原油出口市场中所占比重或呈下降趋势。一方面，中东区域内石油消费不断增加，部分产油国炼油能力快速增长，可供出口的原油数量将有所减少；另一方面，中东地区地缘政治局势动荡，以及主要产油国石油政策调整等都将对其石油生产和贸易构成一定影响，预计未来十年，OPEC 国家原油出口量增速较为平稳，中东地区可供贸易的资源或逐步减少。

（三）美洲将成为全球原油出口重要地区

在当前低油价环境中，美国页岩油生产商面临较大挑战，多家上游石油公司已宣布削减支出。预计 2020 年美国原油产量将同比下降 40 万桶/日，至 1180 万桶/日。2020 年，60 万桶/日的 ETP 管线、65 万桶/日的 EPIC NGL 转换管线以及从 Permian 到 Brownsville 的 Jupier 管线（100 万桶/日）预计开通，运力改善将刺激美国原油出口量的进一步攀升，但在产油国价格战的打压下，美国原油出口压力大增，预计2020年美国原油出口量将小幅增至310万桶/日，增幅远低于过去几年。从中长期看，美国原油出口仍将继续增加，预计2025年美国原油出口或增至500万桶/日，美国原油资源将更多地流向亚太地区和欧洲地区，其出口占全球的份额也将逐步增加。页岩油革命、世界环保趋势以及IMO新规将推动全球可贸易原油资源趋向轻质化，美国低硫原油出口仍有上升空间，届时将对国际石油贸易格局产生深远影响。

此外，加拿大Trans Mountain管道于2019年9月计划扩建，以缓解阿尔伯塔原油管道堵塞问题，将原油从阿尔伯塔省输送到不列颠哥伦比亚省的太平洋沿岸，扩建后管输能力将提升二倍，至267万桶/日，工程预计需要30~34个月。但在低油价背景下，加拿大上游生产商已开始削减产量，预计2020年加拿大原油产量将小幅减少10万桶/日，至423万桶/日。中长期来看，加拿大油砂项目成本因开采技术和效率提升已大幅下降，产量增长和运输能力提高将推动加拿大增加对中国、印度等区外国家的原油出口力度，出口目标更加多元化。

拉美地区原油一直受到亚太地区和北美地区买家的青睐，近年来巴西盐下油田产量快速增长，出口稳定增加，成为拉美地区主要的供应增长潜力，但巴西也加入了减产行动，且油田检修规模较大，预计2020年巴西原油产量为275万桶/日，同比基本持平。但委内瑞拉国内政治局势动荡，且石油行业受到美国制裁，其原油供应短期内难有起色，2020年委内瑞拉石油产量约为50万桶/日。总体来看，预计2020年拉美地区原油出口量将同比减少35万桶/日，至400万桶/日。从中长期来看，在全球原油资源趋向轻质化的情况下，由于拉美地区主要是中重质含硫原油产地，其原油供应将成为美国和亚太炼厂的刚需，未来出口将继续增加。

（四）IMO新规将对原油贸易造成影响，全球原油贸易不稳定性加剧

根据IMO新规，2020年1月1日起，全球船舶船用燃料油硫含量不得高于 0.5%，此次船用燃料规格的调整对全球石油市场产生了深远影响。预计低硫船用燃料油需求或增至 120 万桶/日左右，船用柴油等直燃馏分油的需求或增至 250 万桶/日，调混用的中间馏分油需求也将有所增加。对于炼厂来说，增加低硫燃料油产量需要调整产品收率、调整原油结构、增加加氢脱硫装置等，这些应对措施将影响全球原油贸易流向。对于老旧炼厂和部分加氢能力不足的炼厂来说，需要增加低硫原油采购，高低硫原油价差或进一步加宽。此外，中东地区陆续出现油轮受袭、运力运行被中断的突发事件，2019 年运费同比大幅上涨约 35%。以中东地区到中国宁波的 VLCC 单桶运费为例，2019 年四季度平均运费维持在 3 美元/桶左右，同比几乎翻番；受美国制裁中国大连中远海运影响，10 月中旬运费一度暴涨超过 8 美元/桶，远距离航线油轮运费上涨将抬高跨区原油贸易套利成本，运费对原油贸易的影响逐渐加大。

2019 年，受美国对伊朗和委内瑞拉实施制裁、中美贸易摩擦以及地缘政治动荡等因素影响，全球原油贸易不稳定性增加。伊朗方面，2019 年 4 月 22 日，美国白宫发布声明自 5 月 2 日将正式结束对伊朗石油的进口豁免。伊朗制裁衍生一系列突发事件：阿联酋富查伊拉港口油轮被炸、伊油轮在直布罗陀海峡被扣、沙特油田设施遭无人机袭击、美国突然对中国船公司制裁等，造成 2019 年国际原油市场剧烈波动。伊朗石油出口大幅下降，2019 年下半年降至 10 万桶/日。美伊紧张关系仍在升级，2020 年 1 月 3 日，伊朗伊斯兰革命卫队少将苏莱曼尼遇难，市场对中东地区原油供应不确定性感到担忧，国际油价一度飙升。后期在新冠肺炎疫情影响下，地缘政治动荡有所降温，但仍然不容忽视。

此外，近年来委内瑞拉、利比亚、尼日利亚等产油国石油生产不稳定，产量下降，有时甚至出现油田生产中断，在一定程度上也限制了原油贸易的发展。委内瑞拉国内局势动荡，油田、港口和石油管道的正常运作受到影响，原油产量降至 30 年以来最低水平，美国先后制裁两家运输委内瑞拉原油的贸易公司，令其出口更加雪上加霜。2020 年 1 月中旬，利比亚国民军总指挥哈夫塔尔将军控制的所有东部港口均已被下令关闭，导致原油出口暂

停，2月中下旬利比亚原油产量降至14万桶/日。利比亚和尼日利亚石油设施不时受到武装分子袭击和管线关闭等问题影响，油田生产一度中断，这些不确定因素均加剧了原油贸易的不确定性，并将在中长期内持续存在。

参考文献

BP：《BP世界能源统计年鉴》，2019。

王佩、李涵：《炼油重心东移引发市场争夺日趋激烈》，《中国石化报》2016年12月16日。

王震、侯萌：《中美经贸摩擦对双边能源合作的影响》，《国际石油经济》2018年第10期。

胡紫阳、朱彤、杨军杰、汪如朗：《世界原油贸易格局和中国现状及对策建议》，《中外能源》2018年第23期。

B.11
美国成品油出口现状浅析

石圣洁*

摘　要： 美国是全球最大的石油消费国，也是全球最大的石油生产国。2019年6月，美国一度超过沙特阿拉伯成为全球最大的石油（原油+成品油）出口国，同年9月，其石油出口量开始超过进口量。除去原油出口迅速增长，近年来美国成品油出口也呈现稳中有增趋势。当前，美国已成为成品油市场的重要出口区域，并对全球成品油贸易格局和区域炼油毛利变化有着深刻影响。因此，认识美国炼油行业发展现状，分析其成品油市场供需、出口特点及态势，有助于判断美国成品油出口对国际石油市场的影响，把握国际贸易动向。

关键词： 成品油出口　石油市场　国际贸易格局　美国

美国是油气生产大国、消费大国，同样是全球第一大炼油国，石油产业链较为完整。2016年美国颁布《联邦统一拨款法》，废除了1975年起实行的《能源政策和节能法案》（EPCA）中对原油的出口限制，美国石油开始彻底面向国际市场。截至2019年底，美国正在运营的炼厂共有135座，炼油能力合计2043万桶/日，占了全球总量的五分之一。根据美国能源信息署（EIA）统计，2019年美国原油产量为1223万桶/日，预计2020年将同比增加7%以上，达到1300万桶/日，占全球液态能源产量增量的2/3左右，基于油价下跌的考虑，2021年将下降到1270万桶/日。在需求方面，预计2020年美国石油需求增速低于2018年、2019年（分别为160万桶/日、130万桶/日）。从贸易来

---

* 石圣洁，中国国际石油化工联合有限责任公司石油产品贸易中心业务经理。

看，2019年9月，美国从石油（原油+成品油）净进口国转变为净出口国，其中，成品油已成为美国最大的出口能源资源，2019年美国成品油出口高达552.1万桶/日，且随着国内消费量减少，出口量将在2020年继续增加。

一 美国炼油业现状

（一）炼油能力及分布

美国炼油业历史由来已久，早在19世纪炼油业就开始起步并不断发展壮大。近20年来，美国炼油能力呈现增速提升、结构优化的趋势。截至2019年底，美国一次炼油能力为1657万桶/日，占全球的20%，是全球炼油能力最强的国家。

具体而言，美国国防区域石油管理局（Petroleum Administration for Defense District，PADD）依据全国炼油能力分布将美国划分为五大石油战略区，即PADD1~5。其中，PADD1为东海岸区（包括纽约等地），炼厂较少，是成品油消费大区，靠管线输送，沿海船运很少，而且要求"国油国运"；PADD2为五大湖地区（包括芝加哥等地），是传统的老工业区，炼厂较多，主要从加拿大和内陆获取原油资源，具有较强的成本优势，炼厂能够加工加拿大重质油砂油，该区也是北美石油交易中心，主导北美油价走势，拥有美国国内最大的原油期货交割地——库欣；PADD3为美湾地区（包括休斯敦等地），是美国乃至世界最大的炼厂集中区，是成品油生产和出口基地，占美国总炼力一半以上，千万吨级炼厂有21座，占全美总数的60%以上，2019年该区运营炼厂有58座，占全美炼厂总数的35%；PADD4是落基山脉东区，深处内陆，得益于加拿大和巴肯页岩油，但地广人稀，消费很少，炼厂不多；PADD5是西海岸地区，也是成品油消费大区，由于本地的炼厂仅能从当地油田以及数量有限的加拿大西向管线获得原油，不足炼厂所需，进口原油数量与PADD3相当。

近年来，美国按照市场规律进行落后产能的淘汰和过剩产能的分解，取得了不小成效。2018年是美国炼油产能猛增的一年，达到2069万桶/日的高峰（含炼制和调和），2019年小幅下降至2043万桶/日，除PADD3基本持平外，其他4个地区均有所下降（见图1）。2019年6月，美国东海岸最大的炼油厂Philadelphia Energy Solutions Refinery Complex（炼油能力为33.5万桶/日）因严重火灾永久关闭。

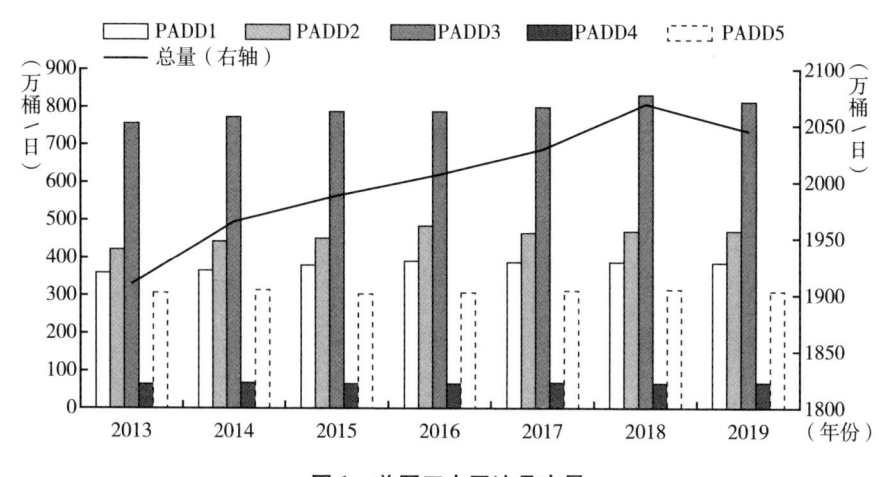

图1 美国五大区油品产量

数据来源：EIA网站。

（二）开工率及炼油毛利

从炼油技术本身来看，美国炼油技术一直居世界领先水平，各项技术经济指标引领行业的发展，轻油收率超过85%，先进炼油综合能耗低于40kg标油/t原油。[①] 此外，美国还拥有Marathon Oil、Exxon Mobil等7家2000万吨级超大型复杂炼厂。随着页岩油产量增长，美国炼油原料结构逐渐轻质化。美国炼油技术主要围绕催化裂化、加氢裂化与处理、烷基化等传统炼油技术不断进行创新，[②] 以加快油品质量升级和适应劣质原油。

---

① 宋倩倩、李雪静、师晓玉、周笑洋、郑轶丹：《美国炼油业的发展动向对我国的启示》，《化工进展》2019年第5期。
② 宋倩倩、李雪静、师晓玉、周笑洋、郑轶丹：《美国炼油业的发展动向对我国的启示》，《化工进展》2019年第5期。

从开工率来看，得益于较高的炼油毛利，近年来美国炼厂一直维持较高的开工率，平均水平在90%以上，为全球开工率最高的地区之一。2016年，受国内成品油库存增加的影响，开工率降至89.7%，2017年、2018年又分别回升至91.1%、93.1%，2019年1~10月开工率平均达到90%，明显高于83%的世界平均水平；2019年全年开工率为89.9%，同比下降3.2%（见图2）。

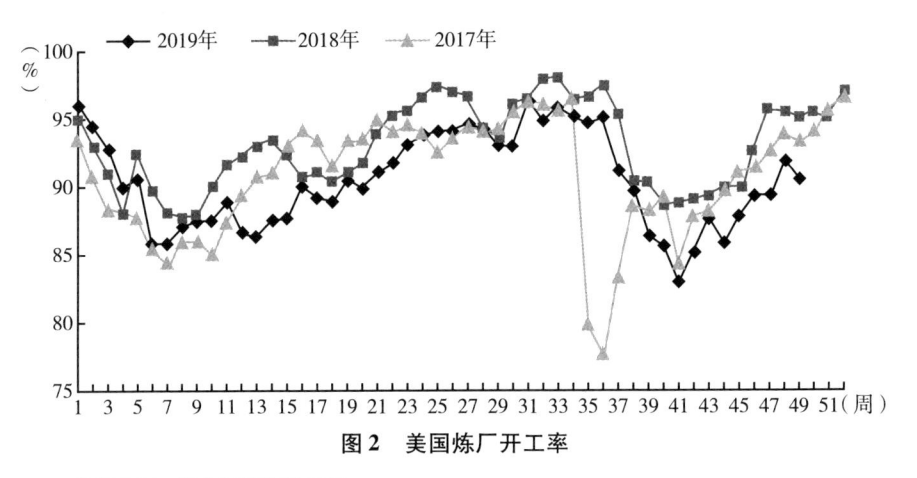

图 2 美国炼厂开工率

数据来源：联化研究数据URS。

同时，美国炼厂的炼油毛利也领先世界。2019年底，美国、欧洲、亚太三地炼油毛利整体有所回升，12月31日炼油毛利收市分别为13.17美元/桶、3.68美元/桶、-0.27美元/桶。2019年全年，美国炼油毛利平均为15.21美元/桶，远高于欧洲和新加坡的5.21美元/桶、3.72美元/桶。近五年来，美国炼油毛利总体维持在较高水平，其中2015年平均毛利率达到30.1%，为历史最高水平。

（三）主要石油产品

美国炼厂产出的主要石油产品包括车用汽油（Finished Motor Gasoline）、馏分油（Distillate Fuel Oil）、烃类气体液（Hydrocarbon Gas Liquids，HGL）、航空煤油及其他。2019年美国国内成品油消费总量为2046.4万桶/日，其中消费量最大的成品油是车用汽油，为927.4万桶/日，占总量的45.3%（见表1）。

表1 美国主要石油产品分类

产品	类别	2019年消费量（万桶/日）
车用汽油（Finished Motor Gasoline）	常规汽油、包括乙醇汽油在内的含氧汽油、重整汽油，不含航空汽油	927.4
馏分油（Distillate Fuel Oil）	用于公路及非公路柴油发动机的柴油、用于取暖和发电的燃油	408.2
烃类气体液（Hydrocarbon Gas Liquids）	烃类：乙烷 C_2H_6、丙烷 C_3H_8、丁烷 C_4H_{10}、天然汽油及其相关的烯径（Olefins）、乙烯 C_2H_4、丙烯 C_3H_6、丁烯 C_4H_8	313.0
其他	沥青，石油焦，残渣燃料油，化工品原料，润滑油，特种石脑油，航空汽油，煤油，釜馏气，石蜡等	223.8
航空煤油	用于民用及军用飞机发动机的煤油燃料	174.0

数据来源：EIA网站。

二 美国成品油供需现状

美国是世界上最大的石油消费国。2019年，成品油消费量为2046.4万桶/日，略低于十年内最高水平的2018年（2050.4万桶/日），消费增加的最主要推力是新型产能投产下乙烷需求的增长。美国石油消费中，需求规模最大的是车用汽油，2019年消费量为927.4万桶/日，占到全部需求量的45.3%；其次为馏分油，2019年消费量为408.2万桶/日，占到全部需求量的19.9%；再次，液化丙烷、乙烷等轻烃需求也呈现不断增长趋势。

从供需结构看，美国石油需求的86%依靠国内生产，11%依靠净进口。石油进口量约为909万桶/日，同比下降8%，其中原油为679万桶/日，其余为230万桶/日。进口主要来源地为加拿大，其次为墨西哥、俄罗斯、沙特阿拉伯、伊拉克，委内瑞拉受制裁后降为零。但是，根据EIA统计，2019年美国石油净进口数量仅为59.4万桶/日，同比下降74.6%，能源对外依存度已下降到3.57%，为54年来最低。

（一）成品油已成为美国最大的出口能源资源

2019年，美国出口能源23.58千兆英热单位，其中原油的出口量为297.8万桶/日（6.2千兆英热单位），占能源出口总量的26.3%；成品油出口量为552.1万桶/日（10.1千兆英热单位），与2018年基本持平，占能源出口总量的42.8%，是美国出口量最大的能源品种。石油出口量为平均849.9万桶/日，同比增长11.8%，创历史新高。2019年6月，美国一度超过沙特阿拉伯成为全球最大的石油出口国，同年9月，石油出口量开始超过进口量，美国已成为国际石油市场的供给地区。2014～2019年美国石油生产、消费和进出口变化见图3。

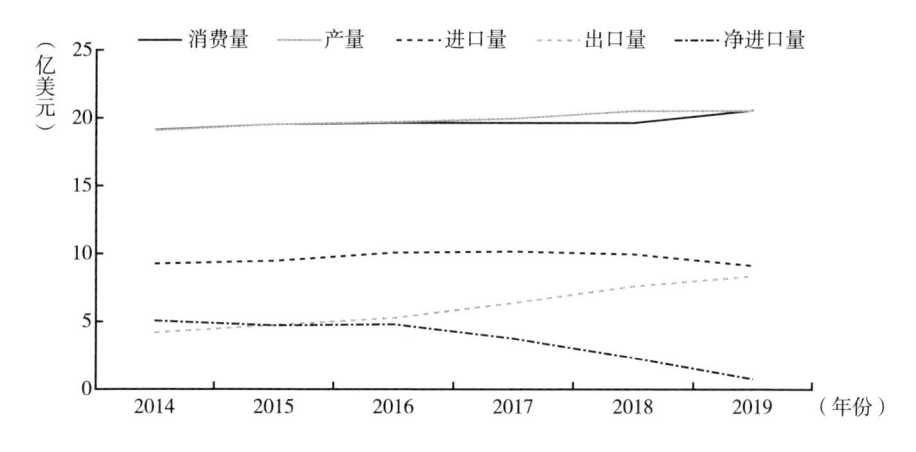

图3 2014～2019年美国石油生产、消费和进出口变化

数据来源：EIA网站。

（二）成品油出口种类

美国出口量位列前三的成品油依次为柴油、丙烷和车用汽油（含调和组分）。其中，柴油多年来一直占据首位，2019年出口量为132.1万桶/日，成为仅次于最高峰2017年（138.1万桶/日）的历史第二高水平，占出口的23.9%。丙烷出口再创新高，为108.8万桶/日，较2018年的94.9万桶/日增加13.9万桶/日,同比增加14.6%,占出口总量的19.7%。车用汽油(含调和组分)出口量为81.7万桶/日,较2018年历史最高年份(94万桶/日)下降13%,基本回到2017年水平(见表2)。

表2 主要成品油出口量

单位:万桶/日

年份	成品油	丙烷	车用汽油	航空煤油	柴油	石油焦
2014	382.5	35.1	55.0	16.3	110.1	54.1
2015	427.3	61.5	61.8	16.8	117.6	53.8
2016	467.0	79.9	76.3	17.5	117.9	57.3
2017	522.5	91.4	82.5	18.4	138.1	59.1
2018	555.3	94.9	94.0	22.3	128.9	58.8
2019	552.1	108.8	81.7	22.4	132.1	54.3

数据来源:EIA网站。

(三)成品油出口流向

由于地理位置优越以及拉美炼油业发展落后、开工率极低,当前美国成品油出口目的地主要是拉美地区,但丙烷等轻烃产品有所不同,各产品流向如下。

柴油:2019年,美国向53个国家或地区出口以柴油为主的馏分油,其中墨西哥位居第一,美国对其出口量为28.68万桶/日,占出口总量的21.7%;巴西位居第二,出口量为20万桶/日,同比增加33%,占出口总量的15%;智利、秘鲁和荷兰三国紧随其后。

车用汽油:2019年,美国向45个国家或地区出口车用汽油,前五大目的地均在美洲,其中墨西哥最大,出口量为47.2万桶/日,同比下降10%,占总量的57.8%;巴西第二,出口量为5.6万桶/日,同比增加55.6%;加拿大第三,出口量为2.8万桶/日,同比下降54.8%。

航空煤油:加拿大和墨西哥是美国航空煤油最重要的出口目的地。近年来,美国对两国的航空煤油出口量持续增加,2018年起对墨西哥的出口量

超越加拿大，2018年、2019年墨西哥进口量均为5.6万桶/日左右，2019年加拿大为5.2万桶/日，分别占2019年总量的25%和23%。其他目的地包括美洲其他地区、欧洲、西非、以色列。

丙烷：与其他产品主要流向西半球不同，美国丙烷主要出口到亚洲市场。前五大出口目的地中有三个是亚洲国家，分别为日本、韩国、印度尼西亚，它们进口主要用作生产乙烯和丙烯的原料。日本依旧是2019年美国丙烷出口最大目的地，出口量为37.2万桶/日，同比增加44.2%，占总量的34.2%；墨西哥第二，为13.7万桶/日。2018年对中国出口量下降6.2万桶/日，同比下降49%，2019年对中国出口量继续因贸易摩擦锐减，只有4个月有出口量，月均2万桶/日，丙烷出口向其他地区转移。2018年，对韩国和荷兰出口丙烷分别增加2.5万桶/日、2.1万桶/日，2019年也有小幅增加。

三 美国成品油进出口趋势

（一）供需趋势

2019年是全球炼油能力大幅增强的一年，增幅约260万桶/日，达到半个世纪以来之最，其中来自亚太和中东地区的新增产能占据了全球增量的97%。国际能源署（IEA）预计，2019~2021年，全球炼油产能将以年增长率1.6%的速度新增480万桶/日，产品结构呈现轻质低硫化趋势。[1] 受全球疫情暴发、原油价格战影响，2020年全球石油需求小幅提高9万桶/日。

咨询机构对美国成品油需求增长能力的预估下调，预计2019~2021年，平均年增长率仅为0.6%。因此，随着地区成品油需求增长趋势的变化、全球炼油能力增强的变化以及2019年全球新增产能大幅增加，美国炼油业面临新的挑战。2020年初，美国炼厂开工率呈现高开低走趋势。

---

[1] 高山整理《炼油行业：产能激增市场竞争白热化》，《中国石化报》2019年7月26日，第5版。

（二）IMO 2020 低硫船燃新规影响

IMO 2020 低硫船燃新规（以下简称"IMO 新规"）实施影响重大，将造成全球轻质低硫船用燃料的需求增加，从 2019 年 6 月到 12 月，美湾地区低、高硫燃料油价差上涨 3 倍有余，2020 年对轻质低硫原油价格仍将构成一定支撑。然而，由于全球 GDP 增长和石油需求增长放缓，预计全球石油库存将增加，总体上对原油和石油产品价格构成下行压力。因此预计，IMO 新规对原油价格的影响可能不如对石油产品价格的影响显著。

美国在全球船用燃料供应上占据份额相对较小，但其炼厂大部分具备将渣油升级为柴油等更有价值的低硫产品的下游装置，具备供应更多低硫船用燃料的能力。柴油和其他相关石油产品出口量将继续增加，预计 2020 年出口量增量为 250 万桶/日。随着全球航运业对柴油的需求因采用洗涤器数量的增加而减少，中长期来看，从 2021 年到 2025 年，美国的柴油净出口将大幅减少。2025 年之后，随着经济增长和监管因素加强，LNG 技术加速融入新船舶建设，使用 LNG 的船舶数量也将增加，柴油需求将进一步下降。在页岩油气产量增长的背景下，美国石油产量将持续增加，直至 2050 年美国都将是能源净出口国。

（三）国家政策

由于美国重新掀起贸易保护主义、受影响国家采取报复行动，全球石油贸易政策的高度不确定性可能继续存在。在特朗普政府执政期间，美国与中国的贸易紧张关系可能会持续，2020 年 11 月美国总统选举的结果将具有关键意义，但当前共和党、民主党在对华遏制方面的立场基本一致，即使届时民主党执政，中美贸易摩擦也将大概率存在。贸易摩擦造成贸易方向转移，并影响美国国内经济，汽油需求在汽车行业不景气、燃料效率提高及电动车替代等因素的影响下，可能陷入负增长。在 IMO 新规的影响下，各地炼厂调整产出比，柴油产出的增加将挤压汽油产量，利好汽油价格，美国汽油出口或将增加。

（四）未来出口市场

墨西哥仍将是美国出口柴油、汽油的主要目的地。2013年墨西哥能源机构改革，虽然已取得不少成效，但受结构性问题和政治因素影响，炼油业改革仍不尽如人意，无法满足日益增长的人口和经济需求，美国将填补这一空缺，墨西哥柴油进口依赖度超过60%，而其几乎全部来自美国。IHS预测，2035年墨西哥汽油、柴油需求缺口分别为53万桶/日、17.64万桶/日。

巴西是美洲第三大能源生产国，已实现原油自给自足，而40%的汽油、20%的柴油依然依靠进口，其中从美国进口分别占27%、70%。预计未来20年内，该国汽油进口量将由8万桶/日增加至17万桶/日，随着本国生物柴油发展，柴油进口依赖将下降，但仍将维持20万桶/日以上的进口需求。

欧洲作为世界第三大成品油消费区，长期以来汽油过剩、柴油缺口，2020~2022年因IMO新规的实施，该地区柴油需求将被推向顶峰。汽油需求将在2025年以后下降。

西、北非市场。美国向摩洛哥、尼日利亚、多哥、喀麦隆出口少量汽油、柴油。摩洛哥目前没有大型独立炼厂，2018年能源进口支出飙升至823亿迪拉姆（合86亿美元），较上年同期增长18%，2019年与俄罗斯签订合建炼厂协议，短期内成品油需求将依旧严重依靠进口。尼日利亚成品油需求中73%为汽油，超过90%的汽油需求依靠进口，是美国扩大出口的目标市场。2020年该国Dangote炼厂将投产，对外依赖将有所下降。

2020年初，全球疫情暴发和原油价格战引起全球石油市场剧烈动荡，权威机构纷纷下调全球石油需求和供应的增长水平，短期内对美国石油产量、炼厂开工率、成品油价格和出口量均构成下行压力，美国石油需求将出现史无前例的萎缩，炼油业和成品油出口也将发生重要调整。

B.12
2019年拉丁美洲成品油市场概述

徐臻博[*]

摘　要： 2019年，拉丁美洲炼油业受到动荡的政治经济环境影响而持续承压，因缺乏资金投入，不仅没有新增炼油能力投产，现有炼厂也因得不到常规维护检修开工率一再下降。此外，美国持续加大对委内瑞拉的制裁力度，也直接导致炼厂加工原料和稀释剂的短缺，进一步限制原油加工量，对整个区域的成品油供应造成较大影响，促使拉丁美洲成品油进口持续增长。预计，2020年拉丁美洲宏观经济将进一步恶化，一方面对成品油需求构成一定抑制，另一方面也将持续对炼厂生产和成品油供应造成影响。

关键词： 炼厂开工率　成品油　拉丁美洲

一　拉丁美洲2019年成品油市场现状浅析

拉丁美洲是指美国以南的美洲地区，东临大西洋、西靠太平洋，南北全长10000多公里，北面墨西哥湾、加勒比海，面积近2000万平方公里，人口总数约6.5亿人，2019年，拉丁美洲名义GDP为51882.5亿美元。作为新兴经济体，拉丁美洲近年来的经济和石油需求在整体上呈攀升趋势，但受制于地缘政治动荡、经济结构转型艰难，其石油需求瓶颈日渐突出。全区最主要的成品油生产和消费国为委内瑞拉、墨西哥、巴西、阿根廷、哥伦比亚、智利、秘鲁、厄瓜多尔等。

---

[*] 徐臻博，中国国际石油化工联合有限责任公司英国分公司业务副经理。

（一）关键品种的供需平衡和进口情况

汽油方面，拉丁美洲汽油为净进口格局，2019年，该区汽油产量同比减少5.6万桶/日，降至128.1万桶/日，降幅为4.2%；需求同比增加0.8万桶/日，增至246.9万桶/日，供需缺口达到118.8万桶/日。分主要国家来看，墨西哥和巴西是区内最主要的两大汽油消费国，占比接近全区汽油消费总量的60%。2019年，拉丁美洲汽油产量变化最突出的是委内瑞拉，由于炼厂开工率大降，其汽油产量同比减少41%，需求也同比减少15.8%（见表1）。

因区内产量低迷、需求增长向好，造成较大的供需缺口，该区汽油进口量不断增加。2019年，拉丁美洲汽油及其组分（含MTBE）进口量为147.3万桶/日，同比增加9.2万桶/日，增幅为6.7%。①

从进口来源看，拉丁美洲汽油进口的主要来源地是美国——2010年美国向该区输送汽油29万桶/日，到2018年增加至84.5万桶/日；与此类似，欧洲向该区出口的汽油量也从2010年的17.5万桶/日增加至2018年的31.5万桶/日。值得密切关注的是，亚洲自2018年起也在拉丁美洲区域打开市场，向拉丁美洲出口汽油17.5万桶/日（同比增长105%），较2010年的1万桶/日增长显著。

表1 拉丁美洲成品油汽油供需变化

单位：万桶/日，%

		2019年	拉丁美洲占比	2018年	同比增量	同比增幅
供应	巴西（含乙醇）	61.2	47.8	60.9	0.3	0.5
	墨西哥	20.4	15.9	20.9	-0.5	-2.4
	阿根廷	15.1	11.8	15.3	-0.2	-1.3
	哥伦比亚	9.2	7.2	9.3	-0.1	-1.1
	智利	8.4	6.6	7.6	0.8	10.5
	委内瑞拉	3.6	2.8	6.1	-2.5	-41.0
	以上合计	117.9	92.0	120.1	-2.2	-1.8
	拉丁美洲总计	128.1	100.0	133.7	-5.6	-4.2

① 普氏能源资讯（Platts）。

续表

		2019 年	拉丁美洲占比	2018 年	同比增量	同比增幅
需求	墨西哥	79.8	32.3	78.6	1.2	1.5
	巴西(含乙醇)	65.8	26.7	66.1	-0.3	-0.5
	阿根廷	15.8	6.4	16.1	-0.3	-1.9
	哥伦比亚	12.5	5.1	12.4	0.1	0.8
	委内瑞拉	12.3	5.0	14.6	-2.3	-15.8
	智利	8.3	3.4	8.2	0.1	1.2
	以上合计	194.5	78.8	196.0	-1.5	-0.8
	拉丁美洲总计	246.9	100.0	246.1	0.8	0.3

数据来源：Energy Aspect。

柴油方面，2019 年，该区的产量同比减少 4 万桶/日，降幅为 2.6%；需求同比减少 2.8 万桶/日，降幅为 1.1%；供需缺口达到 109.8 万桶/日。分主要国家来看，墨西哥和巴西是区内最主要的两大柴油消费国，占到全区柴油消费总量的 52.3%（见表 2）。2019 年拉丁美洲柴油产量变化最突出的仍是委内瑞拉，产量仅为 3 万桶/日，同比减少 50.8%；需求仅为 10 万桶/日，同比减少 35.1%。

与汽油类似，过去十年间，因区内产量滑坡、需求增长，拉大了供需缺口，拉丁美洲的柴油进口亦增长惊人，2010 年仅 35 万桶/日，2018 年则增加到 121.1 万桶/日，增幅达 246%。2019 年，其进口总量的增长依然旺盛，但增长速度已大为缓和，柴油进口总量约为 129.3 万桶/日，同比增加 8.2 万桶/日，增幅为 6.8%。

进口来源方面，第一大来源地是美国，2019 年向该区输送柴油 104.8 万桶/日，同比增长 4.7%，而委内瑞拉这一流向因制裁而中断，改变了一部分流向；第二大来源地是亚洲，2019 年输送柴油 15.8 万桶/日，同比增长 9.3%。

表2 拉丁美洲成品油柴油供需变化

单位：万桶/日，%

		2019年	拉丁美洲占比	2018年	同比增量	同比增幅
供应	巴西（含生物柴油）	81.6	53.9	81.4	0.2	0.2
	阿根廷	20.1	13.3	20.0	0.1	0.5
	哥伦比亚	12.9	8.5	13.0	-0.1	-0.8
	墨西哥	13.0	8.6	11.7	1.3	11.1
	智利	8.3	5.5	6.9	1.4	20.3
	秘鲁	8.3	5.5	6.1	2.2	36.1
	以上合计	144.2	95.2	139.1	5.1	3.7
	拉丁美洲总计	151.4	100	155.4	-4.0	-2.6
需求	巴西	98.7	37.8	95.9	2.8	2.9
	墨西哥	37.9	14.5	38.7	-0.8	-2.1
	阿根廷	23.6	9.0	24.7	-1.1	-4.5
	智利	17.6	6.7	17.3	0.3	1.7
	哥伦比亚	13.6	5.2	13.3	0.3	2.3
	秘鲁	11.6	4.4	11.3	0.3	2.7
	以上合计	203.0	77.7	201.2	1.8	0.9
	拉丁美洲总计	261.2	100	264.0	-2.8	-1.1

数据来源：Energy Aspect。

航煤方面，2019年，该区的产量同比减少3.5万桶/日，降幅为11.1%；需求同比增加0.5万桶/日；供需缺口为14.5万桶/日。墨西哥、委内瑞拉的产量同比皆有大幅下降（见表3）。

2019年，拉丁美洲航煤进口量为24.7万桶/日，同比减少9%。第一大进口来源地仍为美国，2019年输送航煤11.8万桶/日，同比减少3.4%；第二大来源地亦为亚洲，2019年输送航煤3.8万桶/日，同比增长171.43%。

表3　拉丁美洲成品油航煤供需变化

单位：万桶/日，%

		2019年	拉丁美洲占比	2018年	同比增量	同比增幅
供应	巴西	10.5	37.6	11.0	-0.5	-4.5
	哥伦比亚	3.4	12.2	3.2	0.2	6.2
	阿根廷	3.2	11.5	3.2	0.0	0.0
	墨西哥	2.7	9.7	3.5	-0.8	-22.9
	智利	2.3	8.2	1.7	0.6	35.3
	委内瑞拉	2.2	7.9	4.1	-1.9	-46.3
	以上合计	24.3	87.1	26.7	-2.4	-9.0
	拉丁美洲总计	27.9	100	31.4	-3.5	-11.1
需求	巴西	12.0	28.3	12.3	-0.3	-2.4
	墨西哥	8.7	20.5	8.6	0.1	1.2
	阿根廷	3.5	8.3	3.5	0.0	0.0
	智利	2.7	6.4	2.8	-0.1	-3.6
	哥伦比亚	2.7	6.4	2.7	0.0	0.0
	秘鲁	2.3	5.4	2.3	0.0	0.0
	以上合计	31.9	75.2	32.2	-0.3	-0.9
	拉丁美洲总计	42.4	100	41.9	0.5	1.2

数据来源：Energy Aspect。

（二）影响2019年拉丁美洲成品油市场的主要因素分析

1. 炼厂整体运行乏力，加工量持续萎缩

2019年，拉丁美洲原油加工总量为405.2万桶/日，为连续第6年萎缩，同比减少28.3万桶/日，降幅为6.5%，较过去5年平均水平减少了110万桶/日以上，总体开工率仅为50%左右，为全球开工率最低的区域之一。一方面，主要国家如委内瑞拉仍面临严峻制裁，炼厂严重老化，技术人手短缺，缺乏升级和维护资金，意外停工频发，阻碍了炼厂运行的持续性；另一方面，墨西哥等国炼厂因技术故障增加、项目升级缺乏资金支持、结构

性适炼原油短供等问题，开工率和原油产量继续双双走低，炼厂生产运行难以加速，持续性也得不到保障。总体看来，拉丁美洲2019年的原油蒸馏装置停工量达到了185万桶/日，同比增加30万桶/日，相当于2014~2018年总和的两倍之多，从而使得成品油产量大幅下降。

2. 区域经济疲软、地缘政治动荡加剧

从2019年全年来看，该区几大经济体的主要经济指标走弱，发展预期不断下调。其中阿根廷深陷财政危机的泥沼，经济增长率下滑；委内瑞拉受美国制裁、出口量骤减（原油出口基本是该国唯一的创收渠道）等因素影响，全年GDP大幅缩水；巴西距其前番的经济萧条已时隔三年，但该国当前工业生产下滑、失业率高涨、零售销量削减，全年经济增长率低于1%；墨西哥制造业活动、消费者信心指数显著下行，失业率上升，经济仅微弱增长。这一系列全区经济疲软的事实，都表明了短期内拉丁美洲经济前景仍不乐观，从而限制了成品油需求的增长，特别是工业、制造业、建筑业、交通运输业和农业等领域的石油消费受到严重冲击。

二　主要国家具体情况分述

（一）委内瑞拉：成品油供需双双遭受重创

2019年初以来，美国持续加大对委内瑞拉的经济制裁力度，对委内瑞拉石油和交通运输业造成巨大影响。一方面，对经济的冲击进一步抑制了该国的成品油需求；另一方面，因无法进口用于稀释重油的轻质原油和稀释剂，炼厂加工原料短缺，加之炼厂缺乏资金投入，装置得不到维护检修、老化，炼厂开工率持续下滑，成品油供应短缺迫使进口需求进一步提高。

1. 成品油产量和消费量同遭重创

受美国制裁影响，2019年委内瑞拉政治经济环境进一步恶化，进一步抑制了成品油需求。与此同时，受设施老化、预算紧张、供应瑕疵、零件不足、投料匮乏、技工短缺等因素影响，2019年，该国原油加工量跌至12.4

万桶/日,同比减少12.2万桶/日,降幅达49.6%。炼厂开工率降至9.5%,为近十年内最低水平。2019年9月的强风导致艾姆威炼厂运行陷入停顿,该国的原油加工一度全线中断,更是加剧了国内油品产量萎缩和对成品油进口的依赖。2019年,该国汽油、航煤、柴油三品种合计产量8.8万桶/日,同比减少46%;合计需求23万桶/日,同比减少25%。

2. 从美国进口成品油通道受阻

传统上,委内瑞拉从美国进口石脑油,用作将超重质原油调混成出口级品质的稀释剂。遭受制裁后,因石脑油进口短缺,委内瑞拉被迫改用国内轻质原油对超重质原油进行调混,以维持原油出口,这在一定程度上削减了对国内炼厂的轻质原油供应,导致国内投料缺口进一步扩大,困境加剧。

对委内瑞拉而言,美国制裁令拦路在前,身后贸易合作伙伴有限,特别是2020年以来,美国相继制裁了出口委内瑞拉原油的两家俄罗斯贸易公司,使得委内瑞拉的原油出口难上加难。与此同时,委内瑞拉还面临绕开美元支付、绕过美国财务机构等挑战,由此导致一系列操作(船对船接卸、外汇保值等)复杂性上升,也让该国付出了更高的价格和成本。

(二)墨西哥:成品油进口仍将继续攀升

墨西哥是区内仅次于巴西的第二大成品油消费国。2019年原油加工量为59.2万桶/日,同比减少1.9万桶/日;汽油、航煤、柴油三品种合计产量为36.1万桶/日,合计需求为126.4万桶/日;成品油进口总量为108万桶/日。奥夫拉多尔总统上台初始即着手实施了一系列新的能源政策和举措,将在未来几年内对该国油气行业产生深远影响。

1. 经济增长持续放缓,抑制了2019年汽油、柴油需求

2019年,该国经济增速放缓令工业生产和建筑行业等工业用油减少,同时汽车销量负增长对汽油需求构成压力。2019年初,随着国际原油价格攀升,该国普标汽油价格上涨12%,政府部门为缓解消费者压力进行了计价方式调整。

2. 政府打击油品偷盗行动触发物流瓶颈，汽油一度短缺

在过去几年中，墨西哥的油品偷盗现象愈演愈烈，仅 2018 年给墨西哥国家石油公司造成的损失就达 30 亿美元左右。为此，墨西哥政府在全国实施了一系列追踪行动，核心是关闭或间歇运行成品油管道、改用油罐车补入物流；在数个炼厂、接收站、管道等设施部署军队，以持续监督、防范偷盗。然而因缺乏仓储设施，对应的物流没跟上，2019 年初中心地区汽油短供逐渐明显，继而触发了其他地区的恐慌性采购，尤其是核心城市出现了新一轮短供，迫使政府在部分地区实行燃料配给；国内的物流瓶颈导致成品油船积压在墨西哥港口，影响了 2019 年 1~2 月进口汽油的流通。墨西哥作为拉丁美洲的重要汽油市场，在其下游仓储、物流新设施到位，国内汽油产量继续低迷的情况下，预计未来的汽油进口会继续坚挺。

3. 政府推迟柴油品质升级时间

该国原计划于 2019 年初在全国范围内淘汰高硫柴油（500ppm），普及极低硫柴油，但考虑到物流和供应设施到位所需的时间，政府将此计划推迟了 3~6 个月（各城市执行时间各异）。实际上，墨西哥国家石油公司的极低硫柴油产量较低，要实现油品升级，该国只能更依赖进口。

4. 私营商进口占比增加

墨西哥国家石油公司是墨西哥最大的成品油进口主体，但私营进口商的市场份额也在不断提高。

（三）巴西：生物燃料消费进一步增加

巴西是拉丁美洲最大的成品油供需国，该国 2019 年原油加工量为 175.1 万桶/日，同比减少 1.9 万桶/日；汽油（含乙醇）、航煤、柴油（含生物柴油）三品种合计产量为 153.3 万桶/日，合计需求为 176.5 万桶/日；成品油进口总量为 73 万桶/日。

1. 乙醇比汽油更具竞争力

巴西是拉丁美洲 2019 年汽油需求增长的主力，也是全球最大的乙醇汽油消费国。含水乙醇因零售价格比 C 号汽油（即含 27% 乙醇的汽油）具有相对优势，成为巴西司机的首选燃料，自 2019 年以来便一直在巴西汽车燃料市场中居主导地位。当前巴西的绝大多数载客机车安装了混合燃料发动机，以便在乙醇汽油和含水乙醇之间，择经济性更高者切换使用。考虑到燃料效率的差异，当含水乙醇价格达到乙醇汽油价格的 70% 时，巴西消费者便会选择前者。

2019 年上半年，该国对生物燃料的需求同比增长了 9 万桶/日，国际糖价对国内含水乙醇的价差走弱，持续拉动甘蔗榨坊生产更多的含水乙醇，供应增加使含水乙醇价格非常具有竞争力，导致 C 号汽油的同期销售量下滑；6 月初，跟随国际原油和汽油价格的走弱趋势，巴西国家石油公司将汽油出厂价削减了 7% 以上，但干燥的天气延长了甘蔗的收获和压榨期，含水乙醇价格仍有竞争力。2019 年第一季度，含水乙醇的销量遥遥领先于 C 号汽油；但 8 月以来，C 号汽油消费则有所抬头。总体看来，2019 年该国汽油需求比含水乙醇较弱，结构性供应过剩的部分汽油有待另谋出路。

2. 车用柴油中所含生物柴油的占比提高

巴西是拉丁美洲最大的柴油市场。巴西国家石油管理局批准从 2019 年 9 月 1 日起将车用柴油中所含生物柴油的占比从 10% 提高至 11%，分销商也被允许按高至 15% 的比例调和生物柴油。预计此举将影响 2.5 万桶/日碳氢结构柴油的市场份额，进口也会受到同等程度的影响，但国内市场的平衡最终还是取决于套利的经济性程度。到 2020 年，该国车用柴油中所含生物柴油的占比将提高至 12%。

3. 国内产量提高，柴油进口放缓

从进出口来看，巴西 2019 年的汽油进口保持增长态势，部分投机性进口影响了国内的市场平衡。柴油方面，面对高企的失业率和上扬的国际成品油价格，巴西国家石油公司曾宣布调高柴油出厂价，却又迫于政治压力恢复到原价。因国内产量增加，该国 2019 年的柴油进口较去年有所放缓，进口趋势分为两个阶段：前 4 个月，柴油净进口为 17.5 万桶/日，同比减少 3.5 万桶/日；5~8 月，柴油产量同比减少 6 万桶/日，净进口则增加了 7 万桶/日。

（四）阿根廷：油气领域政策或迎变数

相对于其他拉美国家，阿根廷地缘政治较为稳定，但也面临一系列问题。2019年，阿根廷原油加工量为47.6万桶/日，同比几近持平；汽油、航煤、柴油三品种合计产量为38.4万桶/日，合计需求为42.9万桶/日；成品油进口总量为6万桶/日。

具体来看，该国经济萧条对其炼油业及石油需求的影响在下半年较为显著。为解比索贬值、通货膨胀之困，8~11月阿根廷政府宣布把车用燃油价格冻结80天。在这一背景下，因汇率波动、国际油价上涨带来的价格变动无法于销售端进行转嫁，进一步侵蚀炼油利润。此外，全年经济增长率走低也拖累了需求和炼油业的前景。

从后市来看，总统大选中胜出的阿尔韦托·费尔南德斯于2019年12月10日就职，其选定的经济部长人选是国际货币基金组织的反对者，其经济政策走向存在较大变数；此外，其任命的阿根廷国家石油公司（YPF）主席是页岩油钻探的积极支持派，油气领域仍可能迎来一定变数。

（五）哥伦比亚：成品油需求规模偏小

相对于上述几国，哥伦比亚成品油需求规模偏小。该国2019年原油加工量为36.7万桶/日，汽油、航煤、柴油三品种合计产量为25.5万桶/日，合计需求为28.8万桶/日。

因公众对政府政策不满，哥伦比亚成为拉丁美洲又一个陷入社会动荡的国家。政府尚未与石油工会就结束罢工和抗议活动达成协议，经济让步与政治压力之间的博弈，增加了长期投资的风险，令该国经济发展和消费需求面临更多不确定性。

三 IMO 2020新规对拉丁美洲成品油的影响

2020年1月1日，国际海事组织（IMO）将在全球范围内实施船用燃油硫含量不超过 0.5% m/m 的规定，这一规定也将对拉丁美洲传统的高硫燃料油生产产生一定影响。

（一）意外停工限制了拉丁美洲焦化产能的使用率

IMO 2020 新规实施将导致 300 万桶/日的高硫燃料油需求从国际船用油市场上蒸发，取而代之的是低硫燃料油和低硫渣油调混油，以及很小一部分的天然气。实行新规后，装有洗涤器的船只还可以继续使用高硫燃料油，高硫燃料油在全球船用油市场上仍将有 50 万~60 万桶/日的生存空间。

拉丁美洲当前的焦化处理能力达 77 万桶/日，37% 在巴西，其次是墨西哥 21%、委内瑞拉 19%、阿根廷 14%，剩余的在哥伦比亚和智利。大规模的意外停工和设备失修，导致焦化装置的利用率有限，从而也限制了低硫燃料油的产量。

此外，过去几年中，因炼厂关停，原油加工量减少，燃料油产量也随之减少，拉丁美洲的渣油产量在 2015~2018 年平均约为 103 万桶/日，比起 2010~2015 年的平均水平减少 35 万桶/日。该地区缺乏资金投入，为了配合船用燃油规格转变而进行的炼厂升级改造项目极少，因此预计 2020 年该地区燃料油生产仍以高硫燃料油为主。

（二）电厂需求对区内高硫燃料油去留产生决定性影响

墨西哥是高硫燃料油的生产大国，但近来年产量逐年递减，2010 年为 32.2 万桶/日，到 2018 年降至 18.5 万桶/日。2019 年，则进一步降至 15.1 万桶/日，占拉丁美洲全年燃料油总产量的 22%。天然气因价格、环保优势，正成为该国发电燃料的替代性选择。早在数年前，发电厂就已启动用天然气取代高硫燃料油，因此在该国 2018 年的高硫燃料油消费结构中，发电需求降到 6 万桶/日，而工业用途及国内船加油消费占 3.5 万桶/日，剩余 9 万桶/日的缺口需通过出口消化（船用油市场、美湾焦化原料市场无法全部接收，若其价格与天然气持平或低于天然气，则部分可用作国内发电燃料）。2019 年第二季度，因发电需求提升，以及政府与天然气管道公司因立

法争议导致管道基础设施建设延迟，高硫燃料油需求随之有所提升。

巴西也是拉丁美洲的燃料油生产大国，2018年产量为19万桶/日；2019年为20.6万桶/日，占拉丁美洲全年燃料油总产量的29%。2018年出口量接近9万桶/日，主要是中硫（硫含量0.7%～1% m/m）品质，虽然历来按照高硫燃料油作价，但2020年的定价应显著高于高硫燃料油。

（三）拉丁美洲高硫燃料油去向分析

总体来看，拉丁美洲2018年燃料油产量为80.1万桶/日，需求为62.2万桶/日；2019年产量为68.9万桶/日，需求为57.7万桶/日。产量主要用于本土消费，发电用途占到一半，剩余有一部分出口到区外。针对拉丁美洲的高硫燃料油余量，预计有以下四种应对方案。

第一，预计拉丁美洲高硫燃料油裂解价差在2020年遭受打压，被迫与天然气在发电燃料市场上竞争。从区内看，墨西哥的发电板块因天然气需求受管输能力所限，或带动一部分高硫燃料油需求；沙特阿拉伯和孟加拉国等地将在2020年上线一批高硫燃料油的新发电装置，若报价合理，或可成为拉丁美洲高硫燃料油的潜在目的地。

第二，高硫燃料油价格的变化，将决定其作为焦化原料成本优势的大小，若价格大幅下滑则尤其会受到墨西哥湾沿岸炼油商的青睐。

第三，装有洗涤器的船只仍保留了部分高硫燃料油需求（预计2020年全球总需求为50万～60万桶/日），故主要船加油港口仍会提供高硫燃料油。

第四，通过缩减酸油加工量、增加甜油进口，可限制高硫燃料油产出。但这一方案的缺点在于汽油、柴油也将随之减产，从而进一步推高该区的进口需求，其代价同时也取决于IMO 2020新规对汽油、柴油裂解价差的影响。

四 2020年拉丁美洲成品油市场展望

2020年，拉丁美洲经济基本面或继续恶化，炼能重启的不确定性较大，在一系列因素影响下，该区成品油市场也充满较大变数，将不可避免地遭受冲击。

从需求侧来看，2020年伊始全球范围内暴发了新冠肺炎疫情这一黑天鹅事件，导致疫情期间全球需求大幅下降，拉丁美洲多国出现感染病例，一些国家封路封城，重创成品油需求。

从供应侧来看，受国际油价暴跌至18年低位的影响，墨西哥玛雅原油和委内瑞拉马瑞重油等区域内指标性油种的现货价格出现大幅下挫趋势。鉴于此，该区在未来数月大幅减产和投资延期的可能性大大提高，原本堪忧的经济局势正面临新的压力，加之多国社会、政治事件的风险上升，故而不排除会出现新一轮更深化的经济危机。

从加工量来看，2020年，拉丁美洲原油加工量能否增长，将主要取决于圣克洛伊岛（美属维尔京群岛）炼厂是否按计划重启。该炼厂曾名霍文萨炼厂，现属于菩提树湾旗下资产，产能为20万桶/日，于2020年第一季度恢复运行，预计低位起步，2020年底前上升到15万~17万桶/日。

参考文献

NERGY ASPECTS，"Global Demand"，2020.03.
PLATTS，"Latin American Oil Market Reports"，2019.

油气与新能源
Oil Gas and New Energy

B.13
全球生物柴油发展现状研究

刘兴红 蔡艺 张婧*

摘　要：　21世纪以来，在不可再生资源超负荷开采利用和生态环境遭受破坏的背景下，工业生产向绿色环保和可持续发展方向推进，研究开发环境友好型的可再生替代能源愈来愈成为社会发展的主线，而生物柴油凭借环保、再生能力强、含氧量高、燃烧充分的优良性能受到国内外政府以及能源公司的广泛关注。全球生物柴油在近些年实现了较快发展，欧盟、美国、巴西、印尼、阿根廷等地成为推广应用生物柴油的典范。我国生物柴油产业也实现了一定发展，但仍面临原料匮乏、餐

---

* 刘兴红，中国国际石油化工联合有限责任公司市场战略部副总经理，研究方向为成品油、LPG、新能源等；蔡艺，中国石油大学硕士，中国国际石油化工联合有限责任公司市场战略部分析师，研究方向为化工、天然气及国际石油市场；张婧，中国人民大学数量经济学硕士，现任中国国际石油化工联合有限责任公司市场战略部分析师，研究方向为宏观经济、国际油价模型及战略研究。

厨废弃物收集难度大等问题，建议政府层面积极引导和推动，逐步建立起生物柴油的长效发展机制。

关键词： 生物柴油　餐饮废油　可再生资源

一　生物柴油基本概况

生物柴油是以可再生的油脂（如动植物油脂、微生物油脂以及餐饮废油等）为原料通过酯交换等工艺技术制成的可代替石化柴油的再生性柴油燃料，简言之，是更加环保的柴油。从原料来源看，全球生物柴油主要原料有大豆、棕榈树、油菜花或餐余废油、动物油脂等。从品质属性来看，生物柴油密度、动力黏度和闪点略高于普通柴油，凝点、十六烷值、热值等则略低于普通柴油[1]。对于两者有关性能来说，生物柴油与 0# 柴油性能指数对比如表1。

表1　生物柴油和 0# 柴油性能指标对比

理化指标	0# 柴油	生物柴油	对比
密度(20℃)(g/cm³)	0.81~0.84	0.8779	生物柴油略大
动力黏度(40℃)(mPa·S)	2.7	4.38	生物柴油大
凝点(℃)	0	-1	生物柴油低
90%馏出温度(℃)	355	344	生物柴油略低
十六烷值	51	46	生物柴油低
热值(MJ/L)	38.6	32	生物柴油略低
闪点(闭口)℃	60	132	生物柴油高
氧含量%	0	10	生物柴油高
硫含量%	<0.001	<0.001	生物柴油极少

生物柴油的优点，一是几乎不含硫，具有环保性；二是黏度较传统柴油更大，因而具备较好的润滑性能，从而减少发动机在运行中与连杆的磨损，提高

---

[1] 王常文、崔方方、宋宇：《生物柴油的研究现状及发展前景》，《中国油脂》2014年第5期，第44~47页。

和延长发动机性能和寿命;三是氧含量高,有利于产品充分燃烧;四是闪点高,运输和存储更安全。生物柴油缺点主要有两点,一是生物柴油分子中含有不稳定的结构,发生聚合反应后,易生成大分子胶状物质,引起喷油嘴堵塞;二是不达标的生物柴油残留的甲醇和甘油腐蚀性较强,容易对金属材料造成损害。

在实际应用中,一般将生物柴油与石化柴油按体积比率混调,通常所说纯生物柴油为B100类型,不同国家根据自身情况设定了相应的掺混标准,应用形式为B5、B10以及B20等,即掺混5%、10%、20%体积的生物柴油。

生物柴油的生产技术主要包括酸碱催化酯交换法、高压醇解法（SRCA）和酶催化法等（如表2），不同工艺适用性不同，副产品利用程度也不同，一般来说，前两种工艺在工业应用更为广泛，1.12吨原料油脂可以生产1吨生物柴油，同时副产约0.11吨粗甘油。其中，酸碱催化酯交换法对原料要求是食用油级别，而SRCA工艺可以适用于地沟油[①]。

表2 主要工艺及优缺点对比

工艺类型	原料	优点	缺点	主要应用公司
酸碱催化酯交换法	精制油脂、甲醇	(1)产品质量稳定; (2)使用液碱催化剂,催化剂消耗低; (3)产品转化率96%以上	(1)副产品粗甘油纯度低,需要再次加工利用; (2)原料要求高,食用油级别,工艺流程复杂,废液排放多	鲁奇公司
高压醇解法(SRCA)	高酸油脂、甲醇	(1)对原料适应性强,地沟油可以直接使用; (2)产品转化率也高达96%; (3)无催化剂介入,无废水排放,反应时间短	(1)副产品粗甘油难利用; (2)高温高压,装置造价较高	中海油海南东方生物能源
酶催化法	动植物油脂、甲醇/乙醇	(1)常温常压使用,反应条件温和; (2)无污染排放物	(1)酶制剂使用寿命短; (2)生产成本较高	暂无

① 张纪红、杨红健等：《生物柴油研究进展》，《天津化工》2006年第6期，第15~17页。

二 全球生物柴油发展概况

近年来,在世界各国政府和相关产业的推动下,全球生物柴油市场呈现迅猛发展态势。据国际能源署(IEA)统计,全球生物柴油产量从2004年190万吨(合3.9万桶/日)增长到2018年3493万吨(合71.3万桶/日),年均增长率在23%左右,预计2019年生物柴油产量达到4350万吨,从消费来看,全球生物柴油消费与产量走势大体一致,2018年,消费量3258万吨(合66.5万桶/日),消费量略小于产量,生物柴油在全球一次能源消费中将占比0.4%(见图1)。

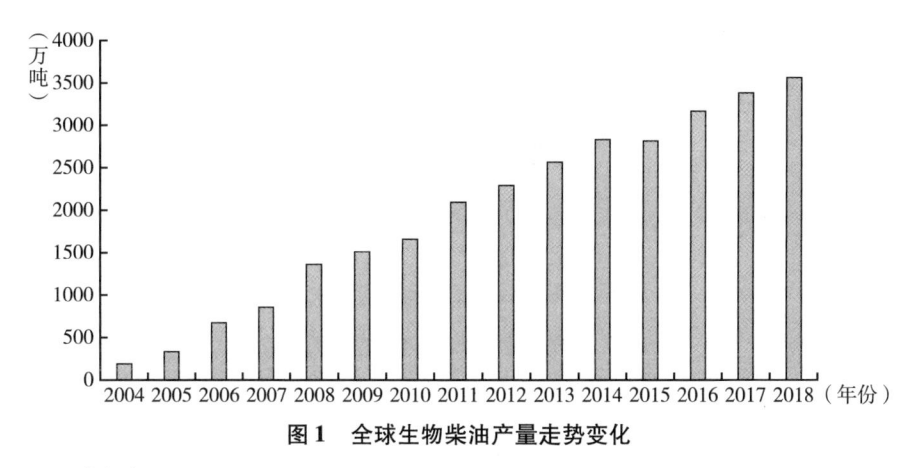

图1 全球生物柴油产量走势变化

数据来源:IEA,UNIPEC Research & Strategy。

从供需分布来看,生物柴油的生产和消费都存在明显的地域性,主要集中在欧洲和美洲。从消费端来看,2018年,欧洲生物柴油消费量为1466万吨,占全球总消费量的45%;北美地区为820万吨,占比25%;中南美和亚太地区消费量均为580万吨左右,占比约18%。从供给端来看,欧洲如德国、法国和西班牙等以油菜籽为主要原料,2018年生物柴油产量为1243万吨,占比36%;北美如美国以大豆油为主要原料,产量为748万吨,占比21%,其中美国产量为640万吨,位列全球生物柴油供应第一位,占比18.3%;亚太地区如马来西亚、印尼、泰国以棕榈油为主要原料,生物柴油

产量快速增长，2018年产量为750万吨，占比21%，其中印尼产量为337万吨左右，在全球生物柴油供应中占比9.6%，位居第三，中国以餐饮废油为主要原料，产量为103万吨，占比2.9%（见图2）。

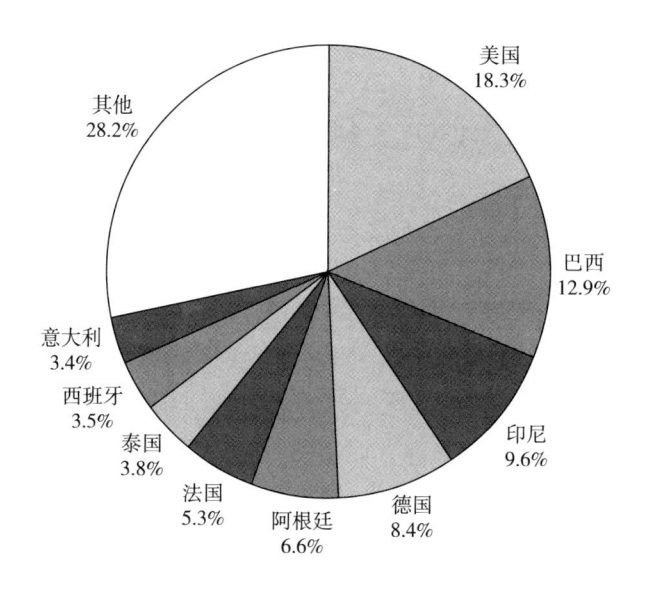

图2　2018年全球生物柴油产量占比

数据来源：USDA Foreign Agriculture Service，UNIPEC Research & Strategy。

从生物柴油的贸易情况来看，欧洲仍然是生物柴油进口量最大的地区，2018年进口量达到296万吨，主要从阿根廷和印尼进口增加；美洲方面，美国、巴西以国内消费为主，阿根廷生物柴油出口量较大，约150万吨，达到产量的53%；而亚太地区，以印尼和马来西亚为主要出口国，2018年出口量为72万吨，主要受国内调混需求增加以及欧盟加征反倾销税影响，出口量略有下降。

三　全球主要国家生物柴油供需情况

全球生物柴油的生产和消费情况，总体看主要取决于其原料的可获取性。不同国家地区根据原料特点，发展与之相适应的生物柴油产业政策，各国依靠税收抵免、免除生物柴油消费税和增值税、可再生燃料标准等政策激励和推动相关产业发展。综合而言，成本仍然是限制生物柴油规模化生产和应用的关键要素。

全球范围内，生物柴油的主要生产和消费国家和地区有欧盟、美国、巴西、印尼、阿根廷等。具体情况如下。

欧盟：欧盟是生物柴油最主要生产和消费地区，2018年产量和消费量分别为1243万吨和1466万吨，分别占全球总量的36%和45%，进口量近300万吨，进口来源主要是印尼和阿根廷；欧洲生物柴油生产以菜籽油和餐饮废油为原料，生物柴油约占柴油市场的5%，生产和消费集中在德国、法国和意大利三国，其消费总量占欧盟总量的63%。

美国：美国是最早对生物柴油进行研究、发展和应用的国家之一，在该国政府的大力鼓励和扶持下，生物柴油产业近些年得到稳定发展。2018年，美国生物柴油产量达到640万吨，消费量达730万吨，平均消费量占柴油总消费量的4%左右，净进口量近年来有所增加。美国用于生产生物柴油的主要原料有大豆油、黄脂膏和牛油脂等，其中大豆油是最重要的生产原料，占比高达88.5%。

巴西：多年来，巴西一直大力推进生物燃料的发展，目前已拥有庞大的生物燃料产能和先进的生物燃料应用技术，包括生物柴油和燃料乙醇等，其生物燃料使用水平远远高于世界平均水平。巴西生物柴油原料以豆油为主，少部分为棉籽油；目前，巴西所有加油站所供应柴油中都掺入10%的生物柴油。根据巴西科技部制定的目标，到2020年掺混率将提高到20%。2018年巴西生物柴油产量为450万吨，消费量达到440万吨，基本可以满足国内需求，从产能利用情况看，2018年巴西生物柴油产能为731万吨/年，产能利用率达到60%以上。

印尼：印尼生物柴油以棕榈油为原料，棕榈油年产量超过3000万吨，具有原料和成本优势。2018年生物柴油产量达337万吨，年均增速为28%。消费方面，2015年以来，印尼政府规定柴油中需添加10%的生物柴油；2018年提高到20%，消费量达到290万吨；2020年1月起拟执行30%的

B30 标准，进一步提高生物柴油消费，相应减少石化柴油消费。值得一提的是，马来西亚作为另外一个主要棕榈油生产国，目前该国政府也宣布将要加大生物柴油在国内的生产和使用，从而替代部分化石燃料的消费。

阿根廷：阿根廷也是生产和利用生物柴油的重要国家，该国的生产原料以大豆为主，2018 年产量为 263 万吨。其国内生物柴油有效添加比例约为 8.6%；出口量超过 50%，2018 年近 150 万吨，是全球生物柴油出口量最大的国家。

四 我国生物柴油发展现状

（一）我国生物柴油发展沿革

进入 21 世纪后，随着我国能源消费量快速增加，原油进口依赖度越来越高，对国家能源安全带来了较大的风险，因而政府对发展石油替代燃料非常重视，并越来越重视生物燃料等可再生能源产业的发展，同时也制定了多项法规和颁布各种财政税收政策以促进和加快相关产业快速发展（见表 3）。

表 3 我国出台相关生物柴油法规和政策

年份	相关政策
2005	颁布《中华人民共和国可再生能源法》鼓励可再生能源发展
2006	财政部出台《可再生能源发展专项资金管理暂行办法》，增大科研开发及教育培训力度，提高企业参与积极性，将发展生物质能源作为首位发展项目
2006	出台《关于发展生物能源和生物化工财税扶持政策的实施意见》，制定发展生物能源和生物化工三项原则、四项政策和措施
2007	BD100 生物柴油国家标准开始实行
2012	国务院出台《"十二五"国家战略性新兴产业发展规划》，制定到 2020 年生物燃料利用量达到 1200 万吨
2012	发布《可再生能源发展"十二五"规划》，提出推进木本油料作物产业化，引导和规划生物柴油产业积极发展
2013	国家林业局发布《全国林业生物质能源发展规划（2011—2020 年）》，详细规划我国木本油料作物产业发展目标
2015	国家能源局正式印发《生物柴油产业发展政策》

与欧美、部分东南亚国家相比，除了技术因素限制，我国生物柴油原料来源匮乏成为主要限制因素。由于人均耕地面积少，食用油脂还需要大量进口，"不与民争粮，不与粮争地"也是我国生物柴油产业发展的基本要求，因此，开发废弃油脂，充分利用餐厨废弃物和"地沟油"也成为我国生物柴油特色发展道路[①]。

（二）我国生物柴油生产和使用情况

在政府推出相关政策支持和税收优惠的鼓励下，生物柴油产业在相关技术上也取得了进步和突破，我国生物柴油以餐饮废油为原料，发展了一批中小企业进入市场，分布在河北、福建和浙江等地区。到2010年，我国生物柴油产能达到了350万吨/年，随着原油价格不断上涨，生物柴油生产在当时具有良好的经济性，产量也于2014年达到99万吨，消费量更达到185万吨的峰值。随后，由于原油价格下跌，生物柴油生产经济性不足。2018年生物柴油产量仅73万吨，产能利用率不足20%（见图3）。近年来，我国生物柴油出口量有所增长，2013年出口75吨，2018年达到31万吨，主要出口至欧盟成员国。我国生物柴油生产企业现以民营为主，中海油曾投资生物柴油项目，据了解目前也已转让出股权。

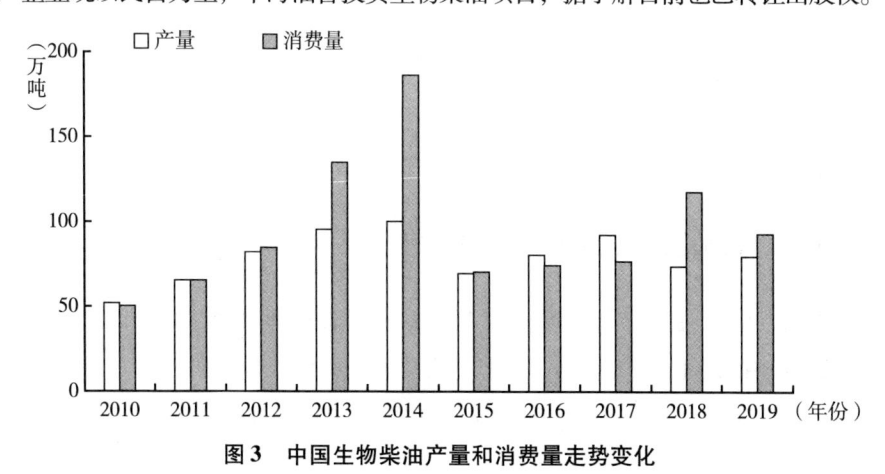

图3 中国生物柴油产量和消费量走势变化

数据来源：USDA Foreign Agriculture Service，UNIPEC Research & Strategy。

---

① 鹿清华、廖健等：《生物柴油经济性及政策研究初探》，《当代石油化工》2007年第3期，第28~30页。

当前，我国生物柴油发展最好的地区是上海。2018年3月，上海市奉贤区、浦东新区的中国石化加油站开始向市场提供B5生物柴油（5%含量生物柴油），且售价比普通柴油要便宜0.3元/升，这是全国范围内首次利用餐厨废油生产的生物柴油进入成品油销售市场。2019年9月，中石油上海销售公司在松江区松二加油站举办"中国石油加油站加注B5车用柴油启动仪式"，标志着餐厨废弃油脂制B5生物柴油通过中石油正式上线销售，进一步拓展了B5生物柴油的销售渠道。自此，中石化、中石油两大公司都在上海销售B5生物柴油。随着生物柴油在上海试点成功运行，每年上海生物柴油消费量超过8万吨。

我国生产生物柴油的主要原料是餐饮废油，收集利用量每年为240万~300万吨（不同估算方法可能存在差异），考虑到我国每年消费柴油约1.7亿吨，如果全部调和B5生物柴油，可消纳餐饮废油800万吨，这也为地沟油再回收利用提供了很好的渠道，同时减少消费者由地沟油回流产生的健康风险。

此外，由于生物柴油含氧量较高，与传统柴油混合后燃烧时，可以有效提高其燃烧效率，从而减少有害颗粒物和气体的排放。有关部门检测结果显示，通过推广应用B5生物柴油，汽车尾气排放的PM值、重金属含量都下降了10%以上。因此，加大推广使用生物柴油也是防治大气污染的重要举措。

（三）我国生物柴油产业政策与定价

当前，生产纯生物柴油享受消费税暂缓征收和增值税即征即退70%的税收优惠政策，相当于比生产石化柴油节省1900元/吨的税费。与此同时，政府鼓励公用车辆优先使用生物柴油调和燃料，实施包括弹性亏损补贴、原料基地补助、示范补助等扶持政策。

从价格机制来看，生物柴油经济性一方面受到废弃油脂原料价格影响，另一方面也与石化柴油价格紧密相关，当国际油价处于高位时，石化柴油价格比生物柴油价格高，则生物柴油生产具备经济性。按照我国生物柴油定价方式，B100 生物柴油接受价 = 石化柴油价格 × 0.92，生物柴油到调配中心价格 = B100 生物柴油成本 + 100 元/吨，按地沟油的原料市场参考价 4200 元/吨测算，在目前的原油价格水平下生物柴油生产难有经济性[①]。

（四）我国生物柴油进出口情况

当前，我国为生物柴油的净进口国。2018 年，进口量为 75 万吨，出口量为 31 万吨，净进口量达 44 万吨；2019 年，我国进出口增长较快，前三季度进口就达 78 万吨，出口 45 万吨，净进口 33 万吨；这两年进口比 2017 年的 1.54 万吨有大幅跃升。进口来源地主要是印尼，2019 年前三季度达 59 万吨（占比约 76%），其次为马来西亚 14.7 万吨。

进口方式主要有保税进口（63.5%）和一般贸易（23%）。我国生物柴油出口的主要目标市场为欧洲，包括荷兰、西班牙和比利时等。另外，根据海关统计，马来西亚不仅是我国生物柴油进口来源国，也是我国生物柴油出口市场，2019 年前三季度达 7 万吨。从出口方式来看，主要为一般贸易，前三季度出口 31 万吨，占比 70%；保税出口 12 万吨，占比 27%。

目前，我国生物柴油产业参与主体由中小民营企业构成，民营企业也成为生物柴油出口的主力军。根据海关编码归类，生物柴油是第 38 章的杂项化学品，不纳入成品油出口配额管理，通常由企业直接对接欧洲企业自行出口；关税方面，最惠国进口税率为 6.5%，出口关税为 0%；增值税方面，进出口征收 13%，进口即征即退 70%，出口退税为 0%；消费税方面，暂缓征收。

据了解，欧洲不同国家对于生物柴油的税收优惠和减免政策不同，尽管税收支持政策不及早年起步时的力度，但整体来看，欧洲各国仍在推行使用生物柴油，包括制定生物柴油欧盟标准、提供项目低息贷款等，以减少对环境污染并满足碳排放要求。

值得关注的是，欧盟国家强制要求在石化柴油中添加 10% 的生物柴油

---

① 乔凯：《生物柴油的综合利用与前景分析》，硕士学位论文，中国石油大学，2017。

来降低排放,但以地沟油为原料生产的生物柴油仅需5%就可以达到减排标准,而其他以棕榈油、菜籽油为原料生产的生物柴油需要添加10%才能达到减排标准,因此我国以地沟油为原料出口生物柴油到欧盟具有一定竞争力;但是,由于我国地沟油可作为工业级混合油直接出口,享受13%增值税退税优惠,较生物柴油出口更具竞争力,直接推动了原料油的大量出口。据统计,2018年我国地沟油出口量达30万吨。

五 我国发展生物柴油的意义和相关建议

作为全球第一大能源消费国、第二大石油消费国,我国发展生物柴油具有较强的社会意义,不仅有助于环境保护,同时可以最大限度地解决地沟油回流餐桌问题,民生和社会意义突出。只要有有力的政策支持,产业链条相关环节责任分工明确,奖罚分明,我国餐余油制生物柴油还是完全可以全面落地实施的。

目前看来,我国发展生物柴油最大的困境在于原料供应没有保障,企业生产原料以餐饮废油为主,面临巨大的收集压力和成本困境。地沟油点分散广、收集难、议价权低、监管难,生产企业普遍难以合理价格采购到地沟油。与此同时,当前原油价格较低,生物柴油生产没有经济性,副产品甘油的利用率和转化率也偏低。此外,尽管在政府层面通过各种政策对生物柴油产业发展提供大力支持,但在实施过程中缺乏统筹全局的相关部门和协调发展的制度。为促进我国生物柴油的长期稳定发展,考虑如下相关建议措施。

(一)建议政府引导,制订明确推广计划

目前,在我国推广和应用生物柴油已具备相关基础条件和经验教训,国家质检总局和国家标准化管理委员会已发布B5生物柴油标准,且上海市也开始推广应用B5生物柴油并取得一定成效。要促进生物柴油的推广应用,可借鉴乙醇汽油的推广模式,制定明确的生物柴油推广应用时间

表，落实相关部门监管职责，完善各类补贴和配套税收政策及措施和实施细则，激发企业生产积极性。

（二）建议政府牵头，建立原料供应保障机制

目前看来，地沟油的供应问题对于大力发展生物柴油来说还是主要的限制因素，因此建立一套地沟油原料管理体系是重中之重，构建地沟油的生产、收集、运输、加工和利用一体化模式，由政府牵头将是今后的主要趋势。在实际运行过程中，政府要明确责任，将地沟油的收集和加工交给具有资质的企业负责，减少市场管理不善带来的混乱和竞争；同时政府还需同物价管理部门设定相应的地沟油收集指导价格，防止不良商家肆意哄抬价格，影响企业生产成本，保证整个产业科学和平稳地发展。

参考文献

王昆、巩志宏：《地沟油能源化利用仍待理顺机制》，《经济参考报》2019年11月21日。

B.14
可持续的清洁能源研究
——生物燃料乙醇

陆斯达 姜军阳*

摘 要： 生物燃料乙醇是一种以农作物为原料的可再生液体燃料。目前，世界上有近三分之一的国家将乙醇作为汽油组分添加至成品油中，其中包括美国、中国、欧盟、巴西、加拿大、澳大利亚等世界主要经济体。使用生物燃料乙醇有众多好处，包括调节粮食市场、减少二氧化碳排放、降低国家能源对外依存度等。中国政府自21世纪初起，逐步推广乙醇汽油，并将于不久的未来实现在全国范围内使用乙醇汽油的国家战略。本文将细致阐述世界各国，尤其是中国，生物燃料乙醇行业的发展历史及现状，以及乙醇对于中国粮食安全、能源安全及环保的重要意义。

关键词： 生物燃料乙醇 粮食与能源 可再生 二氧化碳减排 能源对外依存度

一 生物燃料乙醇概述

（一）什么是生物燃料乙醇

酒的起源可追溯到5万年前的旧石器时代。人类发现含糖物质在酵母菌

---

* 陆斯达，美国谷物协会北京办事处顾问，康奈尔大学化学工程学硕士，加州大学伯克利化学学士，美国化学家协会会员；姜军阳，美国谷物协会北京办事处副主任，曾任美国驻华使馆农业处农业专家，英国《独立报》驻京办事处和道琼斯金融通讯社北京分社新闻助理，北京大学经济学硕士，山东大学、中国新闻学院英语语言文学和新闻学学士。

的作用下可产生饮用后令人兴奋的酒精。酒精的化学名称为乙醇。随着科技的发展，乙醇的用途更加多样。当今，乙醇已成为一种不可或缺的汽油组分，在能源领域发挥自身作用。

生物燃料乙醇一般是指以生物质为原料、体积浓度为99.5%以上的无水乙醇。生物燃料乙醇是燃烧清洁的高辛烷值燃料，是可再生能源。将生物燃料乙醇按一定比例与汽油掺混可增加成品油的辛烷值和氧含量，并降低成品油中芳烃等组分的使用量，进而提高炼厂经济性。

目前生产生物燃料乙醇的原料主要为玉米、甘蔗、木薯和糖蜜。此外，主要生物燃料乙醇公司及相关机构都在加紧开发以秸秆等农林废弃物为原料的第二代纤维素生物燃料乙醇。

（二）使用生物燃料乙醇的好处

生物燃料乙醇是一种可再生的清洁能源。过去几十年间，世界多国积极发展生物燃料乙醇，皆尝到了诸多"甜头"。

首先，生物燃料乙醇可持续性极强。与化石能源漫长的形成过程相比，生物燃料乙醇的主要原料生长周期较短，同时生物燃料乙醇的工业生产过程也极短。化石能源的不可再生性决定其终将走向枯竭，而生物燃料乙醇可持续稳定地为人类提供能源。

其次，使用生物燃料乙醇可保护环境。美国农业部2019年最新研究报告显示，美国玉米基生物燃料乙醇全生命周期的温室气体排放比使用等热值汽油的温室气体排放减少39%[1]。同时，乙醇的高含氧量可促进油品在内燃机中更充分燃烧，进而减少液体燃料燃烧不完全而带来的有害气体、碳氢化合物及颗粒物（PM）排放。

最后，发展生物燃料乙醇能够调节粮食市场，拉动农村经济，提高储备粮周转率，保障玉米种植者收入。

---

[1] Jan Lewandrowski, Jeffrey Rosenfeld, Diana Pap, Tommy Hendrickson, Kirsten Jaglo, Katrin Moffroid, U.S. Department of Agriculture, "The Greenhouse Gas Benefits of Corn Ethanol-Assessing Recent Evidence", DOI: 10.1080/17597269.2018.1546488, https://doi.org/10.1080/17597269.2018.1546488.

二 世界生物燃料乙醇行业

（一）综述

全球生物燃料乙醇产量在2000年后快速增长，2000~2019年，年均增长率超过19%，2019年产量可达到8668万吨[1]。预计2020年全球生物燃料乙醇年产量将接近1亿吨。目前，美国、巴西、欧盟各国、中国、印度、加拿大等60多个国家和地区在推广使用生物燃料乙醇（见表1）。其中，美国和巴西位列前两位，生物燃料乙醇年产量分别占世界产量的54%和30%[2]。

表1　2014~2019年全球乙醇生产区域产量

单位：万吨，%

	2014年	2015年	2016年	2017年	2018年	2019年	2019年全球占比
美国	4274	4422	4603	4759	4805	4711	54
巴西	2019	2150	2019	1995	2392	2559	30
欧盟	432	414	411	418	427	430	5
中国	227	243	252	257	263	269	3
加拿大	152	130	130	140	143	149	2
泰国	25	58	82	63	119	158	2
印度	93	100	96	110	116	125	1
阿根廷	48	63	79	87	87	87	1
其余	258	117	146	124	164	179	2
总计	7528	7697	7818	7953	8516	8669	100

数据来源：Renewable Fuels Association, "Annual World Fuel Ethanol Production", https://ethanolrfa.org/statistics/annual-ethanol-production/。

美国和巴西发展生物燃料乙醇已有数十年，两国都将生物燃料乙醇视为能源战略的重要组成部分，并制定了积极的产业促进政策，使其成为保

---

[1] Renewable Fuels Association, "Annual World Fuel Ethanol Production", https://ethanolrfa.org/statistics/annual-ethanol-production/.

[2] Renewable Fuels Association, "Annual World Fuel Ethanol Production", https://ethanolrfa.org/statistics/annual-ethanol-production/.

障国家能源安全、改善环境、提高农民收入水平、调节粮食供需波动的有效手段。

（二）美国生物燃料乙醇行业

美国是全球最大生物燃料乙醇生产国和消费国。20世纪70年代后，数次中东战争、伊朗危机以及两伊战争导致石油提价和禁运，最终引发了1973年至1975年的资本主义世界经济危机。

由于国际油价上涨和石油对外依存度攀升，美国从20世纪70年代末起开始颁布各种法律法案及税费措施，支持生物燃料乙醇发展。主要节点有，《能源税率法案》（Energy Tax Act[①]）为生物燃料乙醇减免税费，甲基叔丁基醚（以下简称 MTBE）因污染地下水而被立法全面禁用[②]，甲醇因其本身具有毒性、可提高芳烃类物质水溶解度而污染环境等不在美国汽油组分考虑之列，《可再生燃料标准》（Renewable Fuel Standard[③]）要求美国每年使用大量燃料乙醇。这些政策使美国燃料乙醇迎来了黄金发展期，乙醇产量连年走高，从1980年的1.75亿加仑（约合52万吨）增长到2019年的超过158亿加仑（约合4711万吨）[④]（见图1）。

2019年美国玉米产量达146亿蒲式耳（约合3.7亿吨），约占全球玉米总产量的三分之一，这些玉米中只有一多半被人、畜直接或间接食用，另一少半都成为生物燃料乙醇的原料（见图2)[⑤]。

[①] Rep. Ashley, Thomas L. U. S. 95th Congress, "H. R. 8444 – National Energy Act", https://www.congress.gov/bill/95th–congress/house–bill/8444.

[②] U. S. Energy Information Administration, "Motor Gasoline Outlook and State MTBE Bans", https://www.eia.gov/outlooks/steo/special/pdf/mtbeban.pdf.

[③] U. S. Environmental Protection Agency, "Renewable Fuel Standard", https://www.epa.gov/renewable–fuel–standard–program/final–renewable–fuel–standards–2019–and–biomass–based–diesel–volume.

[④] U. S. Energy Information Administration, "Petroleum & Other Liquids", https://www.eia.gov/dnav/pet/pet_ sum_ snd_ a_ EPOOXE_ mbbl_ m_ cur. htm.

[⑤] U. S. Department of Energy, "Corn Production and Portion Used for Fuel Ethanol", https://afdc.energy.gov/data/search? q = corn + consumption.

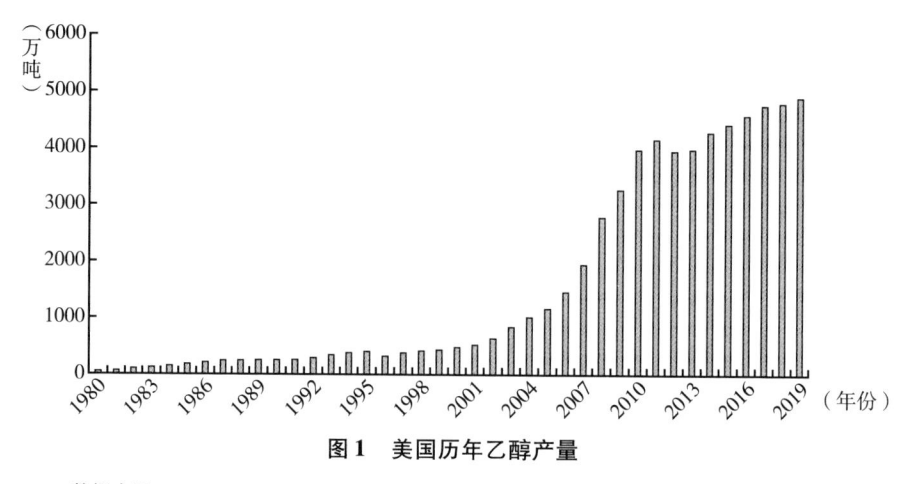

图1 美国历年乙醇产量

数据来源：U. S. Energy Information Administration, "Petroleum & Other Liquids", https://www.eia.gov/dnav/pet/pet_sum_snd_a_EPOOXE_mbbl_m_cur.htm。

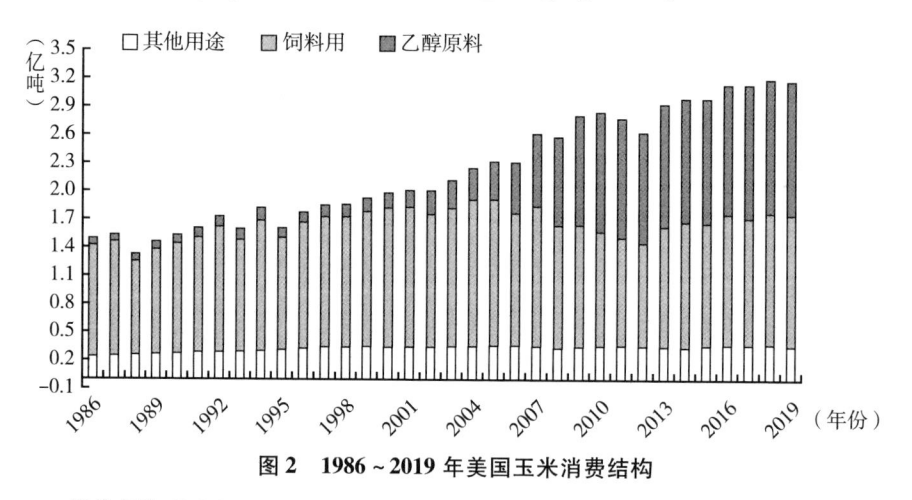

图2 1986~2019年美国玉米消费结构

数据来源：U. S. Department of Energy, "Corn Production and Portion Used for Fuel Ethanol", https://afdc.energy.gov/data/search?q=corn+consumption。

发展和使用生物能源为美国环保做出巨大贡献。美国农业部2019年最新研究报告显示，美国玉米基乙醇全生命周期温室气体排放比等热值汽油减少39%[1]，

---

[1] Jan Lewandrowski, Jeffrey Rosenfeld, Diana Pap, Tommy Hendrickson, Kirsten Jaglo, Katrin Moffroid, U. S. Department of Agriculture, "The Greenhouse Gas Benefits of Corn Ethanol-Assessing Recent Evidence", DOI：10.1080/17597269.2018.1546488, https://doi.org/10.1080/17597269.2018.1546488。

而来自使用天然气为动力的燃料乙醇工厂的燃料乙醇温室气体排放比等热值汽油减少43%[①]。据目前美国燃料乙醇厂的减排措施和发展趋势，美国玉米基乙醇温室气体减排有望在未来几年达到47%至70%[②]。

目前美国石油对外依存度已降到20世纪70年代初以来的最低值，燃料乙醇的大量使用是出现这种状况的原因之一。美国石油对外依存度在2005年达到60%的峰值，但2019年仅为2.7%，即净进口原油53万桶/日[③]。若没有158亿加仑[④]（约合4711万吨）的燃料乙醇，2019年美国石油对外依存度将会是10%[⑤]。2019年美国生产的燃料乙醇取代了用于炼制等热值汽油所需的5.9亿桶[⑥]原油，这一数字远大于美国每年从沙特进口的原油量。美国在2018年11月首次成为月度原油净出口国，为过去75年所未有。

（三）巴西生物燃料乙醇行业

巴西从能源安全与稳定粮食价格角度考虑推动使用生物燃料乙醇始于1975年。1973年第一次石油危机爆发时，巴西国内交通燃料80%依赖进口，高昂的油价直接导致巴西经济崩溃。巴西政府从1975年开始实施"国

[①] Jan Lewandrowski, Jeffrey Rosenfeld, Diana Pap, Tommy Hendrickson, Kirsten Jaglo, Katrin Moffroid, U. S. Department of Agriculture, "The Greenhouse Gas Benefits of Corn Ethanol-Assessing Recent Evidence", DOI：10.1080/17597269.2018.1546488, https：//doi.org/10.1080/17597269.2018.1546488.

[②] Jan Lewandrowski, Jeffrey Rosenfeld, Diana Pap, Tommy Hendrickson, Kirsten Jaglo, Katrin Moffroid, U. S. Department of Agriculture, "The Greenhouse Gas Benefits of Corn Ethanol-Assessing Recent Evidence", DOI：10.1080/17597269.2018.1546488, https：//doi.org/10.1080/17597269.2018.1546488.

[③] U. S. Energy Information Administration, "U. S. Petroleum Consumption, Oil Imports and Exports", https：//www.eia.gov/tools/faqs/faq.php?id=32&t=6.

[④] U. S. Energy Information Administration, "Petroleum & Other Liquids", https：//www.eia.gov/dnav/pet/pet_sum_snd_a_EPOOXE_mbbl_m_cur.htm.

[⑤] U. S. Energy Information Administration, "U. S. Petroleum Consumption, Oil Imports and Exports", https：//www.eia.gov/tools/faqs/faq.php?id=32&t=6.

[⑥] U. S. Energy Information Administration, "U. S. Petroleum Consumption, Oil Imports and Exports", https：//www.eia.gov/tools/faqs/faq.php?id=32&t=6.

家酒精发展计划"（Programa Nacional de Alcool[①]），该计划促成了20世纪70年代至80年代巴西生物燃料乙醇行业的发展。该计划包括价格、总量规划、税收优惠、政府补贴、配比标准等多种政策手段。经过20世纪80年代至90年代国际油价波动及巴西经济危机，从21世纪开始，巴西政府放松了对生物燃料乙醇行业的强力干预和控制。至此，以放宽价格管制为特征的市场化进程加速。

在市场化后的10年中，巴西开始大量使用灵活燃料汽车。2005年巴西提出"农业能源计划"（National Agro-energy Plan），旨在平衡能源、粮食和生态环境三者的关系。目前，"农业能源计划"实现了三者间的平衡，持续稳定地为巴西提供大量燃料乙醇。

当前，巴西生物燃料乙醇产业以市场为主导，但政府鼓励政策仍是重要的影响因素，特别是汽油中生物燃料乙醇的配比限制、乙醇生产的税收优惠、为甘蔗种植和乙醇生产提供的优惠贷款。

三 中国生物燃料乙醇行业

（一）中国生物燃料乙醇

为解决陈化粮库存问题，中国于21世纪初逐步开展生物燃料乙醇的试点工作。2002年2月，国务院八个相关部委决定在黑龙江省和河南省的五个地市先行试点车用燃料乙醇汽油。2004年2月，八部委决定进一步扩大试点范围，将辽宁省和吉林省划为车用燃料乙醇汽油试点省份。与此同时，确定了"先行试点、政策扶持、核准生产、定向流通、封闭运行、有序发展"的产业政策，并批准了四家车用燃料乙醇生产企业：安徽丰原生物化学股份有限公司（现名为中粮生物科技股份有限公司）、黑龙江华润酒精有

[①] Biofuel UK, "National Fuel Alcohol Program (Proalcool)", http://biofuel.org.uk/National-Fuel-Alcohol-Program.html.

限公司［现名为中粮生化能源（肇东）有限公司］、吉林燃料乙醇有限责任公司、河南天冠集团有限公司。中国于2006年开始推广以木薯为原料的1.5代非粮燃料乙醇。此后，中国政府颁布了《节约能源法》、《可再生能源法》和《循环经济促进法》，生物燃料乙醇的生产被国务院纳入国家指令性计划，后续试点省份也发布了相关行政命令，要求在相应范围内使用车用燃料乙醇汽油。中石油、中石化等成品油销售终端相应建设了燃料乙醇汽油混配站。

2019年，中国生物燃料乙醇年产能达470万吨/年，年生产量和消费量位列全球第三[1]（见图3）。中国已建成投产16个生物燃料乙醇项目，累计生产生物燃料乙醇约3000万吨[2]，消耗玉米、小麦、水稻、木薯等约1亿吨（折标粮），其中部分为人畜不能食用粮。

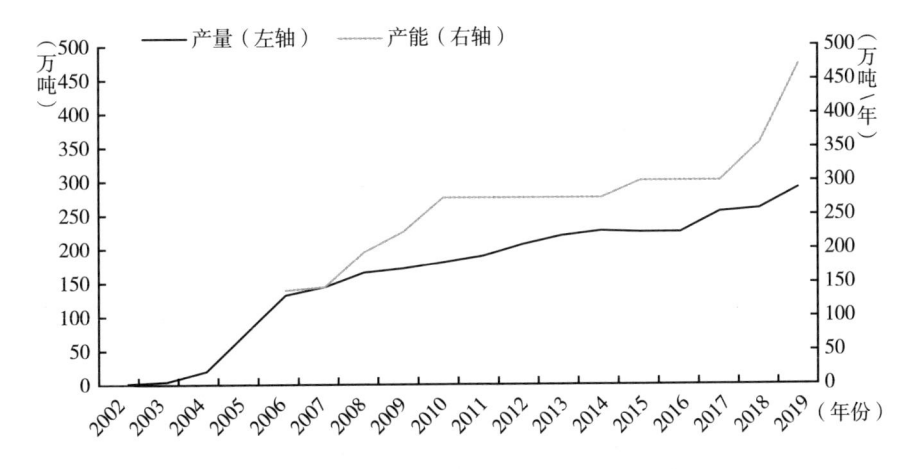

图3 中国历年生物燃料乙醇产量及产能

数据来源：Renewable Fuels Association, "Annual World Fuel Ethanol Production", https://ethanolrfa.org/statistics/annual-ethanol-production/。

---

[1] Renewable Fuels Association, "Annual World Fuel Ethanol Production", https://ethanolrfa.org/statistics/annual-ethanol-production/.

[2] Renewable Fuels Association, "Annual World Fuel Ethanol Production", https://ethanolrfa.org/statistics/annual-ethanol-production/.

目前，中国有13个省区市全部或部分区域进行了试点（见表2）。车用燃料乙醇汽油混配能力超过3000万吨/年，燃料乙醇汽油销量约占当年汽油消费总量的25%。

表2 中国乙醇汽油推广时间（截至2019年底）

序号	省份	推广年份	燃料乙醇推广情况
1	河南	2002	2002年6月在郑州、洛阳、南阳开展试点 2004年12月全省封闭运行
2	黑龙江	2002	2002年6月在哈尔滨、肇东开展试点 2004年10月全省封闭运行
3	吉林	2004	2004年11月全省封闭运行
4	辽宁	2004	2004年11月全省封闭运行
5	安徽	2005	2005年4月全省封闭运行
6	河北	2005	2005年12月在石家庄、保定、邢台、邯郸、沧州、衡水开展乙醇汽油销售
7	江苏	2005	2005年12月在徐州、连云港、淮安、盐城、宿迁开展乙醇汽油销售
8	湖北	2005	2005年12月在武汉、襄樊、荆门、随州、孝感、十堰、宜昌、黄石、鄂州开展乙醇汽油销售
9	山东	2006	2006年1月在济南、枣庄、泰安、济宁、临沂、聊城、菏泽开展乙醇汽油销售 2016年6月在其他行政区域逐步推广使用
10	广西	2008	2008年1月全省封闭运行
11	内蒙古	2014	2014年6月巴彦淖尔、乌海、阿拉善盟阿左旗开展乙醇汽油销售
12	广东	2016	2016年3月湛江、茂名、云浮、阳江开展乙醇汽油销售
13	天津	2018	2018年10月全市封闭运行
14	山西	2019	2019年1月在太原、阳泉、长治、晋城开展试点 2020年1月全省封闭运行
15	浙江	2019	2019年6月在湖州、丽水开展试点 2019年12月在全省范围内开展试点
16	湖南	2019	2019年9月在株洲开展试点
17	上海	待定	2019年4月征求公众意见，预计2020年开展试点

数据来源：庞广廉、姜君阳、陆斯达、闫靓玉：《燃料乙醇：美国发展经验分享与启示》，化学工业出版社，2018。

前不久，第三方评估机构应国家能源局委托对中国燃料乙醇试点情况进行了评估，报告认为，中国燃料乙醇生产技术在这十多年的发展过程中已基本达到世界先进水平，下一步推广计划安全可行。国家在论证是否使用乙醇汽油时确定的提升农业经济、合理利用人畜不可食用粮食、替代能源、保护环境等目标均已实现，效果显著。进一步在全国范围内使用燃料乙醇，对优化中国能源结构、改善大气环境质量、减少机动车尾气排放和促进经济社会可持续发展具有重大意义。

2018年8月22日，李克强总理主持召开国务院常务会议，确定生物燃料乙醇产业总体布局。会议决定有序扩大车用乙醇汽油推广使用，除黑龙江、吉林、辽宁等11个已使用车用燃料乙醇的省份外，2018年进一步在北京、天津、河北等15个省份推广。国家发改委、国家能源局、财政部、商务部、农业部等15部委联合印发《关于扩大生物燃料乙醇生产和推广使用车用乙醇汽油的实施方案》，要求到2020年，全国范围内基本实现车用乙醇汽油全覆盖。

中国发展生物燃料乙醇有多重必要。首先，生物燃料乙醇可调节粮食市场，有利于国家对粮食价格、产量、库存进行合理管控，还是消化人畜不可食用粮食的唯一途径。其次，生物燃料乙醇可有效减少全生命周期碳排放，帮助国家早日实现《巴黎协定》中做出的承诺，为低碳绿色事业做出贡献。最后，燃料乙醇有助于优化国家能源结构，降低原油对外依存度。截至2019年，中国累计应用燃料乙醇调和汽油超2.7亿吨[①]。在中国原油进口依存度不断抬升的情况下，使用生物燃料乙醇是一项战略选择。

（二）粮食与能源

生物燃料乙醇源于玉米、甘蔗等农业作物，人们会认为发展生物燃料乙醇意味着与粮争地、抬高粮价。而美国和巴西的经验证明，乙醇不仅不会抬高粮食价格，反而会调节粮食市场。中国粮食增产趋势明显，玉米早已从口粮转化成工业原料，而在现有玉米加工业中，只有燃料乙醇业是消耗量大、增长空间大的行业。大规模使用燃料乙醇会增加玉米使用量，玉米市场总量变大，年度价格波动受燃料乙醇储量的限制，即玉米价格走高，汽油掺混商

---

① Renewable Fuels Association, "Annual World Fuel Ethanol Production", https://ethanolrfa.org/statistics/annual-ethanol-production/.

使用更多储备乙醇，乙醇需求量减少，燃料乙醇工厂减产，玉米需求量下降，抑制玉米价格走高，反之亦然。另一方面，燃料乙醇为玉米找到新出路，是保障玉米种植者利益、发展农村经济的好方式。

中国、美国、巴西都是农业大国，但中国人口众多，人均可耕种土地面积少，有人担心使用玉米基燃料乙醇需要更多玉米，意味着更多土地会被用来种植玉米，导致其他作物耕种面积减少。从美国经验来看，增加玉米产能并不一定要增加播种面积，提高单产是更好的办法。美国燃料乙醇产量从2007年至2019年年均增长率为7.9%[1]，而同期美国玉米播种面积基本没变，单产却提升了13.21%[2]。据美国农业部数据，2019年美国每公顷土地平均产出10.49吨[3]玉米，而中国同样面积的均产仅为6.50吨[4]玉米（见图4、5）。可见，中国完全可以不增加玉米播种面积，仅通过提高玉米单产来生产出足够的玉米作为燃料乙醇的原料。

（三）中国生物燃料乙醇业展望

2019年中国汽油表观消费量为1.3亿吨，预计2020年增长至1.35亿吨。按照E10的乙醇掺混浓度，如果中国2020年成功在全国推广使用车用乙醇汽油，则每年需要约1350万吨（此处忽略汽油及乙醇的密度差异）燃料乙醇。截至2019年底，中国燃料乙醇产能不足500万吨/年[5]，预计2020年中国燃料乙醇新增产能不会超过300万吨/年，则2020年有约550万吨燃料乙醇缺口。如果中国无法进口足够的燃料乙醇来填补缺口，则很难在2020年底完成全国推广任务。

---

[1] U. S. Energy Information Administration, "Petroleum & Other Liquids", https://www.eia.gov/dnav/pet/pet_sum_snd_a_EPOOXE_mbbl_m_cur.htm.

[2] U. S. Department of Agriculture, "Feedgrains Sector at a Glance", https://www.ers.usda.gov/topics/crops/corn-and-other-feedgrains/feedgrains-sector-at-a-glance/.

[3] U. S. Department of Agriculture, "Feedgrains Sector at a Glance", https://www.ers.usda.gov/topics/crops/corn-and-other-feedgrains/feedgrains-sector-at-a-glance/.

[4] U. S. Department of Agriculture, "Feedgrains Sector at a Glance", https://www.ers.usda.gov/topics/crops/corn-and-other-feedgrains/feedgrains-sector-at-a-glance/.

[5] Renewable Fuels Association, "Annual World Fuel Ethanol Production", https://ethanolrfa.org/statistics/annual-ethanol-production/.

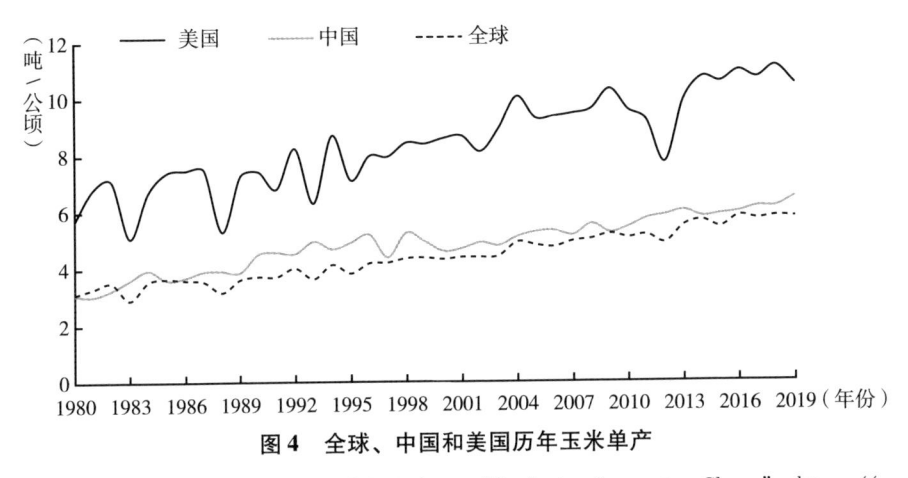

图 4　全球、中国和美国历年玉米单产

数据来源：U. S. Department of Agriculture, "Feedgrains Sector at a Glance", https://www.ers.usda.gov/topics/crops/corn-and-other-feedgrains/feedgrains-sector-at-a-glance/。

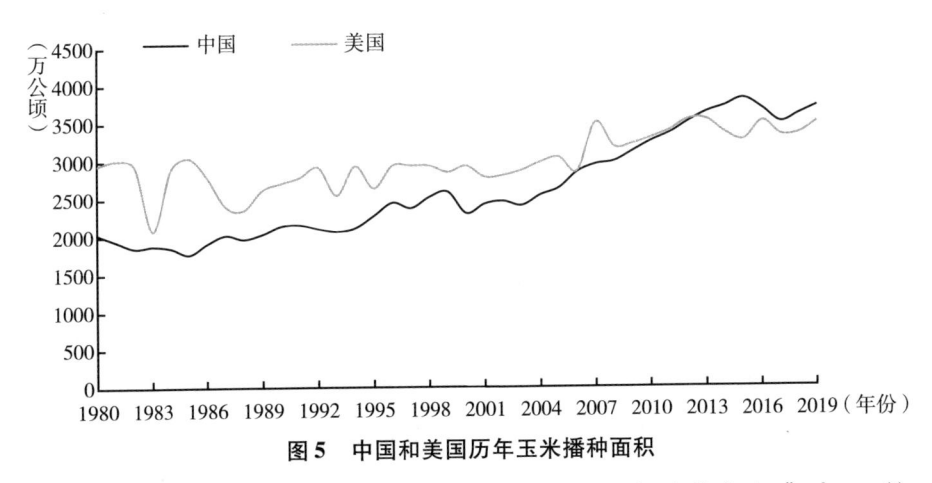

图 5　中国和美国历年玉米播种面积

数据来源：U. S. Department of Agriculture, "World Agricultural Production", https://apps.fas.usda.gov/psdonline/circulars/production.pdf。

如果中国可以进口足够量乙醇来填补缺口，则有可能于2020年底完成全国推广。

在全国推广乙醇汽油最初的一两年，由于产能限制，中国需要进口相当一部分燃料乙醇，但随着自身产能的增长，进口乙醇会逐步减少。最终，进口乙醇凭借其价格优势，在每年的价格窗口期流向中国市场，预计未来几年进口量约占中国燃料乙醇年消费量的10%~20%，即150万~300万吨。

四 乙醇汽油的技术细节

汽油是复杂的混合物，其可分析组分有近千种。基于汽油组分的复杂性，普通消费者一般很难对其有客观、科学的认识。燃料乙醇作为非传统的汽油组分，更不为人所熟知。

燃料乙醇主要作为高辛烷值汽油组分添加，在我国 E10 车用乙醇汽油标准中替代汽油中现有一部分高辛烷值含氧化合物组分。乙醇的研究法辛烷值为 120～135 RON（文献值）[1]，略高于 MTBE 的 105～123 RON（文献值）[2]，然而在实测情况下，两者辛烷值近似。在与汽油实际掺混过程中，调和后辛烷值比加和辛烷值高的现象被称作辛烷值正调和效应，乙醇在常规汽油组分中的调和辛烷值高于 MTBE，其辛烷值正调和效应明显，因此乙醇汽油在调和中往往表现出更高的辛烷值。使用高辛烷值燃料可允许发动机制造商设计更高压缩比的发动机，通过提前点火延长燃料在燃烧室的燃烧时间，从而使燃烧更充分、释放出更多热能，少量提高发动机整体热效率。内燃机热效率的提高意味着燃油经济性的提高。

乙醇的热值是 26.7MJ/kg，远低于汽油平均热值 43.4MJ/kg[3]。然而，燃料乙醇替代的不是汽油，而是汽油中的其他含氧组分，如 MTBE。MTBE 热值为 35.1MJ/kg[4]，虽仍高于乙醇热值，但在现实中，两种汽油的热值相差并不明显。正如前文所说，汽油是一种极其复杂的混合物，其各个组分发

---

[1] J. E. Anderson, U. Kramer, S. A. Mueller, T. J. Wallington, American Chemical Society, "Octane Numbers of Ethanol- and Methanol-Gasoline Blends Estimated from Molar Concentrations", DOI: 10.1021/EF101125C, https://pubs.acs.org/doi/abs/10.1021/ef101125c.

[2] J. E. Anderson, U. Kramer, S. A. Mueller, T. J. Wallington, American Chemical Society, "Octane Numbers of Ethanol- and Methanol-Gasoline Blends Estimated from Molar Concentrations", DOI: 10.1021/EF101125C, https://pubs.acs.org/doi/abs/10.1021/ef101125c.

[3] Energy Toolbox, "Fuels-Higher and Lower Calorific Values", https://www.engineeringtoolbox.com/fuels-higher-calorific-values-d_169.html.

[4] Energy Toolbox, "Fuels-Higher and Lower Calorific Values", https://www.engineeringtoolbox.com/fuels-higher-calorific-values-d_169.html.

挥着不同的作用而又相互影响，不同的配方会给汽油物理、化学性质带来巨大差别。调油是一个兼顾汽油热值、辛烷值、含氧量、雷德蒸汽压、蒸发潜热等诸多物理、化学属性的过程，乙醇汽油和 MTBE 汽油不仅仅在乙醇和 MTBE 组分比例方面有所区别，为了最大限度优化油品，乙醇汽油中其他组分配方与 MTBE 汽油也不尽相同。据市场汽油热值分析结果，目前中国燃料乙醇汽油和 MTBE 汽油的热值相差仅在 1% 左右或约 0.5MJ/kg。

美国从 21 世纪初开始大规模使用燃料乙醇汽油，截至目前，从未出现汽车驾驶员关于燃料损伤汽车的投诉。美国环保署于 2011 年 6 月批准[①]所有 2001 年后生产的（相当于中国国三排放标准）乘用车、轻型货车、中型货车和灵活燃料汽车，均可使用 E15（掺混有 15% 燃料乙醇的汽油）作为燃料。由此可见，相较于 MTBE 汽油，乙醇汽油不会对车辆部件造成特殊损伤。

---

① U. S. Environmental Protection Agency, "Ethanol Waivers (E15 and E10)", https://www.epa.gov/gasoline-standards/ethanol-waivers-e15-and-e10.

专题报告
Special Reports

B.15 "一带一路"能源合作研究

张红梅*

摘　要： 作为"一带一路"倡议的主要力量之一，油气企业积极实施"走出去"战略，海外投资规模不断扩大，为"一带一路"倡议的实施做出了重要贡献。"一带一路"连接欧亚两大能源消费市场和中东、中亚、俄罗斯等主要能源供给区。在"一带一路"区域内，能源是一部分国家重要的竞争力，却是另一部分国家发展的短板，加强能源合作符合区域国家的共同利益，为区域各国带来重要发展机遇，但政治环境、法律制度等方面的巨大差异也使合作面临严峻挑战。

关键词： "一带一路"　油气合作　能源互联

---

* 张红梅，中国国际石油化工联合有限责任公司。

一 "一带一路"能源合作成果丰硕

六年来,我国与共建"一带一路"国家经贸投资合作规模不断扩大。能源合作是"一带一路"倡议的重要内容,根据"两种资源、两个市场"的指导方针,在"政府引导、企业先行、市场运作"的前提下,油气企业在勘探开发、能源贸易、基础设施联通和下游产业合作方面取得了重要进展。

(一)"一带一路"已成为石油企业海外核心油气合作区

在"一带一路"框架下,中国石油合作模式不断创新,主要包括贷款换石油、市场换资源、项目换项目等。目前,在我国的200多个海外油气项目中,属于"一带一路"的项目占了120个左右。"一带一路"上游油气合作在世界遍地开花,如中亚—俄罗斯、中东、非洲、亚太等地区,主要的合作项目见表1。

表1 "一带一路"上游主要合作项目

油气合作区	国家	主要项目
中亚—俄罗斯	俄罗斯	乌德穆尔特、亚马尔 LNG
	哈萨克斯坦	阿克纠宾、北布扎齐、PK、KBM、曼格什套、卡沙干
	土库曼斯坦	阿姆河天然气
	乌兹别克斯坦	卡拉库利气田
中东	卡塔尔	D区块勘探项目、4区块勘探项目
	伊拉克	艾哈代布、鲁迈拉、Tap油田项目,哈法亚、赖桑、西古尔纳油田
	伊朗	北阿扎德甘、南帕斯11期天然气田
非洲	安哥拉	18区块、31区块
	苏丹	6区块、1/2/4区块、3/7区块、16区块
	尼日利亚	Addex区块
亚太	缅甸	AD 1/6/8区块

"一带一路"油气合作主要呈现以下特点:大型企业优化投资、保证效益。例如:中海油将"持续优化资产组合"定为全年重点任务;积极布局

北极、深水及非常规领域，中石油、中海油联合收购北极LNG2项目部分股权；中小企业和民营资本海外油气投资恢复性增长，联合能源收购科威特能源公司等。

（二）我国与共建"一带一路"国家的原油和成品油贸易

中国石油企业与共建"一带一路"国家石油贸易合作成果丰硕。从原油贸易方面看，2013~2018年，我国从共建"一带一路"国家进口原油量从1.88亿吨提高至2.76亿吨。2019年，我国从"一带一路"沿线进口原油总量为3.07亿吨，占我国全部进口量的62.4%。六年来，我国与共建"一带一路"国家的原油贸易量不断增长，合作不断加强。

2019年分地区来看，在"一带一路"沿线65个国家中，我国从中东和西亚地区18个国家进口原油2.16亿吨，占我国在"一带一路"沿线原油贸易总量的70%，中东和西亚地区是沿线第一大原油贸易地区；从独联体7个国家进口原油0.76亿吨，占我国在"一带一路"沿线原油贸易总量的25%，独联体为沿线第二大原油贸易地区；从亚太地区18个国家进口原油0.12亿吨，占比约为4%（见表2）。

表2 我国从"一带一路"沿线进口原油量

单位：万吨

地区	2013年	2014年	2015年	2016年	2017年	2018年	2019年
中东和西亚	14779	16153	17158	18365	18428	19470	21562
独联体	2464	3333	4272	5343	6108	6473	7611
亚太	267	217	416	1077	1184	1544	1179
中亚和蒙古	1259	672	610	432	353	100	329
中东欧	0	0	0	4	0	0	0
小计	18769	20375	22456	25221	26073	27587	30681
我国原油总贸易	28214	30836	33549	38104	41997	45214	49170
占我国原油贸易比重(%)	66.5	66.1	67.0	66.2	62.1	61.0	62.4

数据来源：中国海关、UNIPEC Research & Strategy。

"一带一路"能源合作研究

按照国别来看，2019年，我国与共建"一带一路"国家中原油贸易量最大的是沙特阿拉伯，从沙特阿拉伯进口原油量达到8332万吨，其次是俄罗斯和伊拉克，分别为7764万吨和5180万吨（见图1）。

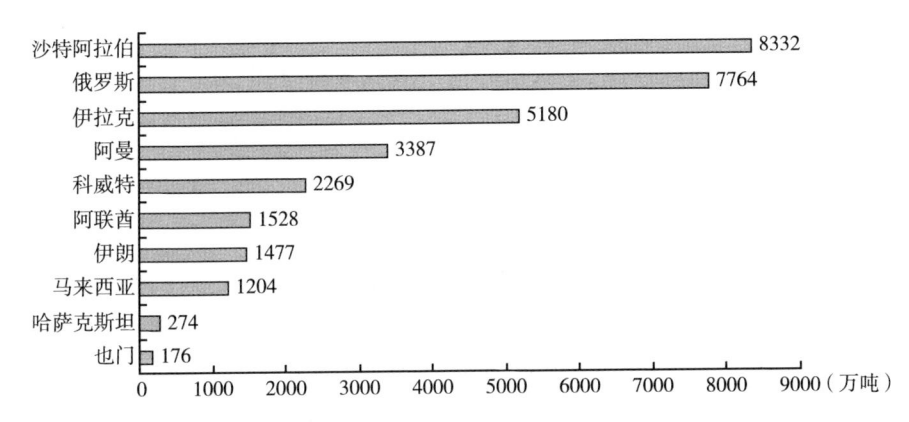

国家	进口量（万吨）
沙特阿拉伯	8332
俄罗斯	7764
伊拉克	5180
阿曼	3387
科威特	2269
阿联酋	1528
伊朗	1477
马来西亚	1204
哈萨克斯坦	274
也门	176

图1　2019年中国"一带一路"沿线前十大原油进口来源国

数据来源：中国海关、UNIPEC Research & Strategy。

在成品油贸易方面，我国也在进一步加强与共建"一带一路"国家的合作。2013~2018年，我国对共建"一带一路"国家成品油出口量从923万吨提高至2700万吨，占我国成品油出口总量的56%左右。2019年我国成品油出口总量为5493万吨，向共建"一带一路"国家出口成品油2899万吨（见图2）。

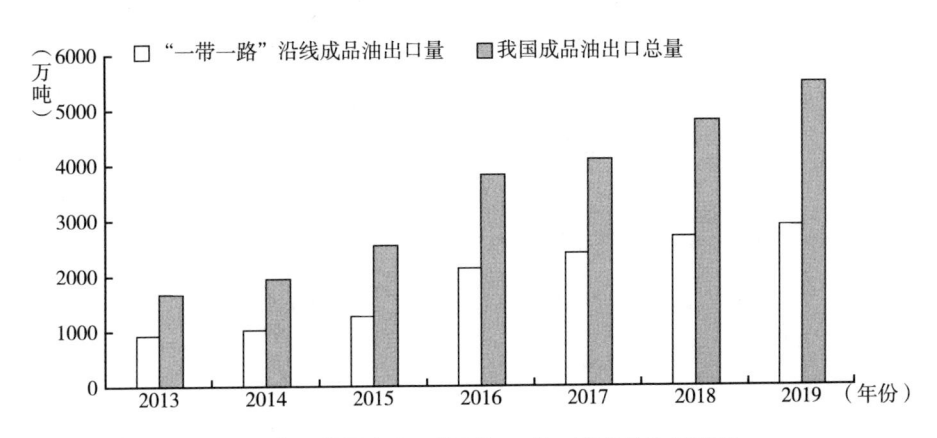

图2　我国成品油出口总量与一带一路成品油出口量

数据来源：中国海关、UNIPEC Research & Strategy。

（三）"一带一路"基础设施联通

得益于"一带一路"基础设施联通，中国和俄罗斯能源合作取得较大进展。2019年，中俄东线天然气管道开始输气，年输气量380亿立方米。中石油获得诺瓦泰克持有的亚马尔液化天然气股份公司20%的股份，预计项目全部投产后，每年将有超过400万吨液化天然气（LNG）运往中国。从亚马尔经北冰洋到东亚的这条新航线，不同于经由苏伊士运河的传统航线，前者是著名的"冰上丝绸之路"。

2013年10月，中缅天然气管道全线贯通；2017年4月，中缅原油管道工程在缅甸马德岛正式投运。至此，中国和缅甸原油/天然气管道建成并输油输气。中缅原油管道在中国境内段全长1631公里，设计输油能力每年2000万吨；中缅天然气管道在中国境内段全长1727公里，设计输气能力每年100亿~130亿立方米。

（四）"一带一路"下游产业合作

俄罗斯东部地区的能源开发与我国在地缘区位、资金技术和市场空间等方面具有较强的互补优势。近年来，在"一带一路"倡议框架下，中国与俄罗斯中亚地区石油产业链下游业务合作也取得了重大进展。2013年，中国石化集团认购俄罗斯西布尔集团位于俄罗斯克拉斯诺亚尔斯克市的合成橡胶厂股份公司"25% + 1股"；2015年，中国石化集团收购俄罗斯西布尔集团的10%的股权顺利交割，大大提高了该合成橡胶厂的生产能力。

在中哈合作方面，哈萨克斯坦是我国在"丝绸之路经济带"上最重要的能源合作伙伴之一，也是中国重要的能源供给国和油气管道过境国。近年来，中哈两国在上、中、下游全面加强合作。2015年，由中国石化洛阳工程公司承担EPCC总承包、十建公司参建哈萨克斯坦阿特劳炼油厂100万吨/年连续催化重整装置以及芳烃装置项目、丙烷脱氢—聚丙烯装置项目成功实施。

值得一提的是，2019年，中俄两国最大的化工合作项目中，石化与西布尔公司签订阿穆尔天然气化工合作协议，中石化拥有该项目40%的股份；同年，中国民企海外投资建设的最大炼化一体化项目——文莱恒逸石化大摩拉岛综合炼化项目投产。

二 "一带一路"能源合作高质量发展充满机遇

（一）共建"一带一路"国家油气资源

"一带一路"油气合作具有坚实的资源基础。"一带一路"区域已探明世界70%的大油气田、75%的石油剩余可采储量、68%的天然气剩余可采储量，油气资源丰富。值得一提的是，中东地区的波斯湾、俄罗斯、哈萨克斯坦等地区和国家油气资源都十分丰富，北极地区堪称第二个波斯湾，众多国家纷纷前来寻求宝贵的石油天然气资源。

（二）"一带一路"的四条油气运输通道

中俄、中亚、西南、海上四大油气运输通道，成为保障我国能源安全供应的重要基础设施，具有重大意义。经统计，其石油管道长度已超过1.5万公里，输送原油能力为1.5亿吨/年，这为谋求我国油气进口多元化、降低我国的能源风险起到了很重要的作用。

（三）绿色能源投资成新风向

"一带一路"倡议提出以来，绿色发展理念贯穿其中，"走出去"的中国企业积极践行联合国绿色发展理念，参与绿色"一带一路"建设。截至2019年底，中国新能源企业在共建"一带一路"国家投资风电和光伏项目约12.6吉瓦。南亚和东南亚成为海外风电、光伏项目投资的主要增长点，其中，巴基斯坦是目前中国企业以股权投资方式参与风电、光伏项目规模最大的国家。

三 "一带一路"能源合作面临挑战

（一）地缘政治风险

近年来，国际社会中各个国家经济发展状况不平衡，恐怖主义、分裂主义和极端主义等安全问题加剧，双边和多边关系、政府更迭和政策变化等政治冲突加剧，这些都可能导致能源合作出现障碍。就在2020年2月，路透社报道称，白俄罗斯国家能源公司表示，该国炼厂开工率已降至50%，希望俄罗斯在3月向白俄罗斯的炼油厂恢复石油供应。如果俄罗斯顺利恢复对白俄罗斯的石油供应，两国之间的紧张关系或趋于缓和，但如果迟迟未能解决，断供危机进一步威胁到白俄罗斯利益，或使得卢卡申科采取激进的决策，白俄罗斯也将成为俄罗斯与西方大国之间地缘政治博弈的新焦点。

（二）国际大国利益关系格局变化带来的风险

企业的稳健运营离不开稳定的市场大环境。目前，美国利用军事、金融、外交和经济等各种手段干扰市场合规运作，中美贸易摩擦对两国经济的影响逐步体现，2019年中国GDP增速6.1%，为近年来最低增速。有分析称，此次贸易摩擦对2019年中国实际GDP的影响在0.4~0.5个百分点。从极端情况来看，一旦美国与中国全面产生贸易摩擦、金融摩擦和汇率摩擦，中国外部环境将极其恶劣，面临资本流出、出口下降、内需不振、楼市泡沫等一系列内忧外患的经济问题，中国经济将面临严峻挑战。

（三）金融和投资风险

"一带一路"金融投资面临风险和挑战，主要是：共建"一带一路"国家的经济实力与经营环境，以及能源投资的效益问题。为了解决问题，积极应对挑战，我们必须加强多边互信，本着互利互惠、实现共赢的原则探索最佳的合作模式，共同承担投资回报不确定带来的金融风险；我们必须加强投资国的法律制度研究，以及投资合作企业的信用评级分析，做到事前、事中、事后跟踪调研分析，确保投资效益的实现。据统计，自2013年以来，37%的共建"一带一路"国家穆迪投资流入评级为"Ba"级或更低，这意味着较高的投机因素和重大信用风险。因此，政府部门有责任建立透明的监管框架、加强参与方政治联系，为投资者提供更多的支持。

四 "一带一路"油气产业高质量发展的路径思考

"一带一路"建设已经推进六年了，当前我们的任务是："共建'一带一路'、开创美好未来"，旨在"大写意"的基础上，推动"一带一路"向高质量发展转变，绘制好精谨细腻的"工笔画"。油气企业必须以"一带一路"建设为引领，坚持质量第一、效益优先，推动项目合作。

具体而言，要积极参与全球能源治理，打造良好的国际合作环境，即应深入地参与国际能源治理体系，参与到国际能源组织的工作中，及时加强沟通并发挥影响力，在G20、APEC等机制框架下，不断促进国际能源治理能力的提升，为能源企业国际合作创造良好的大环境；构建综合保障服务体系，为能源企业保驾护航；加强科技研发和创新，提高高端技术市场占有率；不断提升国际贸易水平，加强中国能源企业的话语权；提升能源企业人才培养，提升本土化水平，打造能源企业的海外品牌。

B.16 区块链助力石油企业数字化转型

王晓涛 李杨 张沛*

摘　要： 近年来，以人工智能、区块链、云计算、大数据等为代表的数字技术快速发展，人类社会逐步从工业经济过渡到数字经济时代，数据将成为数字经济时代的重要生产资料，成为企业赖以生存发展的可再生的"石油"资源。如果说人工智能是数字经济时代的先进生产力，那么区块链技术可实现数据的确权和价值的流转，成为数字经济时代构造新生产关系的关键技术。阿里巴巴、腾讯、华为等企业纷纷在数字技术上发力，以石油化工产业为代表的传统实体企业，面临国内存量市场的竞争，亟须进行产业升级转型，数字化技术将有助于石油企业向新型数字化智能制造企业转型，促进石油企业的高质量发展。当前，全球已经有不少石油企业着手尝试应用区块链技术，在上中下游等多个场景开展相关试验，并呈现蓬勃发展的态势。

关键词： 区块链　数字化　石油产业

一　我国区块链行业发展的背景

区块链作为一种新兴的数字化技术，近年来日益受到企业的青睐和政府

---

* 王晓涛，中国国际石油化工联合有限责任公司市场战略部分析师；李杨，中国国际石油化工联合有限责任公司信息部工程师；张沛，无锡井通网络科技有限公司副总裁。

的推动,其发展背景体现在以下三个方面。

一是政府层面大力推动。近年来,区块链技术的兴起,我国政府高度重视并出台措施,鼓励和推动区块链产业的发展。2019年10月24日,中共中央政治局就区块链技术发展现状和趋势进行第十八次集体学习,习近平总书记在主持学习时强调:"区块链技术的集成应用在新的技术革新和产业变革中起着重要作用。我们要把区块链作为核心技术自主创新的重要突破口,明确主攻方向,加大投入力度,着力攻克一批关键核心技术,加快推动区块链技术和产业创新发展。"[①] 在本次会议以后,区块链技术及其应用和产业创新被提高到国家战略层面,各地政府纷纷加快在区块链产业方面的布局。

二是区块链是发展数字经济的重要抓手。中央经济工作会议上,确定2020年要抓好重点工作的内容中提到要大力发展数字经济,数据在数字经济时代显得尤为重要。中共十九届四中全会指出,要鼓励勤劳致富,健全劳动、资本、土地、知识、技术、管理和数据等生产要素按贡献参与分配的机制。这是中国政府首次在公开场合提出数据可作为生产要素按贡献参与分配。区块链、大数据、云计算、人工智能等技术是数字经济时代的核心技术。当下对于数字经济发展至关重要的数据面临的最大痛点就是其确权问题。区块链技术有望在数据确权方面形成突破,推动数据真正按照贡献参与要素市场分配,更高效率地平衡数字经济发展过程中的相关参与方的利益,从而推动更多生产要素投入数字经济建设。此外,基于当下区块链防篡改性能衍生而来的智能合约设计,将极大地构建智能化的数字经济社会,实现数字经济发展的全面升级。

三是传统实体企业数字化转型的需要。中国的传统工业基础扎实,这也是稳定经济增长、稳定就业的定海神针,发展数字经济需要进一步强化产业基础,是企业高质量发展的重要保障。区块链对于传统企业的数字化转型发展起着重要作用。习近平总书记进一步指出:"要加快产业发展,发挥好市场优势,进一步打通创新链、应用链、价值链。要构建区块链产业生态,加

---

① 《习近平主持中央政治局第十八次集体学习并讲话》,中国政府网,2019年10月25日,http://www.gov.cn/xinwen/2019-10/25/content_5444957.htm。

快区块链和人工智能、大数据、物联网等前沿信息技术的深度融合，推动集成创新和融合应用。"①

二 区块链技术及应用概况

2009年1月，基于区块链结构的比特币网络悄然问世，其融合了现代密码学和分布式网络技术等重要成果。在比特币出现后的数年里，在纯分布式场景下比特币网络稳定支持了海量转账交易，证明区块链数据结构很好地解决了分布式记账的基本需求，基于区块链结构的分布式记账技术开始大量出现。

（一）区块链的实现原理

区块链是一个分布式的数据记录账本，只允许添加、不允许篡改和删除。该账本底层结构是由一个接一个的区块串联构成的线性链表，每一个后续区块记录上一个区块的哈希值（Hash）。通过计算哈希值，可以快速检验某个区块（及块内交易）是否合法。在经过共识机制对区块达成确认后，网络中的节点可提议添加一个新的区块。

（二）区块链的技术特点

区块链的技术特点包括以下几点。其一，分布式容错性，即分布式账本网络的鲁棒性（稳健性）强，能够容忍部分节点的异常状态；其二，不可篡改性，共识机制达成后的数据不可篡改或销毁；其三，隐私保护性，区块链技术通过密码学保证了用户数据的隐私，即便数据泄露，也无法解析。

基于上述技术特点，区块链技术应用在具体场景中可提升信任关系、降低业务成本、增强业务安全。区块链技术提供了一个天然可信的分布式账本平台，因此不需要额外的第三方中介机构参与，极大地提升了点对点之间的信任关系。

---

① 《习近平主持中央政治局第十八次集体学习并讲话》，中国政府网，2019年10月25日，http：//www.gov.cn/xinwen/2019-10/25/content_5444957.htm。

此外，与传统技术相比，区块链技术可通过智能合约自动执行交易，可大幅提升交易效率并降低维护成本。在安全性方面，区块链技术的不可篡改和可追溯性，有利于安全可靠的审计管理和账目清算，进一步减少了犯罪风险。

（三）区块链的应用前景

区块链技术已经从单纯的技术探讨走向了应用落地的阶段。国内外已经出现大量与区块链相关的企业和团队，少数企业已经结合自身业务摸索出了颇具特色的应用场景，但更多的企业还处于不断探索和验证的阶段。区块链的合适应用场景必须从区块链技术自身的特性出发进行分析。区块链在不引入第三方中介机构的前提下，可以提供去中心化、不可篡改、安全可靠等特性保证，可应用于金融、版权、溯源、医疗等诸多领域，应用前景广阔。

（四）当前我国区块链行业发展及应用现状

近年来，我国区块链产业蓬勃发展，政府层面纷纷出台相关政策大力扶持，企业层面创新发展也层出不穷，呈现百花齐放的态势。在实体产业方面，区块链优化传统产业升级过程中遇到的信任和自动化等问题，极大地增强共享和重构等方式助力传统产业升级，重塑信任关系，提高产业效率。在金融产业方面，区块链有助于弥补金融和实体产业间的信息不对称，建立高效价值传递机制，帮助传统资产价值在数字世界的流转，实现物流、信息流、资金流达到"三流合一"。目前，区块链技术已在多个领域开展应用，包括金融、产品溯源、政务民生、电子存证、数字身份等，应用场景正在不断扩展和深入。然而，目前区块链的应用仍处于早期阶段，各类应用模式仍在发展中演进，仍需持续探索。

三 区块链在石油领域的应用现状

石油产业链条较长，上游勘探开发、中游贸易物流和下游油品销售环节都涉及多方共同参与，其中物流、信息流、资金流关系网络复杂，利用区块链技术，可以有效实现上述三流合一，实现信息的不可篡改和可追溯，纵向上

从上游穿透至终端客户，横向上覆盖产业链各方。目前区块链技术已被多家石油巨头和国家石油公司广泛试验并应用于石油行业的上、中、下游。

（一）上游生产

区块链技术不仅应用于互联网企业，还可服务于传统的石油生产领域。美国海洋石油服务公司钻石海洋石油（Diamond Offshore）于2018年推出了区块链钻井服务（Blockchain Drilling）。该服务为一个不可篡改的云服务平台，可从任何支持网络的设备访问，用于从采购阶段到施工、竣工和生产阶段优化油井施工活动。通过每个阶段对钻井进行跟踪、规划和优化，能够减少开支、消除浪费、改进流程，并更好地协调成功完井所需的各方资源，钻石海洋石油区块链钻井服务模块如表1所示。该技术即将在钻石海洋石油全部钻井船上使用，从而创建业界首个区块链钻井船队。

表1　钻石海洋石油区块链钻井服务模块

供应链物流	供应链的原始出处
油井计划器	显示实际与计划的时间深度数据以及详细事件
支出监测	合计油井建设总成本与预算
态关键路径	动态显示实时瓶颈
性能跟踪	监视操作关键性能指标(kpi)

此外，阿联酋石油巨头阿布扎比国家石油公司（ADNOC）透露，他们计划与IBM合作，采用区块链进行油气生产运营。区块链技术将用于自动记录生产井向炼油厂输送的原油量，运营公司之间或向国外客户出口的液化天然气量和价格。IBM化学和石油解决方案公司副总裁扎希德·哈比卜表示，通过该试点，ADNOC在资产来源和资产财务方面实现了巨大飞跃，使其能够追踪从油井到客户的每滴石油的价值。

（二）物流领域

区块链技术拥有可追溯、不可篡改的特性，因此在物流领域应用前景广阔，当前已有企业着手进行相关试验项目。为了解决可追溯性和质量控制问题，沙特阿美公司计划使用区块链技术运行一项试点计划。该试验的目的是查看区块链是否可以改善质量控制，并提供一种将产品追溯到其原始生产线的方法。如果成功，区块链技术将使阿美公司能够验证整个供应链，从而实现更好的质量控制。它还可以监视原油产品生命周期中供应链参与者的所有互动，从而提高效率。此外，中化能源科技和霍尼韦尔计划共同打造智慧罐区和供应链优化解决方案，包括通过中化能源科技智慧供应链的预约排队系统、霍尼韦尔的智慧罐区解决方案等，助力库区提升移动危险源安全监管，优化存货货主提货流程，将过程报警、巡查系统事件、设备状态和健康、安全和环境管理系统连接起来，建立工作流监控和任务跟踪机制等。

（三）下游加油站新零售和积分管理

区块链具有的穿透性特征，可有效服务于终端加油站客户，记录零售客户的行为，并据此对客户进行精准画像，以推动加油站实现精准营销。同时，区块链可链接不同的生态客户，打通原本封闭的客户生态壁垒，打造跨领域、行业的新零售。

壳牌石油积分管理平台是结合区块链技术和新零售理念推出的新型油品营销方式。壳牌公司当前所面临的问题表现为营销瓶颈，即单一的广告营销方式已经不足以吸引新用户，且难以量化营销成果，并给予有贡献的人合理化的激励。通过结合区块链技术，用户可自行发起团购，通过社交媒体及个人朋友圈要求拼团，这种模式最大限度发挥社群中社交活跃用户的力量，帮助加油站进行新的用户引流。此外面积与区块链及结算智能合约，可以更容易地定位真实的发起人，以便给予更合理的激励。基于区块链的激励体系如图1所示。

与此相类似的案例还有"海马星球"（见图2）。该项目由火币中国和三板上市公司思银股份联合打造的以区块链技术为基础，面向广大消费者和民营加油站的智能服务平台。对于各类服务提供统一的奖励积分体系，积分更加集中，且用户拥有更多的兑换选择，从而更有动力使用服务平台。使用支付积分消费可获得奖励积分，支付积分创造了统一的结算系统，基于区块链和

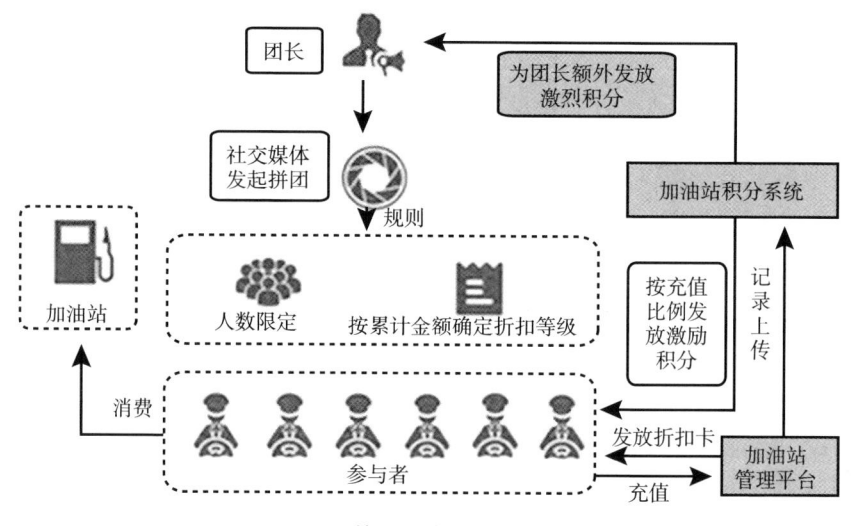

图1 基于区块链的激励体系

图2 海马星球积分体系

智能合约，可以自动生成财务报表。更大的用户群体及更高的用户黏性，将吸引更多的服务商加入，形成良性循环。基于区块链提供的服务记录，可实现更大的汽车服务生态，即以加油站为中心，由4S店、周边商家和汽车保险公司等多主体参与的多样化汽车产业形态。2019年6月上线，截至8月，已有170家加油站，超过20万用户，充值订单数近3万笔，交易总金额超过3亿元。

（四）国际贸易

区块链技术可以帮助自动化国际贸易和物流供应链领域中烦琐的手续和

流程。基于区块链设计的贸易管理方案会为参与的多方企业带来极大的便利。另外，贸易中销售和法律合同的数字化、货物监控与检测、实时支付等方向都可能成为创业公司的突破口，在石油贸易领域拥有极大的应用前景。

Vakt 由多家国际石油巨头如英国石油（BP）、壳牌（Shell）、道达尔（Total），以及贸易商贡沃尔（Gunvor）和摩科瑞（Mercuria）发起的财团组成，其他投资者包括雪佛龙（Chevron）、挪威国家石油公司（Equinor）和印度信实工业公司（Reliance Industries），旨在利用区块链技术将实物商品的书面交易处理数字化。Vakt 平台已于 2018 年底上线运营。过去，传统大宗商品交易通常需要通过电子邮件、传真或邮寄方式交换成堆的纸质合同、信用证、其他文书；除了买卖双方，其他服务供应商（如码头或管道运营商、港口代理和检验公司等）也参与其中，需要多方协助推进该过程。通过将信息处理和书面记录放在区块链上，交易商可实现降低成本、提高效率。

在我国，中化集团下属公司中化能源科技开发了基于区块链技术的买原油平台和成品油国际贸易平台 OILBANK。2017 年底，中化能源科技完成一船从中东进口原油的区块链试点交易；2018 年 3 月底，完成一船从泉州港到新加坡的汽油出口业务的区块链应用交易试点，成为全球首单政府部门参与的石油贸易区块链应用试点。该试点将跨境贸易各关键环节的核心单据进行数字化，全程记录了贸易流程中的交易信息。

结合上述区块链在石油企业上、中、下游的应用来看，尽管多数仍处于早期试验阶段，应用范围和规模仍有待提高，但可以预见的是，未来区块链在石油产业中的应用将愈来愈广泛和成熟。此外，区块链还将广泛应用于企业财务管理、人力资源、电子文档存储等领域，结合大数据和人工智能等技术，将进一步提升企业管理水平和经济效益，助力企业数字化和智能化转型。

四　区块链在石油企业应用中存在的问题

（一）区块链技术尚不成熟，基础设施不完善

区块链技术涉及多个跨领域的技术，包括操作系统、网络通信、密码

学、数学、金融等，对多学科技术综合能力要求较高。当前，大多数区块链技术仍然不够成熟，区块链平台的稳定性、安全性仍面临一定挑战，实际商业应用落地能力不足，对上链数据的隐私保护、存储能力等也难以达到预期的效果。由于区块链底层技术开发耗费时间长、投资较大，因此国内的企业更加偏向于应用层面的开发研究，忽略了底层平台技术的研发，多数企业偏向对开源的以太坊平台或者IBM的超级账本等区块链平台进行开发，存在一定的信息安全和运营风险。区块链基础设施的不完善将限制未来区块链产业的发展，以及未来产业互联互通的需要。

（二）企业对区块链认识不到位，导致区块链应用较难推动

当前，尽管从政府到企业层面对区块链抱有较大的热情和期望，但实际落地仍然较为困难。一方面，石油企业作为传统产业，对新兴的数字化技术认识不够，区块链作为新的数字化技术，可以有效融合大数据、人工智能等技术，实现传统石油企业的数字化转型升级。面临新的数字化技术浪潮，相对于互联网企业，传统的石油产业在接受新的数字技术方面略显滞后。在区块链应用方面，尽管与石油产业可结合的应用场景较多，但由于涉及监管政策和企业规整制度的限制、多方利益关系的协调、产业链的整合等诸多困难，企业往往缺乏动力去开展相关创新实践。

（三）存在数据隐私、安全等问题

石油产业链涉及点多、线长、面广。在整个上、中、下游产业链中，将产生海量的数据资源。在分布式存储的场景下，数据并不是存储在中心化的数据库中，而是存储在系统的每一个节点上。对联盟链及私有链来说，其一般会设置一定的准入机制和中心化管理机制，也会有类似管理员的角色对其交易数据的存储进行干预，一般具有较为明确的控制主体和数据处理主体。对于石油企业而言，私有链或者联盟链对于数据隐私保护似乎更为有利。对于公有链而言，网络中的节点完全是平等的，节点对于信息的管理能力也是极为有限的，存在数据保护责任主体不明的问题。此外，

由于任何人都可以在其数据库中写入数据,其信息内容的监管也成为问题,因此我国就区块链提供信息服务出台专门的管理规定。因此,构建于开源的公链平台上的商业应用,对于交易数据的隐私保护和安全性,或构成一定的隐患。

(四)面临监管方面的困难和挑战

区块链技术因其内在的五大特性,为当前的法律监管带来了新的问题和挑战:一是去中心化的分布式共享账本带来了监管主体分散的问题;二是自动执行的智能合约带来了其法律有效性的问题;三是区块链难以篡改的特性带来的数据隐私和内容监管问题;四是激励机制与数字资产特性带来的金融监管问题。区块链在实体产业中的应用将对未来的监管带来较大的挑战和困难。举例而言,目前,我国对区块链的监管更多集中在假借区块链名义开展的非法金融活动中,导致实体产业对区块链热情度下降,但石油企业与区块链通证的结合,有利于企业内部财务资金的管理审计监督,有利于塑造石油产业链各方信用,形成新的产业价值链条,有利于带动石油产业大数据的发展,最终也有利于政府实现穿透式监管。目前监管层面对于区块链通证衍生出的数字资产尚未有更多的政策出台,导致企业对"有币"区块链技术的认识出现偏差。

五 相关建议措施

(一)政府层面建立容错机制,加快完善监管体系

当前区块链监管体系尚不完善,企业在进行区块链等新型数字化技术创新应用时往往动力不足。建议政府层面如国家能源局、工信部能就区块链在行业探索和应用方面出台相关指导意见,建立相应的容错机制,鼓励企业对区块链技术的开发应用进行先行先试,加快实体产业与区块链的加速融合发展,在发展过程中逐步建立和完善区块链监管体系。

（二）加快成立行业区块链联盟，制定行业区块链标准

当前，随着区块链的热潮席卷全球，各大石油企业纷纷抱团，形成行业区块链联盟，拥抱区块链技术。2018年9月，多家银行和能源公司包括壳牌、摩科瑞等组成合资企业Komgo，打造基于区块链的平台，为大宗商品交易提供融资。2019年2月，埃克森美孚公司、康菲石油公司、挪威国家石油公司等七家大型能源公司宣布建立合作伙伴关系，在美国建立区块链财团Oil & Gas Blockchain Consortium（OOC），旨在通过对区块链技术的评估、概念论证和试点，共同学习、引领和利用区块链技术为油气行业服务。从国内来看，2019年9月，中化集团和中国石油集团等8家中外公司组成财团，用于搭建支持石油贸易的区块链平台。未来，更多的石油企业将形成产业联盟，以推动产业发展。

在石化产品区块链标准制定方面，目前国内有关协会初步启动了区块链标准化的探索研究工作。2018年10月，中国化工流通协会仓储分会启动了《大宗石化商品区块链电子仓单要素和管理规范》标准编制项目，2018年底已编写完成标准初稿并征求了各方的意见和建议，并于2019年6月对《大宗石化商品区块链电子仓单要素和管理规范》标准进行了审定。未来，对石油产业与区块链相关标准的研究仍有待进一步开展。

（三）打造区块链产业数据服务平台，挖掘数字经济新动能

当前，数字资产越发受到企业的重视。阿里巴巴对自己的定位已不再是一家电商企业，而是一家数据技术公司。互联网巨头纷纷抢占各类流量入口，争夺数据资源，挖掘数字经济时代的"石油"。近年来，中国大数据产业迅速发展，据大数据产业生态联盟发布的《2019中国大数据产业发展白皮书》预计，2020年中国大数据产业规模将达到6600亿元，同比增速为22.6%。

石化产业链涵盖上游生产、中游仓储物流和下游零售等领域，蕴藏着丰富的数据宝矿，是企业在数字经济时代赖以生存的战略资产。鉴于此，可以考虑建设基于区块链的去中心化产业数据资产交易平台，为产业链上下游企

业提供数据服务，挖掘数字经济新动能。利用区块链技术，企业把各自的数据放到交易平台确权，通过隐私计算技术，实现数据可用不可见，将数据的所有权和使用权分离。平台在此基础上收取确权费用、挂单服务费、数据存储托管服务费、数据撮合交易、交易佣金等。此外，基于平台上企业运营情况和信用大数据，可依托核心企业为产业链中小企业开展供应链金融服务。借助区块链技术，最终盘活传统石化产业数据资产，对内提高决策效率和质量，对外提供数据协同服务，并获得新的数据资产收益。

（四）企业加快区块链技术在行业内的创新应用落地

在企业层面，应采取相应的扶持措施，在资金、政策和人才方面给予支持，加快区块链技术在企业层面的应用开发。当前，多数石油企业均已具备良好的 IT 系统，如何与区块链、大数据、人工智能等技术相结合，仍需要从顶层设计方面进行相应的协同规划。可以成立区块链创新孵化器，鼓励区块链技术在生产经营过程中的试验和应用开发。在具体项目实施方面，可以优先选择较容易落地的场景进行概念验证，随后推而广之。比如，可以在 IT 基础设施较为完善的电商平台、加油站零售等场景优先进行试验。此外，由于区块链底层技术开发难度较大，建议可以选择与头部区块链企业进行合作，聚焦于企业应用层面的开发合作。

参考文献

中国信通院：《区块链白皮书（2019）》。

井底望天等：《区块链与产业创新——打造互联互通的产业新生态》，中国工信出版集团、人民邮电出版社。

大数据产业生态联盟、赛迪顾问有限股份公司：《2019 中国大数据产业发展白皮书》。

《周铭铄对话火币中国 CEO 袁煜明〈如何将区块链应用到实体中〉》，金色财经，2019 年 12 月 13 日，www.jinse.com/blockchain/548430.html。

B.17
人工智能在油气工业中的探索与应用

胡安俊　郑云栋*

摘　要： 近年来，人工智能在油气勘探开采的战略决策、安全高效智能化开采、油藏预测、故障诊断和风险预警，油气储运的智能工地与设备管理、智能调度与趋势预测、预报预警与监督控制，油气炼化的过程管理与供应链优化、设备监控与远程诊断等领域开展了许多探索与应用，但总体来说仍处于初级阶段。人工智能在油气工业中的应用，将有利于提升运行效率，促进节能减排，推动智能工厂建设步伐，推进能源革命并保障国家能源安全。展望未来，作为一种通用目的技术，人工智能在油气勘探开采、储运、炼化等环节仍具有巨大的应用潜力。

关键词： 人工智能　油气勘探开采　油气储运　油气炼化

一　引言

作为能源的基础，石油天然气在国民经济中的地位很高，作用很大。2000年石油和天然气的消费量分别为32332.1万吨标准煤、3233.2万吨标

---

* 胡安俊，中国社会科学院数量经济与技术经济研究所副研究员，研究领域为人工智能、智慧能源等；郑云栋，北京圣金桥信息技术有限公司高级工程师，研究领域为仿真和流程模拟优化。

准煤，二者合计占能源消费总量的比重为24.2%；2018年石油和天然气的消费量分别增长到87696.0万吨标准煤、36192.0万吨标准煤，二者合计占能源消费总量的比重为26.7%，消费量分别增长1.7倍、10.2倍，消费比重增长2.5个百分点（见图1）。

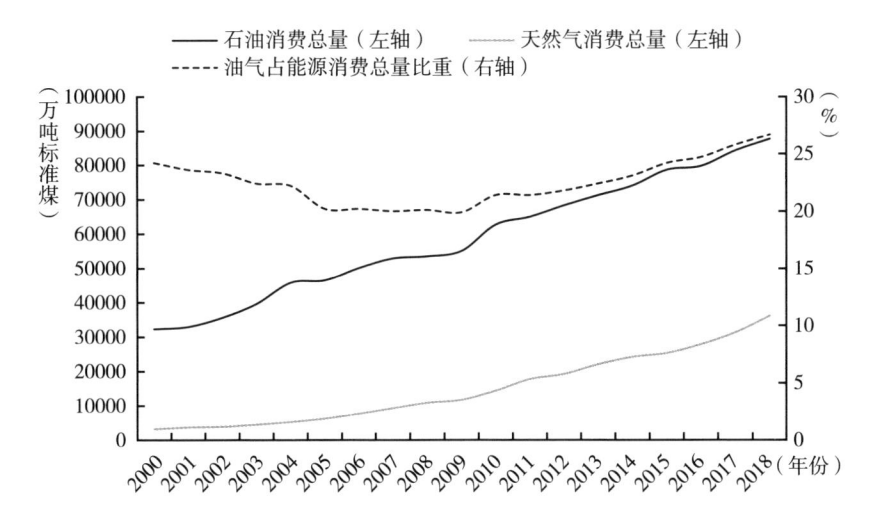

图1　2000~2018年石油、天然气消费总量及比重

数据来源：国家统计局。

以石油、天然气等为主要原料的石油化工产业，是国民经济的支柱产业之一，与工农业生产、国防建设、人民生活等密切相关，在国民经济中具有举足轻重的作用。第一，石油化工是能源的主要供应者，石油炼制的汽油、柴油、煤油、重油、燃料油等是当前能源的主要供应者；第二，石油化工产业为农业提供塑料薄膜、农药、化肥等，促进了农业的发展；第三，石油化工是材料工业的重要支柱之一。21世纪是高分子的世纪，石油化工产业为国家提供了合成树脂与塑料、工程塑料、合成纤维、合成橡胶等材料。石油化工产业关系国计民生和国防建设，在各行各业中占有举足轻重的地位。[①]

2012年是人工智能元年，人类进入人工智能时代。人工智能具有指数

---

① 魏寿彭、丁巨元：《石油化工概论》，化学工业出版社，2011。

增长、数字化、组合式创新等特点,人与人之间、人与物之间、物与物之间将形成一个万物互联的智能社会。作为第四次工业革命的产物,人工智能是一种通用目的技术,在油气行业将具有广泛的应用性和深入的渗透性,目前国内三大石油公司正在积极探索实践。人工智能的使用将促进油气工业的勘探开采,促进油气炼化产业的效率提升,这对于保障国家能源安全具有重要的战略意义。2019年中国三大石油公司的智能实践见表1。

表1 2019年中国三大石油公司的智能实践

企业	智能实践
中石化	西北油田充分运用物联网、大数据、云计算、人工智能等新技术,形成具备全面感知、集成协同、预警预测及分析优化能力的智能油田 智能炼厂已经进入第二轮建设阶段,在提高效率、保障安全、促进优化、增加效益等方面取得成效
中石油	在新疆建设数字油田,建立集勘探、油藏管理、生产管理、决策和生产过程自动控制于一体的智能化应用体系 发布勘探开发梦想云平台2.0,有效提升工作效率,上游业务信息化迈入更高阶段 以中俄东线为代表的"智能管道、智能管网",实现了管道建设关键工序远程实时监控、全过程数据采集、分析、预警,开展管道数字化孪生体构建,开创管道建设新模式
中海油	将2019年确定为数字化元年,明确数字海油、互联海油、智能海油的发展方向

资料来源:中国石油经济技术研究院,2020。

二 人工智能在油气工业中应用的技术支撑

人工智能的应用,需要高性能计算、大数据分析、智能化算法、可视化和虚拟现实技术做支撑,四者构成了人工智能在油气勘探开采中应用的技术框架。[①]

---

① 赵改善:《石油物探智能化发展之路:从自动化到智能化》,《石油物探》2019年第6期,第791~810页。

（一）高性能计算

IT 领域有两大定律，第一大定律是计算机的处理能力每隔一年半的时间就会翻倍的"摩尔定律"。[1] 高性能计算是人工智能在油气勘探开采中应用的基本条件与技术支撑。高性能计算依赖于硬件技术的发展，包括大规模集群计算机系统和图形处理器、现场可编程门阵列器件、张量处理器（TPU）、神经网络处理器等技术。

尽管摩尔定律在很多方面不再有效，但是随着神经元连接芯片和神经元网络计算机的研制，摩尔定律在这些领域再次显现。近年来，我国在这些领域都有了突破与发展。

（二）大数据分析

IT 领域的第二大定律是伴随着宽带化，互联网上的信息数量会呈现几何级数增加的"森定律"。[2] 森定律为人工智能提供了海量的数据。海量数据分析一方面依赖于强大的数据计算能力，另一方面依赖于分布式计算技术、方法和软件产品的发展，后者为大数据分析提供了软件和方法支撑。

近年来，支配信息技术硬件发展的摩尔定律正在逐渐逼近其物理极限，而作为信息技术硬件动力系统的程序软件和互联网开始主导第三次工业革命下半段的发展，软件和互联网的发展对智能生产率越来越重要。[3] 这也将推动大数据分析软件分析能力大幅提升。

（三）智能化算法

除了算力和算据，人工智能的发展还依赖于算法的进步。在智能化算法中，机器学习的出现是人工智能再生和快速发展的主要推动力之一。深度学

---

[1] 〔日〕藤原洋：《第四次工业革命》，李斌瑛译，东方出版社，2015。
[2] 〔日〕藤原洋：《第四次工业革命》，李斌瑛译，东方出版社，2015。
[3] 贾根良：《第三次工业革命与工业智能化》，《中国社会科学》2016 年第 6 期，第 87～106 页。

习源于对人工神经网络的研究拓展，是机器学习的重要方向。含多隐层的多层感知器就是一种典型的深度学习结构。其中，多层感知器的前面若干个隐层可采用无监督方式自动从数据中构造新的特征，进而逐层提取出更加抽象的高层类别属性，发现数据的深层特征表示。卷积神经网络、深度置信网络、堆叠自编码器及受限玻尔兹曼机等是深度学习的模型。[1] 机器学习算法的改进是人工智能有效发挥强大的计算能力、提高大数据分析能力的关键。

（四）可视化和虚拟现实技术

可视化和虚拟现实技术（Virtual Reality，VR）是一种可以创建和体验虚拟世界的计算机仿真系统。可视化和虚拟现实技术，使得展示的信息更加立体、精细，逼真程度更高，模拟了真实的场景，沉浸感更强，能实现更好的实时交互，从而提高决策能力。此外，可视化和虚拟现实技术还大幅降低了研发和投资成本。

三 人工智能在油气勘探开采中的探索与应用

（一）中国油气资源产量与对外依存度

我国油气资源较为丰富，陆上和海上可供找油找气的沉积岩超过670万平方公里，其中陆上520万平方公里，海上150万平方公里。从陆上看，石油资源主要分布于东部和西北两个区域，而天然气资源则主要分布于中部和西部两个区域。[2] 中国原油年产量由1970年的3065.0万吨增长到2018年的18910.6万吨，增长了5.2倍；天然气年产量由1970年的28.9亿立方米增长到2018年的1615.3亿立方米，增长了54.9倍（见图2）。

尽管我国石油和天然气产量都取得了快速的增长，但是在快速工业化和

---

[1] 杨挺、赵黎媛、王成山：《人工智能在电力系统及综合能源系统中的应用综述》，《电力系统自动化》2019年第1期，第2~14页。

[2] 何耀春、张红静：《石油工业概论》（第二版），石油工业出版社，2015。

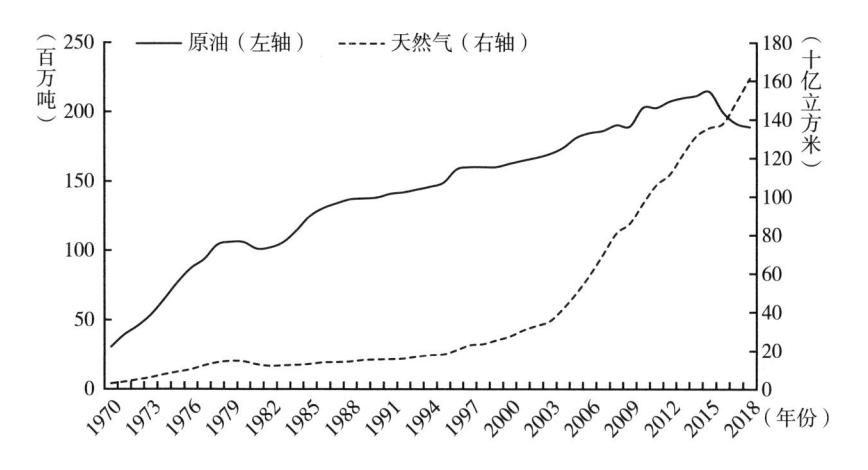

图2 1970~2018年原油、天然气年产量

数据来源：Wind经济数据库。

城镇化等驱动下，外向型中国经济对石油和天然气的对外依存度仍不断提高。2018年中国石油净进口4.4亿吨，同比增长11%，对外依存度超过70%；天然气进口量1254亿立方米，同比增长31.7%，对外依存度超过45%。在国际地缘政治不安定因素增多的背景下，较高的石油天然气对外依存度会影响国家的能源安全。

面对不断攀升的对外依存度，2019年国家提出加大国内油气勘探开采力度，实施"七年行动计划"，不断提升国内油气储量，增加我国能源安全的韧性。[1] 人工智能技术将为国家提升国内油气勘探开发提供重要的技术支撑，在保障国家能源安全方面将发挥重要的作用。

（二）人工智能在油气勘探开采中的探索性应用领域

尽管油气勘探开采是油气行业中数字化程度最高的领域，但目前人工智能技术在油气勘探开采中的应用才刚刚起步。2017年进入了一轮热潮期。目前探索性应用的主要领域如下。

---

[1] 刘朝全、姜学峰：《2019年国内外油气行业发展报告》，石油工业出版社，2020。

1. 战略决策与分析

战略决策是关系企业全局和长远发展的重大问题的决策。在进行战略决策时，既需要综合考虑企业自身的人力、财力、技术等特点，也需要考虑国家发展的经济、政治、科技、社会等趋势，多因素的综合交叉给战略决策的制定带来了难度。人工智能的出现，将在一定程度上帮助管理层进行战略决策。

在油气勘探开采领域，借助云计算能力、大数据和深度学习等，整合地质、钻井、测井、录井、试油、压裂酸化、测试、地面等全流程数据，进行因果分析、相关分析、统计回归，在此基础上综合领导层和专家的经验，进行战略分析与决策。

2. 安全高效智能化开采

随着油气勘探开发逐渐向非常规、低渗透、深层、深水等复杂油气领域发展，油气开采面临很多挑战。中国工程院战略咨询中心提出，应借助大数据和人工智能技术，对油气藏表征、井下工况等进行感知，对油藏要素精细刻画、三维地质动态建模、地质模型实时修正和重构，对井下条件进行识别、诊断和风险预警，在此基础上做出智能决策与控制管理。通过智能感知、智能决策、智能控制，推进实现油气开采的安全高效智能化目标。

3. 油藏预测

油藏预测是通过计量和测试到的表征油层开采状态的量值，为油气勘探开采决策提供基础。尽管目前预测的方法有很多，但由于不同油藏的开发阶段、开发类型等不同，各种方法都存在一定程度的局限性，限制了油藏预测的精度和可靠性。人工智能技术的出现，可以基于多方面的数据建立模型，为油藏预测带来了新的手段与广阔前景。基于强大的数据分析和学习能力，人工智能技术可以提高油藏预测的精确性、适应性和持续性。

在收集地质数据、地质力学数据、油藏数据、工程数据、经济数据等的基础上，应运用人工智能技术进行高精度地质建模、高效油藏数值模拟。在此基础上，结合专家的经验，进行油藏预测。[①]

[①] 中国工程院战略咨询中心：《全球工程前沿2019》，高等教育出版社，2019。

4. 故障诊断和风险预警

基于"物联网+大数据+人工智能",根据传感器的实时数据与历史数据的波动比较分析,依据方差的变化,找出异常值,进行故障诊断,做出风险预警,从而缩短停机时间,有效提高油气勘探开采的效率。

人工智能在油气勘探开采中的主要探索见图3。

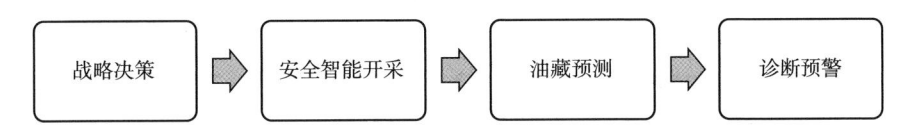

战略决策 → 安全智能开采 → 油藏预测 → 诊断预警

图3 人工智能在油气勘探开采中的主要探索

人工智能的应用,将提高工作效率、缩短工作周期、降低工作成本,也将降低对经验工人的依赖性、增强数据分析的可靠性、提高解决复杂问题的能力和应用效果。同时,人工智能的探索应用,将有利于更快发现新的油气田,提升保障国家能源安全的能力。

专栏1 中国石油勘探开发梦想云平台2.0

石油工业是信息化和智能化程度较高的产业。中国石油勘探开发梦想云平台2.0(2019)的使用,标志着石油工业上游业务的智能化水平进入了一个新的、更高的阶段。

简言之,梦想云平台就是通过打破数据孤岛,联通共享60多年的数据,形成数据资产;通过使用人工智能技术,建立模型,形成强大的数据分析和处理能力。目前云平台已经在48万口井、600个油气藏、7000个地震工区、4万座站库中得到使用,大幅提升了油藏勘探开发的效率。同时,云平台也为供应商、消费者、运营商提供开放服务,一定程度上加快了我国石油工业的智能化转型步伐。

资料来源:中国石油天然气集团有限公司。

四 人工智能在油气储运中的探索与应用

（一）油气管道的发展

中国油气管道建设取得了较快的发展，目前已经建成西北、东北、西南、海上四大油气战略通道，三纵四横管道走廊覆盖全国的骨干管道，油气管道网络初步形成。输油气管道总里程由1958年的0.02万公里，发展到了2018年的12.23万公里（见图4）。

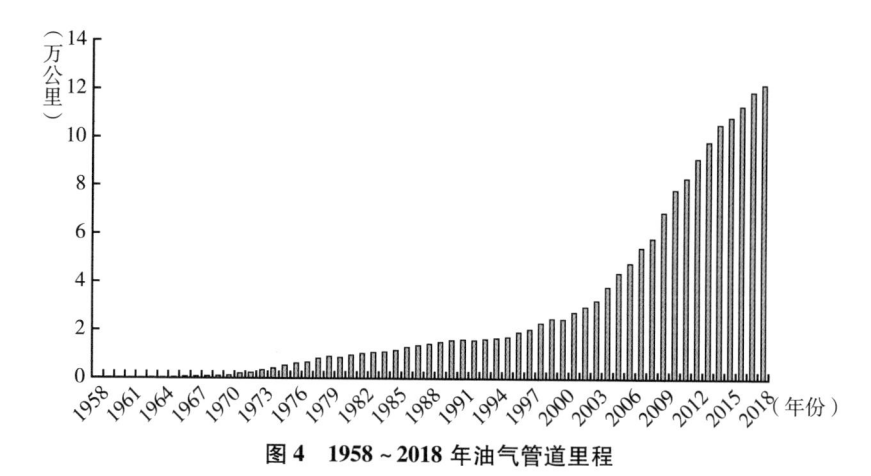

图4 1958~2018年油气管道里程

数据来源：国家统计局。

从国内油气管道的空间分布看，油气进口管道主要包括：东北方向的中俄原油管道一线/二线，未来将增加中俄东线/西线天然气管道；西北方向的中哈原油管道、中亚天然气管道A线/B线/C线，未来将增加D线；西南方向的中缅原油和天然气管道；沿海方向的LNG配套管道。在国内跨区域输送方面，油气管道包括西气东输、川气东送、陕京线等。

从管道里程的全球比较看，2018年全球油气长输管道达到200万公里，其中，天然气管道、原油管道、成品油管道分别占到64.8%、22.0%、13.2%。分区域看，全球油气长输管道主要分布在北美和欧洲，管道里程分别占到全球的 40.2% 和 16.4%。全球油气长输管道里程数排名前三的国家分别为美国、俄罗斯、中国，不过中国仅分别为美国和俄罗斯的 1/5 和 1/2。中国油气管道建设的空间还很大。增加建设油气管道，将加快我国油气管道关键设备（压缩机组/输油泵机组/阀门/自动化设备）的国产化步伐，促进自主研发的核心控制软件 PCS，以及站场数据采集与控制 PLC、安全控制 PLC 等软件的发展，人工智能技术也将在管道建设与管理中起到重要的作用。

（二）人工智能在油气储运中的探索性应用领域

1. 智能工地与设备管理

油气工程危险性较高，安全生产既是保障员工安全的首要任务，也是政府和油气企业的重要职责。保障安全生产，需要建设智能工地。通过为施工人员建立信息档案，进行身份确认，筛查人员出入；通过联通物流各个阶段的数据，实时掌握物料配送状态，进行实时智能调配，优化资源管理和使用效率；通过操作流程的可视化、智能化提示，对违章行为进行及时制止，对机械作业状态及作业环境异常进行实时监测，及时筛查原因，降低事故发生率，实现安全生产。

通过安装传感器，可以实现对管道生产运行全过程的数据智能化实时采集、传输和分析，为管道全智能化运行提供支撑。具体而言，输油泵、压缩机组、阀门等是决定管道安全高效运行的关键设备。在这些设备上安装传感器，能够实时监测它们的振动、温度、流量、电压及电流等信息。在此基础上，人工智能技术可通过数据比对和分析，发现异常值，并进行预警，从而将工作重点提到维修之前。对于需要维修的情形，人工智能平台会根据维修管理人员的空间位置数据，自动将维修单推送给路径最短的维修人员，缩短维修时间，及时实现管道的正常生产运行。[①]

[①] 蔡永军、蒋红艳、王继方等：《智慧管道总体构架设计及关键技术》，《油气储运》2019 年第 2 期，第 121~129 页。

2. 智能调度与趋势预测

智能调度，既包括人员的调度，也包括物资的调度。采用GPS系统，能够实时判断维护人员的行为与位置。基于人工智能平台发出的设备检修和维修需求，调度距离设备最近的维修人员，从而缩短维修时间；根据物流数据，实时掌握物资在各个流程中的状态，根据物资的供求关系，及时进行调度，保障正常运行。

基于人工智能大数据分析优势，并结合专家经验规则，深入分析管道数据仓库中长期沉淀的大量数据，对管道运行状态进行准确有效的趋势预测：根据传感器的数据，发现管道腐蚀和油气泄漏的潜在地点，及早进行诊断和维护。同时，根据管道内壁油块的附着量，以及原油的物理特征，进行趋势判断，及时进行管道清洗，提高油气运输的效率。

3. 预报预警与监督控制

预报预警与监督控制是保障油气储运安全、提高运行效率的关键一环。长期以来，管网储运系统的分散性和广泛性使得预报预警与监督控制十分困难。人工智能出现以后，通过在管网和储运装置上布置传感器，大大提高了人类的预警和监督能力。通过传感器，人工智能可以采集油气储运现场的数据，同时将数据上传至上位机。上位机借助程序，结合历史数据和报警数据，对现有数据进行诊断，在此基础上做出是否对阀门的运动实施必要控制的决策，从而有效监督控制油气储运的全过程。[1]

专栏2　中俄东线天然气管道的智能实践

中俄东线天然气管道起于俄罗斯东西伯利亚，在中国境内穿过9个省（区、市），中国境内管道3371公里，2019年12月实现通气。

中俄东线天然气管道是我国第一条智能管道的样板工程，它以"全数字化移交、全智能化运营、全生命周期管理"为理念，通过"移动端+

---

[1] 郑桂生：《石油储运中智能设施的应用分析》，《化工管理》2013年第14期，第130页。

云计算+大数据"的体系架构，搭建管道全生命周期信息智能综合管理系统，实现管道的可视化、网络化、智能化管理。中俄东线天然气管道的建设和运行，减少了30%的运行人员，方便了管理，提高了效率，提升了效益。同时，也积累了大量的建设和运行经验，这些经验的推广必将加快我国油气管道建设从数字化向智能化转型的步伐。

资料来源：https://baijiahao.baidu.com/s? id = 1652040764649364480&wfr = spider&for = pc； https：//www.jfdaily.com/news/detail? id = 182667。

五 人工智能在油气炼化中的探索与应用

（一）油气炼化产业迅猛发展

石油化学工业的主要生产原料是煤、石油、天然气，主要产品是燃料油、润滑油、乙烯类化工原料，以及塑料、纤维、橡胶等高分子合成材料。[①] 2018年，石油、煤炭及其他燃料加工业的营业收入达到47910.8亿元，化学原料及化学制品制造业的营业收入达到72065.9亿元，化学纤维制造业的营业收入达到8394.0亿元，橡胶和塑料制品业的营业收入达到24845.2亿元（见表2）。

表2 2017～2018年油气炼化产业主要产品营业收入

单位：亿元

	石油、煤炭及其他燃料加工业	化学原料及化学制品制造业	化学纤维制造业	橡胶和塑料制品业
2017	41850.1	88690.7	8158.6	32068.9
2018	47910.8	72065.9	8394.0	24845.2

数据来源：Wind 数据库。

[①] 魏寿彭、丁巨元：《石油化工概论》，化学工业出版社，2011。

主要化工产品产量呈现快速增长态势。最近十年（2009~2018年）汽油和柴油产量增长了0.9倍和0.2倍，乙烯产量增长了0.7倍，初级形态塑料、合成橡胶、化学纤维分别增长了1.4倍、1.0倍和0.8倍。2009~2018年主要化工产品产量见图5。

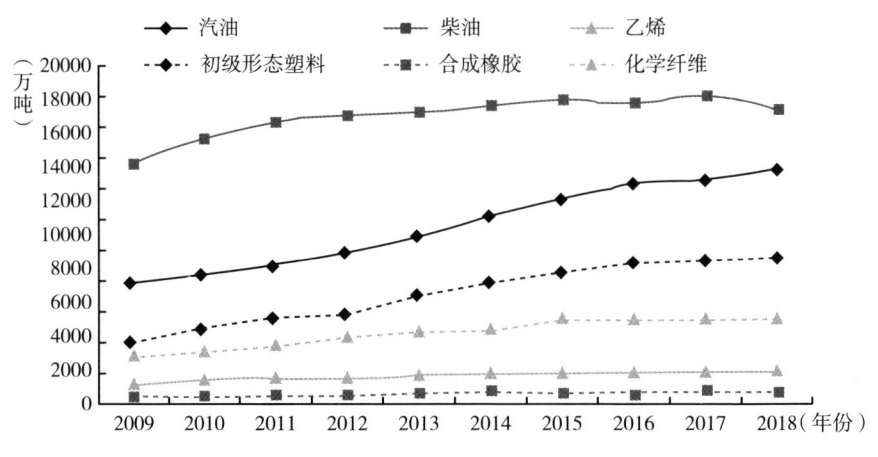

图5　2009~2018年主要化工产品产量

数据来源：国家统计局。

随着民营企业的崛起，油气工业的炼化能力快速提高，形成了中石化、中石油、其他炼油企业"三分天下"的格局，过剩形势加剧，至少过剩1.5亿吨/年。① 随着中国油气体制改革的步伐加快，油气行业全面对民营和外资企业开放，产能过剩压力会进一步加大。

（二）人工智能在炼化企业中的应用

近几年来，国家对环保要求日趋严格、石油价格提升以及大量民企石化公司兴起加大了对炼化行业的冲击，如何降能增效成为炼化行业面临的难题。目前发达国家，例如美国、日本、德国等均已提出了相应的战略规划，我国政府也提出了"中国制造2025"等国家战略，打造工业4.0，实现智

---

① 刘朝全、姜学峰：《2019年国内外油气行业发展报告》，石油工业出版社，2020。

能化制造。随着互联网、大数据、云计算、物联网的快速发展，在原来炼化企业信息化、数字化的基础上发展智能化，通过智能化建设，推动企业生产方式、管控模式变革，促进企业安全环保、节能减排和降本增效，成为提升经济效益和社会效益的主要方式。大量的实践探索表明，人工智能技术的使用，加快企业的数字化和智能化转型，可以大幅提高炼化企业的生产和经营效率。面对国内外多重因素的共同影响，我国炼化行业只有在信息化的基础上继续提升企业的智能化，才能持续提升炼化企业的核心竞争力，增强其应对国际挑战的实力。[1]

1. 数字化工厂探索

数字化工厂运用三维建模技术和数据集成技术，基于三维智能模型集成工厂设计、设备、生产、质量、安全、环保等业务数据，以生产设备、生产过程、生产管理的数字化为基础，建立统一的数字化工厂集成管理平台，使生产管理业务更加直观、准确、智能和协同。

目前国内外炼化公司利用数字化工厂系统，实现了设备资料和装置三维模拟应用，使设备改造、施工过程在更加优化的方向上进行调整实施，通过全景式三维虚拟现实精确地描述设备的尺寸和位置，同时集成真实工厂的生产运行数据、设备数据，实现了生产管理、设备管理数据的融合和共享。数字化工厂在各企业得到了广泛实施，例如国外 ExxonMobil 公司在改造期间利用数字化工厂集成平台优化改造流程，缩短了改造施工时间。Alberta 炼油厂利用数字化工厂集成平台优化和精简腐蚀检测工作流程，缩短工作时间，计划外工作明显减少，显著提高了维护效率和精度。国内兰州石化实现了生产、设备、安全培训及检维修的应用管理，九江石化应用数字化工厂技术实现了可视化巡检等。

通过应用数字化工厂项目，这些企业在设备管理、安全管理、员工培训和检测维修管理等领域均得到了巨大帮助，提高了企业的资产效率、安全水

---

[1] 武佳贺、许冰、程小良：《人工智能在石化企业的应用和展望》，《中国管理信息化》2019年第21期，第106~107页。

平和决策能力,获得了较好的经济效益。

2. 生产过程与供应链优化

化工生产为典型的流程生产行业,各种操作参数变化幅度集中在一个较窄的范围内,难以像消费领域那样利用大数据和深度学习进行数据挖掘。炼化企业目前主要利用流程模拟技术来预测生产过程中各变量之间的相互影响。炼化企业生产过程方面主要基于流程模拟模型进行生产过程的操作优化,并为生产系统计划优化模型与调度优化模型提供数据支撑。利用模型进行优化和预测,实现了生产计划、调度、操作的优化控制,优化了全厂用能系统,提高了经济效益。

在炼油企业里,生产计划优化根据生产任务,按原油信息通过优化计算最佳原料油品的选取,然后按照选购好的原油来计算最佳加工方案。有了全流程加工方案和年度生产计划,就可以将此信息传给"调度优化",将其分解到每个装置每周、每天的生产调度计划中。每个装置接到具体指令后依托装置实时优化系统(RTO)与先进控制系统(APC)集成,实现装置的实时优化操作。

供应链包括原料的采购、运输、生产、物流和销售等环节。供应链管理在网络规划和预测需求方面的效率随着人工智能的应用而提升。通过人工智能进行产能规划和准确需求的预测,炼化企业的生产和销售更有前瞻性。当形成对原料价格和市场变化的预期时,炼化企业可以迅速地调配不同生产单位间的生产计划,总体上实现了产供销一体化和计划、调度、操作协同,优化了调度计划、生产和仓储物流,从而降低了运营成本。

3. 设备监控与诊断维护

炼化企业生产工艺流程十分复杂,炼化过程高温高压,炼化成分易燃易爆,炼化过程连续性极强。在长期的运转下,工艺设备易出现劳损破坏等问题,操作人员容易出现疲劳运转,生产装置容易发生泄漏、燃烧爆炸、停车停产等事故。设备管理、安全监管、维保管理等面临人为响应不及时、备品备件繁多无法及时跟踪状态等问题,涉及的设备能耗管理与维保排查无法进一步精细化管理,采用智能化技术手段对设备进行管理成为迫切需求。

设备人工智能诊断系统是针对炼化企业的设备故障诊断及预测性维护应用需求的解决方案，其采用过程监测、人工智能、大数据技术、软件工程等技术手段，采集信号并利用系统进行诊断，提前预测感知即将发生故障的设备及部位，将故障发生后维修变为提前预防，并利用人工智能技术预测设备的保养周期，缩短停工作业时间。

大型的设备如压缩机等利用设备机理模型和典型故障数据库，建立大数据故障征兆库和规则库，利用工业互联网平台实时采集设备终端数据，经过数据处理后利用数据分析结合知识库、故障库、模型库实时发现异常状态，并形成相应等级的告警信息和处理意见，供设备维修工程师进行现场处理。设备人工智能诊断系统利用机器学习技术，将专家故障标识、维修工程师异常标识信息自动加入知识库和故障库，进行模型训练，后续相同故障可实现自动识别。

4. 技术分析与远程诊断

基于炼油厂 MES 数据、LIMS 数据和流程模拟模型的技术分析与远程诊断系统，近些年成为指导炼油生产优化、提升生产问题诊断速度与水平、提高异常生产状况应对能力的有效途径。技术分析与远程诊断系统通过采集生产数据并利用工艺模型进行一定频次的计算，实现了对炼油生产装置的远程自动监测、智能预警和初步判断。系统对庞杂的数据进行深入的专业技术分析，动态地为装置优化提供指导，并对催化剂寿命和腐蚀风险进行评估，实时指导生产，系统实时传递信息，实现工艺技术的精细化管理。例如对常减压装置换热终温、一次轻收、总拔、脱空度、露点腐蚀、装置能耗和取热比例进行预测，提供了更多的生产决策信息，让生产人员把更多的精力放在优化生产、平稳生产上，并且复杂问题可以远程呈现给行业专家进行判断和指导，提高了企业生产水平和经济效益。[①]

---

① 李鹏、郑晓军：《中国石化炼油技术分析及远程诊断系统的开发与实践》，《炼油技术与工程》2012 年第 10 期，第 49~53 页。

> **专栏3　中国石化智能工厂建设案例：镇海炼化**
>
> 目前镇海炼化智能工厂初步建成，引领国内炼化产业智能制造。2013年，镇海炼化完成了智能工厂整体规划，明确了"四化四全"的建设思路和建设策略，即以业务驱动智能工厂建设，坚持"全生产过程优化、全生命周期管理、全业务领域覆盖、全方位资源支撑"，以"顶层设计、业务驱动、集中集成、分步实施"为建设策略，围绕"以最少的人管理最大的炼化一体化企业"，提升企业的竞争力。经过6年的建设，镇海炼化已初步建成智能工厂，在经营决策、生产运行、设备管理、绿色环保管理、健康安全管理、上下游产业协同等重要业务域实现初步智能化。以生产运行为例，镇海炼化现已陆续建成并投用15套装置先进控制系统（APC）。2017年，镇海炼化生产经营优化团队利用RSIM、SPYRO、Aspen等优化软件，做好优化测算工作，为优化原料、优化生产运行提供技术支持。
>
> 资料来源：https://www.sohu.com/a/253334091_617351。

六　结论与展望

人类进入人工智能时代。尽管目前人工智能在油气工业已经进行了许多探索与应用，但总体来说仍处于初级阶段。作为一种通用目的技术，人工智能在油气工业中具有广泛的应用潜力。展望未来，人工智能在油气勘探开采、储运、炼化等环节仍具有巨大的应用空间。

1. 使用人工智能技术，加强油气资源勘探

总体而言，油气勘探的智能化发展方向是通过功能自动化、流程自动化和系统智能化三个步骤，实现从自动化处理到智能化解释的转变。[1]借助人工

---

[1] 赵改善：《石油物探智能化发展之路：从自动化到智能化》，《石油物探》2019年第6期，第791~810页。

智能技术,对西藏含油地区进行勘探;云南、贵州、湖南、湖北的广大山区分布着大量的碳酸盐岩地层,使用人工智能技术,有助于油气勘探。

2. 人工智能的数据分析等功能,助力非常规油气资源的开采

使用人工智能技术,完善创新油气开采,提高油气采收率。利用人工智能技术,建立管道工业互联网平台,通过智能化设计和数字化交付,全面提升智能感知水平,为油气输送管道智能化发展提供技术支撑。

3. 以智能化为契机,推动炼化产业高质量发展

近年来,炼化产业产能过剩问题日益严重。按照在建、改扩建及规划项目,预计2025年国内还将新增炼油能力1.33亿吨/年。若不淘汰落后产能,2025年中国的炼油能力将达到10.2亿吨/年,保守估计炼油能力至少过剩1.6亿吨/年。[1] 应借助智能化的契机,加快清洁燃料生产技术和炼化转型技术升级,做好炼油主体技术的升级换代,及早布局前沿颠覆性技术的攻关研究,不断淘汰落后产能,通过建设智能炼厂,促进炼化产业的高质量发展。

---

[1] 刘朝全、姜学峰:《2019年国内外油气行业发展报告》,石油工业出版社,2020。

Abstract

In 2019, China's GDP exceeded 99 trillion yuan, with a year-on-year increase of 6.1%, stabilizing its position as the second largest economy in the world. In regard to the development of energy industry, driven by the industrial transformation and technological innovation, some demand for traditional energy is gradually replaced by clean energy, and energy consumption growth has gradually slowed down. In the petroleum industry, China's market-oriented reform has accelerated in 2019, and a diversified competition pattern has taken shape. With the rapid rise of the digital economy, the petrochemical industry is also changing its inherent business model and cultivating new economic growth engine.

In 2019, the global oil market shows weak supply and demand, downward refining margins, and continued eastward of oil trade. In terms of oil demand, the increase in oil demand was much lower than expected, and the main growth came from China. It is worth noting that the implementation of the new IMO marine fuel oil regulations drove the demand for low-sulfur fuel oil rising. In the perspective of oil supply, since the global geopolitical tensions were intensified, the global oil supply had experienced the lowest level of increase in nearly a decade. Light and heavy crude resources exhibited a structural imbalance, and the US surpassed Saudi Arabia and Russia to become the world's largest crude oil producer. In terms of the refining industry, as a large number of new refining capacity in the Asia-Pacific region came on line, the oversupply pressure on oil products became increasingly prominent. In regard to oil trade, the trade pattern had been profoundly adjusted, the total volume kept climbing, and the center of global oil trade continued to move eastward.

At the beginning of 2020, COVED-19 has had a disruptive impact on the global economy and oil market. and the oil demand has shrunk sharply, which is the first time of shrink since financial crisis. At the same time, OPEC + ended

Abstract

their cut deal, and oil-producing countries represented by Saudi Arabia set off a new round of price wars, shifting from policies of limiting production for higher prices in the past three years to compete for more market share. Although oil-producing countries have recently reached a new and large scale cut deal, global oil inventories are still climbing sharply, and oil prices have hit a new record low since 2003. In terms of refining industry, a large amount of new refining capacity will come on line this year. Under the background of oversupply of oil products and the outbreak of COVID – 19 which seriously affects the global economy and oil demand, the refining margins will be greatly suppressed and enter a downward cycle.

In general, as oil producers reached a new cut deal, oil prices are expected to recover to \$40 /bbl or even 50 in the second half of 2020. It is expected that oil price will maintain at a relatively low level in most time of this year, with the average price significantly lower than 2019.

In the medium and long term, the petrochemical industry is facing multiple challenges from the world's political landscape changes, energy structure adjustment, and technology upgrading and innovation. Human society is gradually transitioning from the industrial economy to the digital economy era. The digital technologies represented by artificial intelligence, block chain, cloud computing, and big data analysis have achieved rapid development, and clean energy such as biodiesel and biofuel ethanol have been widely promoted. The trend of being clean, digital, and intelligent are inevitable choices for petrochemical companies to achieve sustainable development.

Keywords: Energy; Oil Prices; Petrochemical Industry; Oil Trade; Blockchain

Contents

I General Reports

B. 1 Review and Perspective of Chinese Economy in 2020
    Li Ping, Liu Qiang and Dong Wanlu / 001

Abstract: This paper reviews the economic situation of China in 2019 at first, and then analyzes the origins of economic growth through the growth theory as well as related empirical test. Based on the decomposing of the contribution of various factors, the paper analyzes and forecasts the potential of economic growth of China in mid-and-long-term, as well as the tendency. The conclusion is that China can still maintain a mid-and-high growth rate in the coming 15 −20 years, and will fulfill the task of modernization by 2035.

Keywords: Chinese Economy; Economic Growth; Factor Productivity

B. 2 Chinese Energy Outlook in 2020   *Liu Qiang, Wang Qia* / 012

Abstract: This report makes projections of Chinese energy demand, supply and trade in the context of economic new normal and energy transition, with the China Energy Model System developed by the authors. The projection shows that Chinese economy is in the process of industrial and energy transition, needing more improvement of current energy system in the context of stable energy cost and security. The policy recommendations include: to establish a nation-wide natural gas network of storage and mitigation, to push the structural adjustment of power generation capacity with market function, to promote upgrading of coal industry with the establishment of poly-generation tech-economic system, and to enhance energy saving in industries and construction.

Keywords: Energy Transition; Energy Model; Energy Forecast

Ⅱ Topical Reports

B. 3 Development and Trends of China's Petrochemical
Industry in 2019 *Bai Xuesong / 047*

Abstract: In 2019, China's petrochemical and chemical industry maintained a rapid development speed, with both production and consumption increasing substantially. However, due to the impact of the macro economy, the growth rate of sales revenue decreased, the profit space was compressed, and the industry development was under great pressure. From 2020 to the 14th Five Year Plan period, China will further promote petrochemical industry layout optimization, so major petrochemical construction is still the focus of the industry structure adjustment. It will further drive the development of large-scale and the base. At the same time, special chemicals and new materials is the focus in industrial investment, and increasing r & d investment and protection of innovation is the key to high quality path for the whole industry. The 14th Five Year Plan period will be critical period from the petrochemical "great country" to the "Strong Country".

Keywords: Petrochemical; Petroleum Refining; Ethylene; Aromatics; New Materials

B.4　Current Situation and Prospect of Domestic Refined

Oil Supply and Demand　　　　　　　　*Wang Xudong* / 063

Abstract: Affected by many factors, such as the slowdown of macro-economic growth, the upgrading of environmental protection, the marketization reform of oil and gas industry and the change of international political situation, the domestic consumption structure of refined oil keeps changing in 2019. In general, compared with the high-speed growth during the 12th Five Year Plan period, domestic refined oil consumption has returned to the middle and low-speed growth range. Due to the decline of automobile production and sales, the diversification of travel modes and the increasingly mature development of alternative energy, gasoline consumption keeps a low-speed growth. Affected by the slow macroeconomic recovery, upgrading of industrial structure and high pressure of environmental protection policies, it is difficult for diesel consumption to improve substantially. The improvement of residents' income level and quality of life, as well as the rapid development of express logistics industry, have driven the growth of air passenger and freight demand, as a result consumption of jet fuel maintains rapid growth potential. IMO 2020 sulfur restriction order brings new growth opportunities for low sulfur fuel oil market. But the outbreak of COVID - 19 pandemic in early 2020 will bring about disruptive effects on global economy and international and domestic demand of finished oil products in short-term. Since the domestic oversupply has become normal, the marketization reform of oil and gas industry will speed up and the overall profit of the industry will be further compressed. With the rapid rise of digital economy and the increasingly mature integration with traditional industries, it is possible for the oil and gas industry to change its inherent business model and cultivate new growth momentum.

Keywords: Refined Oil Market; Jet Fuel; Fuel Oil

B. 5 Analysis of China's International Trade of Petrochemical

　　　Products　　　　　　　　　　　　*Dong Wanlu, Liu Qiang* / 077

Abstract: China's petroleum products have been engaged in international trade deeply and widely. This paper discusses the growth of the trade of China's petroleum products, analyzes the regional structure of various products and summarizes the advantages and disadvantages and puts forward some policy recommendations.

Keywords: Petrochemical Industry; International Trade; Trade Policy

Ⅲ International Industrial Situation

B. 6　Review of International Oil Market in 2019

　　　and Outlook for 2020　　　　　　　*Ren Na, Wang Pei* / 095

Abstract: In 2019, global economic growth reached a record low in the past decade. The increase in oil demand was much lower than expected. However, as OPEC + started a new round of production cuts and the United States imposed sanctions against Iran, Venezuela and other countries, crude oil price fluctuated with a rising trend, though the average level is still lower than 2018. Entering 2020, the COVID – 19 pandemic dragged the global macro economy into contraction. Global oil demand shrank significantly, far more than the last financial crisis. The new OPEC + agreement is expected to help ease the surplus of the global oil market. In the first half of 2020, the global outbreak of COVID – 19 caused an epic shock to global oil demand and induced global oil stocks risk to hit tanks top. In the second half of 2020, with the global epidemic fading, the demand will gradually improve. With OPEC + cutting productions, the crude oil price is expected to recover to $40 – 50/bbl again. In general, the international oil price of 2020 will be in lower level with the volatility moving sharply.

Keywords: Internatinal Oil Price; OPEC + Cutting Productions; Weak Demand; Surplus

B.7 Review on Global Oil Supply in 2019 and Outlook for 2020 *Wang Pei* / 107

Abstract: 2019 witnessed the lowest increase in global oil supply over a decade amid the continued implementation of production cut agreement between OPEC and non-OPEC countries, US sanctions against Iran and Venezuela, and the intensification of geopolitical turmoil in major oil producers. Light and heavy crude resources show a structural imbalance in 2019, also US surpassed Saudi Arabia and Russia to become the world's largest crude oil producer. Meanwhile, the frequent occurrence of "black swan" events around the world had a huge impact on oil supply. Looking ahead to 2020, affected by the COVID – 19 pandemic, global oil demand has shrunk dramatically, and the oil market has changed from a tight supply in the previous year to a severe oversupply. OPEC and non-OPEC countries have reached a record reduction agreement after a short term price war. Although it is still difficult to change the current situation of severe oversupply in short term, it is of great significance for the rebalancing of the oil market in the medium and long term. At the same time, facing severe bottlenecks of global logistics and storage, oil producers including US, Canada, and Brazil gradually cut oil production. The shale oil industry is experiencing the greatest challenge and toughest moment in recent years.

Keywords: Oil Supply; Geopolitics; Price War; Oversupply; Shale Oil

Contents

B. 8 Review of Global Oil Demand in 2019 and

Outlook for 2020   *Zhang Jing* / 119

Abstract: In 2019, against the ongoing trade war between China and US, trade tensions around the world, and the tortuous of Brexit, the global economic growth is slowing down. The global oil demand increased 850 kbd, which is much lower than the average level in the past 20 years, and showed the characteristics of weak diesel, strong gasoline and demand moving eastward. In addition, the 2020 IMO regulation has promoted rising demand for low sulfur fuel oil. While in the beginning of 2020, the outbreak of COVID - 19 pandemic became a "black swan" event with giant influence affecting global oil demand. All institutions have significantly revised downward the annual growth expectations. This year, global oil demand may show negative growth, setting a new low record since the 2008 financial crisis. Looking ahead, the impact of the pandemic on the global economy may continue to the second quarter. In response to the downward economic pressure, governments have implemented active monetary and fiscal policies, but the overall growth in oil demand still bear the brunt. In addition, the 2020 IMO regulation will continue influencing the structure of oil demand. In the mid-long term, the green revolution will drive industrial revolution, fuel efficiency improvement and the replacement by clean energy will become main trend, and the growth rate of global oil demand will slow down.

Keywords: Oil Demand; 2020 IMO Regulation; Low Sulfur Fuel Oil

B. 9 Current Situation and Outlook of World Refinery Industry

Li Han / 133

Abstract: In 2019, the global oil refining industry has gradually entered the end of the round of booming cycles. A large number of new refining capacities put in the Asia-Pacific region put pressure on oil product supplies. Weak oil demand, high crude oil discounts and high freight costs have further eroded refining margin. Both Rotterdam and Singapore saw significant declines in refining margin and once fell to negative values. Singapore's annual refining margin reached nearly the lowest level in ten years. Only US Gulf benefited from cheap shale oil resources and continued to maintain high refining profits. It is expected that, in 2020, there will still be a huge number of new capacities put online. Refining margin will be greatly restrained by oversupplied and the outbreak of the COVID – 19 and recession in oil demand.

Keywords: Refining Capacity; Booming Cycle; Refining Margin; IMO

B.10 Current Status and Prospects of Global Crude Oil Trade

Xia Xiaoyuan / 147

Abstract: Global crude oil trade has undergone profound changes in recent years. The total volume of crude oil trade continues to rise and its center keeps moving eastward. In 2019, the total volume of global crude oil trade climbed to 46.8 million barrels per day (mbd), with a year-on-year increase of 1.35 mbd. Crude oil imports in the Asia Pacific region have continued to rise, and China maintained its position as the world's largest importer of crude oil. Under the influence of OPEC's production cuting and US sanctions on Iranian oil, the market share of Middle East has declined. Meanwhile, with the rapid growth of US shale production and takeaway capacity, US crude exports have increased significantly. The global crude oil trade pattern has been adjusted, and the competition among oil-producing countries for Asia-Pacific and other target markets has become more intense. In 2020, the world's newly added refining capacity will mainly come from the east of Suez, and crude oil trade center will continue to move eastward. Against the background of low oil prices, the US crude production may end up the rapid growth. In addition, the implementation of the IMO 2020 regulations will also have impact on crude oil trade, refineries tend to increase their input of low surfur crude. In the medium-long term, the Middle East is still the world's most important crude oil export region, but its market share tends to decline. The Americas will become the main source of new crude oil supply, and its importance in global crude oil exports becomes increasingly prominent. Due to geopolitical disruptions and rising global trade protectionism, the uncertainty of crude oil trade will increase.

Keywords: Crude Oil Trade; The Middle East Crude Exports; US Crude Exports; Asia-Pacific Crude Imports

B. 11 Analysis of US Current Oil Products Exports   *Shi Shengjie* / 161

Abstract: US is the world's largest oil consumer and also producer. In June 2019, US once surpassed Saudi Arabia to become the world's largest oil (total crude oil and products) exporter. In September of the same year, its oil exports began to exceed imports. In addition to the rapid growth of crude oil exports, US oil products exports have also shown a steady increase trend in recent years. At present, US has become an important supplier to the international oil market, and has a profound impact on the global trade pattern of oil products and the change of regional refining margins. Therefore, understanding the current state of refining industry of US, analyzing supply and demand market, characteristics and trend of oil products exports will help us to figure out the impact of US oil products exports on the international oil market and grasp the trend of international trade more accurately.

Keywords: Oil Products Exports; Oil Market; International Trade; The USA

B.12　Review of Oil Products Market in Latin America in 2019

Xu Zhenbo / 171

Abstract: Over 2019, Latin America refiners saw constant pressure amid the regional political unrest and economy climate. Due to a shortage of capital investments, the refining capacity growth was not put in place, while the operation rates at existing plants also kept dropping lower, as the maintenances on a regular basis were often interrupted. Moreover, as US deepened the sanction on Venezuela, refining feedstock and diluents were directly cut short, bringing a further shrink of crude runs and product supplies across the area. Consequently, it gave a continuous rise to product import. In 2020, Latin America is about to see even worse economics which would restrain the product demand, to some extent, as well as the refinery operations and the product supplies.

Keywords: Operation Rate; Oil Products; Latin America

Ⅳ　Oil Gas and New Energy

B.13　Research on the Development of Global Biodiesel

Liu Xinghong, Cai Yi and Zhang Jing / 184

Abstract: As we entered the 21th century and the non-renewable energy was excessively exploited and our ecological environment was badly damaged, the industrial production was heading into the orientation of environmental protection and sustainable development, therefore the research on developing environmental friendly renewable energy is becoming increasingly important to our social development, while biodiesel was paid much more attention by domestic and foreign government and many energy companies due to its superior performance in environmental protection, regeneration capacity, high content of oxygen and full combustion. Global biodiesel has achieved rapid development in recent years, especially in EU, US, Brazil, Indonesia and Argentina, where the development and usage of biodiesel were achieving much success. The biodiesel industry in our country also obtained some progress but still is facing some problems such as shortages of raw materials, the difficulty of collecting kitchen waste. Therefore it is better to suggest our government to actively promote and guide the development of biodiesel, and gradually establish the long-term mechanism of biodiesel industry.

Keywords: Biodiesel; Waste Cooking Oil; Renewable Energy

B. 14　Research on the Sustainable Clean Energy-Biofuel Ethanol

Lu Sida, Jiang Junyang / 196

Abstract: Biofuel ethanol is a type of renewable bioliquid made from biomass. Major economies such as US, China, the European Union, Brazil, Canada, Australia, along with almost a third of all countries have been blending gasoline with ethanol fuel. Its numerous advantages include: adjustment to the grain market, reduction of carbon dioxide emission, and mitigation of foreign energy dependence. Chinese government has begun gradual implementation of ethanol blended gasoline since the turn of this century and will soon realize its national strategy of state-wide ethanol blended gasoline utility. This article reviews the development history and current ststus of biofuel ethanol industry in selected countries with an emphasis on China: the vital importance of ethanol to its national food security, energy security and environment protection.

Keywords: Biofuel Ethanol; Food and Energy; Renewable; Carbon Dioxide Emission Reduction; Foreign Energy Dependence

V Special Reports

B.15 Research on the Belt and Road Initiative and Energy Cooperation

Zhang Hongmei / 210

Abstract: As the main force of the Belt and Road Initiative, Oil and gas companies actively implement the "going global" strategy. The scale of overseas investment expands, the scope of cooperation is enlarged, the level of cooperation is continuously deepening, and the mode of cooperation is continuously innovated.

The Belt and Road Initiative connects the two major energy consumption markets in Europe and Asia with the main energy supply regions in the Middle East, Central Asia, and Russia. In the Belt and Road region, energy is an important competitiveness of some countries, but it is also a shortcoming in the development of other countries. Strengthening energy cooperation is in the common interest of regional countries and brings important development opportunities for countries in that region. Significant differences in legal systems and other aspects also pose serious challenges to cooperation.

Keywords: Belt and Road; Oil and Gas Cooperation; Energy Connectivity

B.16 Blockchain Application Accelerates Digital Transformation of Oil Companies

Wang Xiaotao, Li Yang and Zhang Pei / 218

Abstract: In recent years, digital technologies represented by artificial intelligence, blockchain, cloud computing, and big data have developed rapidly. Human society has gradually transformed from the industrial economy era to the digital economy era. Data will become an significant means of production in the digital economy era, and a renewable "petroleum" resources that enterprises could rely on for future survival and development. If artificial intelligence is the advanced productivity in the digital economy era, blockchain technology will realize the right confirmation of data and the flow of data value. Blockchain has become the key technology for constructing new production relations in the digital economy era. Companies such as Alibaba, Tencent, and Huawei have made great efforts in digital technology. Traditional physical enterprises represented by the petrochemical industry are facing competition in the domestic market and urgently need to upgrade their industries. Digital technology will help oil companies to realize the transformation of new digital intelligent manufacturing and promote the high-quality development of oil companies. At present, either from the global or domestic perspective, many oil companies have been trying to apply blockchain technology and carrying out relevant experiments in multiple scenarios in upstream, midstream and downstream.

Keywords: Blockchain; Digitization; Petroleum Industry

B.17 Exploration and Application of Artificial Intelligence in Oil and Gas Industry　　　　　　　　*Hu Anjun, Zheng Yundong* / 230

Abstract: Human beings have entered the era of artificial intelligence. In recent years, artificial intelligence has been widely used in strategic decision-making, safe and efficient intelligent production, reservoir prediction, fault diagnosis and risk early warning of oil and gas exploration and production, intelligent site and equipment management, intelligent scheduling and prediction, early warning and supervision control of oil and gas storage and transportation, process management and supply chain optimization, equipment monitoring and remote diagnosis of oil and gas refining. However, it is still in its infancy. The application of artificial intelligence in oil and gas industry will be conducive to improving operation efficiency, promoting energy conservation and emission reduction, promoting the pace of intelligent factory construction, promoting energy revolution and ensuring national energy security. As a general purpose technology, artificial intelligence still has great application potential in oil and gas exploration and production, storage and transportation, refining and other aspects in the future.

Keywords: Artificial Intelligence; Oil and Gas Exploration and Production; Oil and Gas Storage and Transportation; Oil and Gas Refining

社会科学文献出版社

皮 书

智库报告的主要形式
同一主题智库报告的聚合

❖ 皮书定义 ❖

皮书是对中国与世界发展状况和热点问题进行年度监测，以专业的角度、专家的视野和实证研究方法，针对某一领域或区域现状与发展态势展开分析和预测，具备前沿性、原创性、实证性、连续性、时效性等特点的公开出版物，由一系列权威研究报告组成。

❖ 皮书作者 ❖

皮书系列报告作者以国内外一流研究机构、知名高校等重点智库的研究人员为主，多为相关领域一流专家学者，他们的观点代表了当下学界对中国与世界的现实和未来最高水平的解读与分析。截至2020年，皮书研创机构有近千家，报告作者累计超过7万人。

❖ 皮书荣誉 ❖

皮书系列已成为社会科学文献出版社的著名图书品牌和中国社会科学院的知名学术品牌。2016年皮书系列正式列入"十三五"国家重点出版规划项目；2013~2020年，重点皮书列入中国社会科学院承担的国家哲学社会科学创新工程项目。

中国皮书网

(网址：www.pishu.cn)

发布皮书研创资讯，传播皮书精彩内容
引领皮书出版潮流，打造皮书服务平台

栏目设置

◆ 关于皮书

何谓皮书、皮书分类、皮书大事记、
皮书荣誉、皮书出版第一人、皮书编辑部

◆ 最新资讯

通知公告、新闻动态、媒体聚焦、
网站专题、视频直播、下载专区

◆ 皮书研创

皮书规范、皮书选题、皮书出版、
皮书研究、研创团队

◆ 皮书评奖评价

指标体系、皮书评价、皮书评奖

◆ 互动专区

皮书说、社科数托邦、皮书微博、留言板

所获荣誉

◆ 2008年、2011年、2014年，中国皮书网均在全国新闻出版业网站荣誉评选中获得"最具商业价值网站"称号；

◆ 2012年，获得"出版业网站百强"称号。

网库合一

2014年，中国皮书网与皮书数据库端口合一，实现资源共享。

权威报告·一手数据·特色资源

皮书数据库
ANNUAL REPORT(YEARBOOK) DATABASE

分析解读当下中国发展变迁的高端智库平台

所获荣誉

- 2019年，入围国家新闻出版署数字出版精品遴选推荐计划项目
- 2016年，入选"'十三五'国家重点电子出版物出版规划骨干工程"
- 2015年，荣获"搜索中国正能量 点赞2015""创新中国科技创新奖"
- 2013年，荣获"中国出版政府奖·网络出版物奖"提名奖
- 连续多年荣获中国数字出版博览会"数字出版·优秀品牌"奖

成为会员

通过网址www.pishu.com.cn访问皮书数据库网站或下载皮书数据库APP，进行手机号码验证或邮箱验证即可成为皮书数据库会员。

会员福利

- 已注册用户购书后可免费获赠100元皮书数据库充值卡。刮开充值卡涂层获取充值密码，登录并进入"会员中心"—"在线充值"—"充值卡充值"，充值成功即可购买和查看数据库内容。
- 会员福利最终解释权归社会科学文献出版社所有。

数据库服务热线：400-008-6695
数据库服务QQ：2475522410
数据库服务邮箱：database@ssap.cn
图书销售热线：010-59367070/7028
图书服务QQ：1265056568
图书服务邮箱：duzhe@ssap.cn

卡号：542331584981
密码：

基本子库
SUB DATABASE

中国社会发展数据库（下设 12 个子库）

整合国内外中国社会发展研究成果，汇聚独家统计数据、深度分析报告，涉及社会、人口、政治、教育、法律等 12 个领域，为了解中国社会发展动态、跟踪社会核心热点、分析社会发展趋势提供一站式资源搜索和数据服务。

中国经济发展数据库（下设 12 个子库）

围绕国内外中国经济发展主题研究报告、学术资讯、基础数据等资料构建，内容涵盖宏观经济、农业经济、工业经济、产业经济等 12 个重点经济领域，为实时掌控经济运行态势、把握经济发展规律、洞察经济形势、进行经济决策提供参考和依据。

中国行业发展数据库（下设 17 个子库）

以中国国民经济行业分类为依据，覆盖金融业、旅游、医疗卫生、交通运输、能源矿产等 100 多个行业，跟踪分析国民经济相关行业市场运行状况和政策导向，汇集行业发展前沿资讯，为投资、从业及各种经济决策提供理论基础和实践指导。

中国区域发展数据库（下设 6 个子库）

对中国特定区域内的经济、社会、文化等领域现状与发展情况进行深度分析和预测，研究层级至县及县以下行政区，涉及地区、区域经济体、城市、农村等不同维度，为地方经济社会宏观态势研究、发展经验研究、案例分析提供数据服务。

中国文化传媒数据库（下设 18 个子库）

汇聚文化传媒领域专家观点、热点资讯，梳理国内外中国文化发展相关学术研究成果、一手统计数据，涵盖文化产业、新闻传播、电影娱乐、文学艺术、群众文化等 18 个重点研究领域。为文化传媒研究提供相关数据、研究报告和综合分析服务。

世界经济与国际关系数据库（下设 6 个子库）

立足"皮书系列"世界经济、国际关系相关学术资源，整合世界经济、国际政治、世界文化与科技、全球性问题、国际组织与国际法、区域研究 6 大领域研究成果，为世界经济与国际关系研究提供全方位数据分析，为决策和形势研判提供参考。

法律声明

"皮书系列"(含蓝皮书、绿皮书、黄皮书)之品牌由社会科学文献出版社最早使用并持续至今,现已被中国图书市场所熟知。"皮书系列"的相关商标已在中华人民共和国国家工商行政管理总局商标局注册,如LOGO( )、皮书、Pishu、经济蓝皮书、社会蓝皮书等。"皮书系列"图书的注册商标专用权及封面设计、版式设计的著作权均为社会科学文献出版社所有。未经社会科学文献出版社书面授权许可,任何使用与"皮书系列"图书注册商标、封面设计、版式设计相同或者近似的文字、图形或其组合的行为均系侵权行为。

经作者授权,本书的专有出版权及信息网络传播权等为社会科学文献出版社享有。未经社会科学文献出版社书面授权许可,任何就本书内容的复制、发行或以数字形式进行网络传播的行为均系侵权行为。

社会科学文献出版社将通过法律途径追究上述侵权行为的法律责任,维护自身合法权益。

欢迎社会各界人士对侵犯社会科学文献出版社上述权利的侵权行为进行举报。电话:010-59367121,电子邮箱:fawubu@ssap.cn。

社会科学文献出版社